日 新 文 库

张力与典范

慧皎《高僧传》书写研究

刘学军 _ 著

商务印书馆
The Commercial Press
哲于1897

图书在版编目(CIP)数据

张力与典范:慧皎《高僧传》书写研究/刘学军著.—
北京:商务印书馆,2022
(日新文库)
ISBN 978-7-100-21346-2

Ⅰ.①张… Ⅱ.①刘… Ⅲ.①僧侣—列传—中国—
古代 ②《高僧传》—研究 Ⅳ.①B949.92

中国版本图书馆 CIP 数据核字(2022)第 121850 号

本书为国家社科基金青年项目
"文学视域下的中古僧传书写研究"(15CZW017)成果、
江苏第二师范学院学术著作出版资助项目成果

日新文库
张力与典范
慧皎《高僧传》书写研究
刘学军 著

商 务 印 书 馆 出 版
(北京王府井大街36号 邮政编码100710)
商 务 印 书 馆 发 行
北京艺辉伊航图文有限公司印刷
ISBN 978-7-100-21346-2

2022 年 8 月第 1 版　　　　开本 890×1240 1/32
2022 年 8 月北京第 1 次印刷　　印张 10
定价:68.00 元

日新文库

学术委员会

日新文库

出 版 说 明

近年来，我馆一直筹划出版一套青年学者的学术研究丛书。其中的考虑，大致有三。一是当今世界正处于"百年未有之大变局"，当代中国正处于民族复兴之关键期，新时代面临新挑战，新需求催生新学术。青年学者最是得风气先、引领潮流的生力军。二是当下中国学界，一大批经过海内外严格学术训练、具备国际视野的学界新锐，积学有年，进取有心，正是潜龙跃渊、雏凤清声之时。三是花甲重开的商务，以引领学术为己任，以海纳新知求变革，初心不改，百岁新步。我馆先贤有言："日新无已，望如朝曙。"因命名为"日新文库"。

"日新文库"，首重创新。当代中国集合了全世界规模最大的青年学术群体，拥有最具成长性的学术生态环境。新设丛书，就要让这里成为新课题的讨论会，新材料的集散地，新方法的试验场，新思想的争鸣园；让各学科、各领域的青年才俊崭露头角，竞相涌现。

"日新文库"，最重专精。学术研究，自有规范与渊源，端赖脚踏实地，实事求是。薄发源于厚积，新见始自深思。我们邀请各学科、各领域的硕学方家组成专业学术委员会，评审论证，擘画裁夺，择取精良，宁缺毋滥。

"日新文库"，尤重开放。研究领域，鼓励"跨界"；研究课题，乐见"破圈"。后学新锐，不问门第出身，唯才是举；学术成果，不图面面俱到，唯新是求。

我们热烈欢迎海内外青年学者踊跃投稿，学界友朋诚意绍介。经学术委员会论证，每年推出新著若干种。假以时日，必将集水为流，蔚为大观，嘉惠学林。

是所望焉！

商务印书馆编辑部

2022 年 6 月

目　次

绪　　论

第一节　僧传书写问题的提出

佛教史传相对于中国悠久的史传传统来说，显然属于后起之物——在佛教进入中国一段时间后的六朝齐梁时期才得以产生。导致这一书写体裁出现的原因固然很复杂，但当其一旦形成，则绵延一千多年，形成了相当丰富的佛教史传传统，其中包括教史（纪传体教史和编年体教史等）、传记（佛传、僧传、尼传、居士传等）、灯录等①。与这种佛教史传的悠久性和丰富性形成巨大反差的情形是，这类文献一直以来得不到应有的重视。一个突出的表现是，在能够基本反映当时社会知识结构和思想观念体系的历代书目著录中，此类文献往往处于湮没状态——《隋书·经籍志》仅在四部之末略加附录，此后历代公私书目也置佛教史传类书籍于"边缘"地位。

这种反差境况的改观，是近代学术研究范式成立之后才有的事。近代学者真正从学术研究的立场发见了佛教史传的价值和意

① 参见陈士强《佛典精解》，上海古籍出版社 1992 年版，第 181—502 页。

义。一个最具代表性的体现是，陈垣以史学家的卓识，敏锐地察觉到佛教史传的价值，撰成《中国佛教史籍概论》一书，专门予这类文献以精要性的评述。即便这部书属概论性质，所选篇籍也仅是此类文献中的一小部分，但其视野之宏阔、考辨之精审，则是超迈前人的。然而，即便如陈垣这样的大学者，其对待佛教史传的态度，依然还只是把它作为"与列朝史事相关""参稽而旁考"的对象[①]，并没有深入考察这类材料自身所具有的特殊书写性质。

近代以来，真正发现佛教史传特殊性质的学者，当首推钱穆。钱氏 1969—1971 年间为台北"中国文化学院"历史研究所博士班学生开设中国史学名著课程，胪列历代史学代表作品，一一为之解题，发明价值。后来该课程讲稿结集成《中国史学名著》一书。[②] 该书在述及东汉以迄隋代史学之演进时，于史部"杂传"类，单独拈出慧皎《高僧传》[③] 加以表彰，对该书及其所代表的历代僧传著作的价值予以提示：

> 佛教，它本身就没有历史，连印度也没有历史，但佛教传达中国，中国僧人就把中国文化传统看重历史的眼光，来记载佛教史……这情形就会和原来的宗教发生很大差异。宗教本身不看重历史，今把一代代的教主，和下面很多其他传教的人，分着年代，再分着门类，详细把事情记下；把历史意义加进去，至少其本身的宗教观念，会因此而开

---

① 陈垣：《中国佛教史籍概论》，上海书店出版社 2005 年版，第 1 页。
② 详见钱穆《中国史学名著·自序》，九州出版社 2011 年版，第 1 页。
③ 学界对于梁慧皎、唐道宣、宋赞宁所撰的三朝《高僧传》，往往有两种指称方式——一种是《高僧传》《续高僧传》《宋高僧传》，另一种是"梁传""唐传""宋传"。我们这里采用前一种称谓方法。

明得多，就会变成一种新观念，不啻在宗教里开辟了一个新天地。因此下面才有所谓中国佛学之产生。此即佛教之"中国化"，乃是说在宗教里边加进了中国文化传统中的人文历史观点。①

钱氏上述认识，是其治学注重文化通变精神的体现。这种从思想史、社会史、文化史等角度发现佛教史学著述价值的做法，也与其宏通的学术视野息息相关。尤其难能可贵的是，他立足于中国学术的整体流变，别具只眼地指出了《高僧传》及其所代表的僧传书写传统在形成过程中，显示出了一种"张力"②，即所谓的僧传书写③乃是"在宗教里边加进了中国文化传统中的人文历史观点"。此观点摆脱了前人将僧传视为"正统"史传查差补阙材料的窠臼，开始注意到僧传自身的书写特征，发人之所未发，因此弥足珍贵。

然而，时至今日，距离钱氏此发现的提出已有半个世纪，我们一方面发现，钱氏的观点还没有得到研究者的积极响应，后来关于中古僧传的研究依然还在既往的套路中陈陈相因；另一方面，以今日之学术眼光重新审视钱氏的观点，似乎此中仍有进一

---

① 钱穆：《中国史学名著》，第 158—159 页。

② "张力"，是现代文学文化批评的一个常见术语，后来逐渐应用于其他批评领域。从构词法上说，这个词是逻辑术语"外延"（extension）和"内涵"（intension）的前缀删去后，共有的"交集"（词根），即"张力"（tension）（参见 M. H. Abrams, *A Glossary of Literary Terms (Seventh Edition)*, Massachusetts: Heinle & Heinle Publishers, 1999, pp. 315-316），其意义大致为："互补物、相反物和对立物之间的冲突或摩擦。""凡是存在着对立而又相互联系的力量、冲突或意义的地方，都存在着张力。"（参见〔英〕罗吉·福勒主编《现代西方文学批评术语词典》，袁德成译，四川人民出版社 1987 年版，第 280—281 页。）

③ 本书使用"书写"一词，意在借用这一富于现代性的术语，指示中古僧传作品一方面在文本外在形态上是多重创作、反复修订后的结果，另一方面更为重要的是，这些僧传作品在具体的写作实践中，又具有情境性、流动性的特征。

步开掘的空间——比如中古僧传书写张力具体体现在何处？这种张力的形成原因有哪些？此外，如后人所不断强调的那样，《高僧传》一直被奉为历代僧传的典范，那么，上述张力现象与这种典范价值之间，有没有什么内在联系？诸如此类问题，都有待于我们接续钱氏的议论，将之作为专题，深入探讨下去。

第二节　近百年中古僧传研究之回顾

我们可以首先简要地梳理一下近代以来中国佛教史研究的大致脉络，为中古僧传研究（尤其是《高僧传》研究）提供一个较为清晰的学术史背景。

圣严在讨论近现代佛教学术研究发生时称："近代的佛教学，乃是一种诞生于欧洲的学问。"[1]这句话提示了近现代佛教研究学术史梳理的入手处。事实上，回顾世界范围内汉传佛教研究（包括僧传研究）的历史，正可以发现欧洲以及后来的北美佛教研究范式（从更广意义上说，史学研究范式）的每一次转型所带来的种种变化[2]。

---

[1]　圣严："近代的佛教学"，《现代佛教学术丛刊》1980 年第 82 期，第 21 页。

[2]　李四龙将欧美 19 世纪以来佛教学术研究归纳为四个阶段，进而分析四阶段背后所蕴含着的两次重要方法论转型："从第一阶段（19 世纪 20—70 年代：佛教研究的起步阶段）到第二阶段（19 世纪 80 年代到'二战'：佛教研究的成熟阶段），是对所谓'纯粹佛教'发生了质疑，西方已经了解到'佛一音说法，随类各得解'这个丰富的历史多样性，意识到若想了解所谓的'原始佛教'，并不一定需要完全依赖南传的巴利佛典，汉译佛典以及中亚出土的说一切有部等其他部派的经典，同样具有相当的历史可靠性和理论权威性……从第二阶段到第三阶段（'二战'以后到 20 世纪 70 年代：佛教研究的中心转移与方法转型），西方学者超出了传统的佛典文本研究，尝试以哲学、社会学、人类学或民族学等方法去研究佛教的文化史或社会史，这是伴随着时代的剧变而导致的

　　在近现代佛教研究学术史上，一次发生于胡适与铃木大拙之间的争论，大致可以被视为近现代佛教史研究早期学术旨趣的集中反映。1953 年 4 月夏威夷大学主办的杂志《东西方哲学》（*Philosophy East and West*）第 3 卷第 1 期同时刊出两篇针锋相对的文章，分别是胡适"禅宗在中国——其历史与方法"（Ch'an Buddhism in China—It's History and Method）一文和铃木大拙"禅：答胡适博士"（Zen: A Reply to Dr. Hu Shih）一文 ①。胡氏在文中强调佛教史研究（特别是禅宗研究）要"放在历史的确当地位中，才能确当了解"，要用文献考据的科学方法来处理佛教材料，而非从宗教信仰的角度。铃木氏在回应的文章中则批评胡适只知道禅的历史环境，却不能体悟到禅本身独立于历史环境的内在生命。两人的这番争论，在日本的佛教研究界引起了巨大反响，同时及稍后，忽滑谷快天、西田几多郎、宇井伯寿等一批学者也相继加入讨论。②20 世纪 50 年代，铃木大拙与胡适争论之后，铃木氏原先所主导的研究范式式微，代之而起的是 60 年代柳田圣山史学批判的佛教史研究姿态，这在某种程度上讲，似乎也间

　　（接上页）学术范式大转移。第四阶段（20 世纪 80 年代以来：佛教研究的多元展开与方法反省），则是第三阶段的展开与延伸……在上述四个阶段的简要叙述里，我们不难发现，现代佛教研究方法建立在两个基础之上：一是以'语言文献学'为基础的佛教研究，二是以'哲学诠释学'为基础的佛教研究。"（李四龙：《欧美佛学学术史——西方的佛教形象与学术源流》，北京大学出版社 2009 年版，第 12—13 页。）

①　*Philosophy East and West*, Vol Ⅲ, No. Ⅰ, Honolulu: Hawaii University Press, 1953.

②　葛兆光对此学术公案有详尽之讨论，详见《增订本中国禅思想史：从六世纪到十世纪》"导论"，上海古籍出版社 2008 年版，第 4—19 页；龚隽在讨论禅史研究方法时，对此也曾详加检讨，参见"唐宋佛教史传中的禅师想象——比较僧传与灯录有关禅师传的书写"，《佛学研究中心学报》2005 年第 10 期，第 155—159 页。

接宣告了胡适的佛教史研究理念得到了更大范围研究者的认同。

　　无论如何，上述中日学者之间的争论，如果暂时排除掉日本佛教史研究者自身的宗派主义研究"偏见"，我们便可以发现他们背后响应着的正是由欧洲研究者所确立的以语言文献学为基础的佛教史研究范式。无独有偶，正是在此种研究范式的影响下，中国近现代第一批佛教学术研究者，如杨文会、梁启超、蒋维乔、陈垣、陈寅恪①、黄忏华、胡适、汤用彤、吕澂、周叔迦、周一良等人，他们也立足于坚实的佛教史料（包括各种僧传材料），撰写出了最早一批具有典范意义的佛教史著作。其中，以汤用彤、周一良二人的研究最为突出：汤氏《汉魏两晋南北朝佛教史》《隋唐佛教史稿》两部著作，虽属通史性质，但均是基于第一手资料（主要是僧传材料），对相应时期的各个佛教史具体问题加以分析概述，同时又兼顾本土社会环境和思想背景的复杂性，视野广阔，体察深刻，这使得它们的学术价值至今仍为学者们所重视；周一良《唐代密宗》一书，以唐代密宗为研究对象，利用赞宁《宋高僧传》中《善无畏》《金刚智》《不空》三篇传记，参合各种资料和研究成果，广涉博考，纵横捭阖，对唐代密宗的发展状况做出了极富穿透性的说明。同样受此范式影响的还有一批日本学者，如白鸟库吉的早期佛教文本研究、常盘大定的经录研究等。其中，最引人注意的是柳田圣山的禅宗研究。柳田氏在其《初期禅宗史书的研究》②一书中，通过精细的文献考证，

① 关于陈寅恪早年佛教研究与欧洲学术范式之间的关系，参见陈怀宇《在西方发现陈寅恪——中国近代人文学的东方学与西学背景》，北京师范大学出版社2013年版。
② 〔日〕柳田聖山，「初期禪宗史書の研究」，『柳田聖山集』（第六卷），法藏館，2000年。

突破层层迷障，厘清并建构起了早期禅宗的发展历史，扎实周密，胜义迭出。

第二次世界大战以后，欧美的政治、学术环境发生巨大改变，史学研究的理念和范式也发生前所未有的转移，语言学的转向，后现代主义、后结构主义等哲学思潮滚滚袭来①，这一切都使得汉传佛教史研究慢慢突破既往的史料考校路数，开始将关注面扩展，尤其注意充分利用相关文献，透视社会、经济、文化等诸多层面的内涵。②作为这种研究路径转变的初期代表，许理和（Erik Zürcher）、芮沃寿（Arthur Wright）二人的研究可谓开风气之先。许理和在其名著《佛教征服中国：佛教在中国中古早期的传播与适应》（ *The Buddhist Conquest of China: The Spread and Adaptation of Buddhism in Early Medieval China* ）中，立足于对汉传佛教早期传记材料以及护教类文献的细致解读，多方面揭示了印度和中国两种文化交流过程中所牵涉的各种特定历史问题。③他坦言自己的研究："除了常规的语言文献学的问题，每一

---

① 陈启能对此有详细梳理，详见《二战后欧美史学的新发展》，山东大学出版社 2005 年版。

② 佛雷（Bernard Faure）曾批评过以柳田圣山为代表的以资料考源为主、过于倚重敦煌等稀见材料的研究路数，认为他们这种"档案馆中的发掘"（grubbing in the archives）方式，是让"文本起源"取代了背后的历史情境。（参见 Bernard Faure, *Chan Insights and Oversights: an Epistemological Critique of the Chan Tradition*, Princeton: Princeton University Press, 1993, p.122.）其实，第二次世界大战以前欧洲"拉比学派"（Franco-Belgian School）的列维（Sylvain Lévi）、戴密微（Paul Demiéville）、拉摩（Etinne Lamotte）等人已经开始慢慢有意识突破对"纯粹佛教"的追求，转而运用民族学、社会学、人类学等手段，恢复佛教历史发展的丰富性、复杂性特征。

③ 太史文（Stephen Teiser）在为许理和此书第 3 版（2007 年）所撰序言中，详细地阐发了该书的学术史地位，可参考。该文中文版收入伊沛霞、姚平主编《当代西方汉学研究集萃·宗教史卷》，上海古籍出版社 2012 年版，第 199—235 页。

种材料都应当以如下方法审视：它是在哪一个层面产生？作者是谁？附和者是谁？面对的群体又是谁？"① 芮沃寿《中国历史中的佛教》（*Buddhism in Chinese History*）一书②，虽属通论性质，但也是在广泛利用传记等材料的基础上，着力探讨文献背后所蕴含的两个文明之间的互动模式，描述佛教传入中国的历史过程。芮沃寿还有一篇专门研究慧皎《高僧传》的论文，探讨了《高僧传》书写传统的来源问题③。日本学界受此风气影响，也涌现出一大批重要研究者和研究著作——日本学者在继续保持他们精于文本细读特色的基础上，开始从社会史、文化史等角度来研究佛教史，其中较为杰出的代表有高雄义坚《中国佛教史论》、野上俊静《辽金的佛教》、道端良秀《唐代佛教史研究》、牧田谛亮《中国近世佛教史研究》、竺沙雅章《中国佛教社会史研究》以及塚本善隆的相关著作。其中牧田氏又有"高僧传的成立"一文，从史源上讨论了《高僧传》的形成。④

回顾近百年国际学术界佛教史研究的发展历程，可以概括出这样两条同步发展的变化线索，其一是从材料到文本，其二是从文献到背景。具体地说，"从材料到文本"是指佛教史研究对于材料的态度，从过去力求廓清材料周围模糊不清的干扰因素、还原

---

① Erik Zürcher, "Perspectives in the Study of Chinese Buddhism", *Journal of the Royal Asiatic Society*, Vol. 2, 1982, p.174.
② Arthur Wright, *Buddhism in Chinese History*, Stanford : Stanford University Press, 1987.
③ Arthur Wright, "Biography and Hagiography: Hui-chaio's Lifes of Eminent Monks", *Silver Jubilee Volume of the Zinbun-Kagaku-Kenkyusyo*, Kyoto University, 1954, pp. 383–432.
④〔日〕牧田諦亮,「高僧傳の成立」,『東方學報』, 44 期, 1973, 101—125 頁; 48 期, 1975, 229—259 頁。

材料最初的生产实态，到平等地对待材料及其周边，强调文献的生成并非一朝一夕，所涉亦非一人一事，乃是历史综合作用的结果，且以文本的方式凝定；"从文献到背景"是指佛教史研究对象的变换，即从过去侧重于对典籍文献特征的解析、考索乃至还原，转换为通过各种不同来源、不同样态的文献材料，透视它们背后所蕴藏着的思想、政治和文化内涵。然而，我们同时亦可发现，这种学术研究范式的嬗变，并不是决裂式和扬弃式的。事实上，前者的积淀正是后者新变的坚实基础——没有对于基本材料的廓清和还原，就不可能探求文本的建构过程；没有对于文献形态的有意识解析，就不可能借此察知思想、政治、文化变迁的过程。

就中古僧传研究而言，亦能体现上述变化发展线索。[①]如前所揭，历来佛教史研究，在处理中古僧传材料时，一般均将其视作中古佛教史料的汇编，即便也曾有专门性质的考究，也都是索引、翻译之类。[②] "二战"后，特别是 20 世纪 90 年代以来，由于受新历史主义、新文化史等思潮的影响，国际佛教学术界产生了一批极富新意的研究成果，它们皆将僧（尼）传本身作为研究对象。比如，篠原亨一（Koichi Shinohara）"《高僧传》的比较研究：中古中国佛教圣僧的功能"[③]针对芮沃寿的精英文化立

---

① 刘飖也曾有过评述，惜乎太简，参见"《高僧传》研究回顾与展望"，《黄冈职业技术学院学报》2009 年第 2 期，第 72—75 页。

② 1923 年，德国学者做过一份《高僧传人名索引》，参见 H. Hackmann, "Alphabetisches Verzeichnes zum Kao-seng-chuan", *Acta Orientalia*, Vol. 2, 1923。后来，日本学者塚本善隆、岩井谛亮、龙池清又为该书做了一个更详细的人名索引，分别刊载在《支那佛教史学》1937 年第 1 期和 1939 年第 3 期。1968 年《高僧传》法文版出版，见 Robert Shih, *Biographies des Moines éminents (Kao Seng Tchouan) de Houei-Kiao*, Louvain: Institute Orientalist 1968。

③ 〔美〕篠原亨一："《高僧传》的比较研究：中古中国佛教圣僧的功能"，《中华佛学学报》1994 年第 7 期，第 477—500 页。

场提出批评，主张细致分析僧传材料中关于神异故事和神通的叙述，进而揭示这种书写的功能。蔡安妮（Kathryn Ann Tsai）《比丘尼的生活：4—6世纪中国比丘尼传记研究》①重点考察并揭示比丘尼作为女性在佛教生活中扮演的特殊角色。柯嘉豪（John Kieschnick）《高僧：中古中国圣传里的佛教理想》②也将研究对象聚焦于《高僧传》，他在详细区分中国佛教僧传书写不同类型的基础上，分析了圣人的理想是如何介入具体的僧传编纂过程。阿达梅克（Wendi Adamek）"禅师形象的想象"③通过对《历代法宝记》中"无住禅师"部分的解析，揭示出无相的禅学观念如何通过人物传记叙述来加以表现，进而探究僧传的书写如何参与传统师资谱系的塑造。龚隽"唐宋佛教史传中的禅师想象——比较僧传与灯录有关禅师传的书写"④参考"圣徒传"（hagiography）的分析方法，比较"高僧传"传统里的禅师书写与"灯录"传统里禅师书写，发现历史与宗教修辞的交错。陆扬"解读《鸠摩罗什传》：兼谈中国中古早期的佛教文化与史学"⑤尝试通过一种新的阅读策略去对《鸠摩罗什传》的叙事结构进行语境化解读，借此考察中古僧传的书写者是如何通过特定的构思与想象，利用

---

① Kathryn Ann Tsai, *Lives of the Nuns: Biographies of Chinese Nuns from the Fourth to Sixth Centuries*, Honolulu: University of Hawaii Press, 1994.

② John Kieschnick, *The Eminent Monk: Buddhist Ideals in Medieval Chinese Hagiography*, Honolulu: University of Hawaii Press, 1997.

③ Wendi Adamek, "Imagining the Portrait of a Chan Master", Bernard Faure, ed., *Chan Buddhism in Ritual Context,* London: Routledge Curzon, 2003.

④ 龚隽："唐宋佛教史传中的禅师想象——比较僧传与灯录有关禅师传的书写"，第151—183页。

⑤ Yang Lu, "Narrative and Historicity of Buddhist Biographies in Early Medieval China: The Case of Kumārajīva", *Asia Major*, 2006, Vol. 17, No. 2, pp.1–44. 中文版载《中国学术》第23辑，2006年。

传主的基本史料，以达到对传主一生事业和内心发展进行复杂而连贯诠释的目的；此外，更重要的是，作者在一种新的视野下，揭示了僧传书写者对传主的书写与其自身的历史观念之间有着何种互动关系。丁敏"从汉译佛典僧人'神通'到《高僧传》僧人'神异'：佛教中土化过程的考察面向"①梳理了汉译佛典中僧人的"神通"和《高僧传》中僧人的"神异"这两种书写形态，以此揭示中土高僧形象建构的过程以及背后所蕴含着的印度佛教中国化过程中佛教文化形态"范式转移"的现象。陈金华"'胡僧'面具下的中土僧人：智慧轮（？—876）与晚唐密教"②通过对比传世文献与出土文献关于智慧轮的记载，勾勒晚唐密教大师智慧轮的本来面相，并以此实例讨论了如何突破考校和叙述诠释的弊端，在从"圣传性"与"传记性"的叙述中析出历史的可征信因素外，也不忽视那些看上去荒诞不经的内容，相反，恰恰要揭示这些内容造作背后所潜藏着的隐秘动机，进而还原和构建中古宗教生活的实相。

除了上述以单篇论文形式刊载的研究成果，还有将中古僧传作为专书或博士论文专题研究对象的成果，比较重要的，大致可以举出如下几部（仅举其中较具代表性的）：郑郁卿《高僧传研究》③，作为汉语学界第一部专门研究《高僧传》的著作，作者

---

① 丁敏："从汉译佛典僧人'神通'到《高僧传》僧人'神异'：佛教中土化过程的考察面向"，《政大中文学报》2010 年第 14 期，第 85—120 页。

② Jinhua Chen, "A Chinese Monk under a 'Barbarian' Mask : Zhihuilun (?-876) and Late Tang Esoteric Buddhism", *T'oung Pao*, Vol. 99 (1-3), 2013, pp.1-52. 中文版载《汉语佛学评论》第 4 辑，上海古籍出版社 2014 年版，第 181—223 页。

③ 郑郁卿：《高僧传研究》，文津出版社 1987 年版。

着意在对《高僧传》自身资料梳理的基础上做统合观察和研究，其中，以"译经""禅法""律学"为线索揭示佛教对传统经学的影响，以及从"语体"的角度来分析《高僧传》的做法，都是十分有意义的。黄先炳《〈高僧传〉研究》①，是国内学界第一部专从文献学角度研究《高僧传》的博士学位论文，作者立足于坚实的史源学考察，廓清了《高僧传》材料来源上的很多问题，比如通过《高僧传》与《出三藏记集》的比对，推测慧皎受僧祐《出三藏记集》对译经师关注的影响，从而促成了《高僧传》这样一部专门以记人为特色的僧传著作的产生，这是颇富洞见的。徐燕玲《慧皎〈高僧传〉及其分科之研究》②，以慧皎所欲创立的高僧形象为主轴，一方面厘清其所创立的十种形象真实样貌为何，另一方面就此反推其心中真实的想法与所欲传达的意念；作者注意到慧皎试图以"十科"分类法来积极塑造自己心中的高僧形象，因此其《高僧传》的撰作实为一种理想式的书写，此发见富于兴味。纪赟《慧皎〈高僧传〉研究》③，是迄今为止学界关于《高僧传》研究在内容与体制上最全面的著作，其章节设置涵盖了《高僧传》内容和形式的诸多方面，作者倡导《高僧传》研究不能用纯粹的史学视角来考察，而更应该从文化和宗教的角度来加以探究④，这体现了作者在重视具体史料考证之外，有意突破前人窠臼，寻求一种现代交叉学科研究范式的深刻立意。

---

① 黄先炳：《〈高僧传〉研究》，南京大学博士学位论文，2005 年。
② 徐燕玲：《慧皎〈高僧传〉及其分科之研究》，台湾花木兰文化出版社 2006 年版。
③ 纪赟：《慧皎〈高僧传〉研究》，上海古籍出版社 2009 年版。
④ 参见同上书，第 277 页。

通过对既往研究的简单评述，一方面，我们可以发现中古僧传研究是紧随国际佛教史学术研究范式变迁而变化的，总体上也呈现出一种"从材料到文本""从文献到背景"的发展趋势——新近的研究，均在不同程度上借鉴了人类学、文化史、社会史等其他领域的研究理念，对以《高僧传》为代表的中古僧传予以全新且富有睿见的解读。但另一方面，我们却不能不意识到，现在中国学界对于慧皎《高僧传》的研究，其实还存在很多问题有待改进，大致体现在：

其一，佛教史研究在经历过一段时间的沉寂后，直到 20 世纪 70 年代才渐渐得以恢复，突出的表现是各种佛教文献的整理点校和出版，这为中国学界佛教史研究的开展奠定了不可或缺的坚实基础。① 然而也须看到，由于这种基于文献的研究工作被中断得太久，我们的佛教史研究水平与国际学界尤其是与东邻日本比较起来，还存在一定差距。仅以中古僧传文献的整理为例，《高僧传》虽有汤用彤功力扎实的校注本，但其中也存在一些由于各种原因所导致的错讹，很多学者已开始呼吁重新订补此书②；《续高僧传》近年已有郭绍林点校本面世，给学术界使用此书带

---

① 其中季羡林、陈允吉、李富华、吴梅、项楚、方广锠、陈士强、董志翘、周裕锴等先生的成果较为突出。

② 详见汪维辉"《高僧传》标点商兑"，《古籍整理研究学刊》1997 年第 3 期；董志翘"《高僧传》校点献疑（一）—（八）"，《文史》1994 年第 4 辑；董志翘"《高僧传》校点商榷"，《古籍整理研究学刊》1999 年第 1 期；董志翘"《高僧传》校点商榷（续）"，《古籍整理研究学刊》2000 年第 1 期；董志翘"中华书局版《高僧传》校点商榷"，《四川师范大学学报》（社会科学版）2005 年第 6 期；鲍金华"《高僧传》校点商议"，《古籍整理研究学刊》2007 年第 4 期。日本学者吉川忠夫、船山彻参合多种《大藏经》本和古写经本，整理出《高僧传》日文译注版全四册，岩波书店 2010 年出版发行。

来了极大的便利，但同时也还是存在一些值得纠正的问题。^① 这种基础文献精细整理工作的相对滞后，给佛教史研究带来了不容忽视的限制，很多佛教史研究仅仅停留在史实描述的层面，较少触及其背后的深层社会文化内核，因而在研究深度上有待突破。

其二，受西方学术研究范式的影响，20 世纪 90 年代以来，中国学界借助西方社会学、人类学、神话学、叙事学等手段研究汉传佛教发展历史，突破文献考据的"迷障"，勇于做历史横截面的剖析，发现了很多新问题，产生了很多富于新意的研究成果，给佛教史研究吹来了"新风"。但与此同时，我们也不能不看到，这种立足于西方文化本位的学术研究路径，由于理论"移植"存在局限性，如果处理不好，则易产生就文本而论文本、割裂文本与社会背景关联的弊端，隔靴搔痒，使结论流于皮相。

正如龚隽在梳理欧美现代禅学写作历史以及当前中国学界禅学研究现状时所指出的那样，"在我们的写作中，不是经常轻率地把禅思想中最有解释价值和紧张感的问题打发掉，就是用一套似是而非的解释语言去接近禅的历史经验"，"似乎一直在用禅的母语进行写作和思考的'我们'，好像离母语的传统也越来越远"，因此，"我们必须建立自己写作的主体性，但是这种主体性的建立应该接受外来的刺激和补充，才不至于毫无警惕地在代代相传的陈词滥调中，变成另类的禅民族主义"^②。中古僧传研究所

---

① 近来已有学者分别撰文予以指出，如陈志远《续高僧传》点校指瑕"，《隋唐辽宋金元史论丛》2019 年第 9 辑；王绍峰"《续高僧传》点校商补"，《宁波大学学报》（人文科学版）2019 年第 5 期。

② 龚隽：《禅史钩沉——以问题为中心的思想史论述》，生活·读书·新知三联书店 2006 年版，第 426 页。

应秉持的态度，一方面是要努力借鉴多种理论资源，来处理中古佛教史的具体问题，同时也须关注理论的解释限度，避免走上概念演绎的极端；另一方面则要避免陷于材料的冗烦桎梏，要寻求方法论层面上的自觉，同时在写作中也要警惕民族主义自我封闭的不良倾向。

第三节　研究方法与框架结构

本书以慧皎《高僧传》的书写问题作为研究对象，尝试从整体上阐明以《高僧传》为代表的中古僧传这一佛教史书写体裁的成立原因及途径。在方法上，本书希望将讨论置于文学的视域中加以开展。所谓"文学视域"，意在提示历史考证和宗教信仰之外的另一种研究视野。这种研究视野生成的前提，是对当下佛教史研究范式的反思。现在很多佛教史研究的取径，依然执着于对"历史事实"的追求。如果说每一种方法都制造了它的研究对象，那么对"历史事实"的执念，背后起作用的正是一种线性的历史发展观念。这种观念在解释历史的时候，常常陷入捉襟见肘的阐释窘境。就佛教史研究而言，教外文献所传递出来的信息只是书写者的一种言说，教内文献所传递的也不过是宗教人士带有信仰意味的一种话语，两者虽然可能会"分享"一些基本的信息，但这绝不等于几何学意义上的两圆相切取其交集，而"交集"部分便是历史上真实发生的事件本身。事实上，这是两种不同性质的言说，它们皆有其各自不同的言说对象、言说动机和言说策略，并不具有可通约性。那"交集"部分，也只是两种言说恰巧重叠而已。但话说回来，这样两种性质的言说，也并非无法从一个新的研究视角加以统摄，正如龚隽所指出的那样，20 世纪 80 年代以后，以佛雷和马克瑞（John R. McRae）为代表的佛教史研究新路径已经取代了过去那种过分依靠和相信文献文本，甚至让文本成为历史真正活动者的做法，代之而起的是关注文本的意义与其背后社会政治和权力结构的关系，亦即所谓的"行事的学术"（performative scholarship）——不是仅靠文本言说自身，而是要在特定的历史语境和脉络中深切理解这种"行为式"（performatives）的言说。①

因此，本书拟采用一种"行事的"研究路径，即关注文本的修辞和叙事，以及修辞、叙事背后所力图呈现的意义，还有更重要的，是其所折射出的社会政治和权力结构。

本书希望将论述建立在对一个个具体问题考辨的基础上，从慧皎《高僧传》的具体书写中提出问题、分析问题，进而寻求一种宽视野、多维度的阐释。这种研究路径的选择，乃是基于如下两点考虑：

其一，中古僧传内涵的丰富性，导致我们难以用某种或某几种模式来"一劳永逸"地加以概括。这就迫使我们首先得承认研究对象的复杂性，放弃"条块分割"和"一刀切"的妄想；其次选择从某些具体问题切入，去展现对象自身的复杂性，在此基础上，透过这种复杂性去发现背后相对稳定的"基质"特征。

其二，采用以具体问题作为切入口、以点带面的方法，可以保证在研究的深度上，要比规模宏大的铺陈描述来得更加切实和有效。

---

① 龚隽:《禅史钩沉——以问题为中心的思想史论述》，第 415—425 页。

　　本书稿分为六章，前两章从"编撰材料源自"和"文体样式形成"两个层面，整体揭示《高僧传》书写范式成立的过程；第三至六章，以四个具体案例为基础，分析和揭示《高僧传》书写中所存在着的各种"张力"关系（如异域与中土、史实与神话、空间与想象、僧制与王权、时代与命运等）。我们希望通过这样一种点面结合的形式，来分析和展示中古僧传书写的整体样貌、书写机制与精神内蕴。

第一章

从经录到僧传：《高僧传》之编纂成书及学术背景考察

对于《高僧传》研究来说，慧皎本人所撰写的序言①，是一份比较重要的文献。今人欲究明《高僧传》成书的各方面问题，均可据此以为津梁。在这篇序言中，慧皎详述了此书编撰的各种信息，大到编撰意图、体例设置，小至书名冠置等。其中，让人印象比较深刻的是慧皎除去交待了上述信息外，还不厌其烦地历数在他之前诸多传记作品的种种"不足"。该部分内容如下：

> 众家记录，叙载各异。沙门法济，偏叙高逸一迹。沙门法安，但列志节一行。沙门僧宝，止命游方一科。沙门法进，乃通撰传论。而辞事阙略，并皆互有繁简，出没成异。考之行事，未见其归。宋临川康王义庆《宣验记》及《幽明录》、太原王琰《冥祥记》、彭城刘俊《益部寺记》、沙门

① 慧皎《高僧传》之序录，通行本一般在卷十四，唯明本位于卷一之首（序与录倒置）。

昙宗《京师寺记》、太原王延秀《感应传》、朱君台《征应
传》、陶渊明《搜神录》，并傍出诸僧，叙其风素，而皆是
附见，亟多疏阙。齐竟陵文宣王《三宝记》传，或称佛史，
或号僧录。既三宝共叙，辞旨相关，混滥难求，更为芜昧。
琅玡王巾所撰《僧史》，意似该综，而文体未足。沙门僧祐
撰《三藏记》，止有三十余僧，所无甚众。中书郎郄景兴
《东山僧传》、治中张孝秀《庐山僧传》、中书陆明霞《沙门
传》，各竞举一方，不通今古；务存一善，不及余行。逮乎
即时，亦继有作者。然或褒赞之下，过相揄扬；或叙事之
中，空列辞费。求之实理，无的可称。或复嫌以繁广，删减
其事，而抗迹之奇，多所遗削，谓出家之士，处国宾王，不
应励然自远，高蹈独绝。寻辞荣弃爱，本以异俗为贤。若此
而不论，竟何所纪？①

在这段叙述中，慧皎详细地罗列了之前"众家记录"的作
者、书名，以及具体的"不足"所在。②我们以为，就情理而言，
这种通过批评前代同类作品来建构自我"合法性"的做法，是可
以理解的，也是一种较为常见的现象。但是，其中却有一处令人
费解的地方，即慧皎在逐个批评刘义庆《宣验记》和《幽明录》、
太原王琰《冥祥记》、彭城刘俊《益部寺记》、沙门昙宗《京师
寺记》、太原王延秀《感应传》等这些作品后，对于"逮乎即时"

① ［南朝梁］释慧皎撰，汤用彤校注：《高僧传》卷十四，中华书局1992年版，第
523—524页。
② 在致王曼颖的书信中，慧皎也说："历寻众记，繁约不同。或编列参差，或行事
出没，已详别序，兼具来告。"（《高僧传》卷十四，第554页。）

的这个"继有作者",却没有指名道姓,明确指明批评对象的身份。这个疑惑受到研究者的注意,现在大家已经基本上认定,慧皎所未指名道姓的这个批评对象,其实就是《名僧传》的作者宝唱。①可由此带来一个启人疑窦的问题——为什么慧皎不径直揭出宝唱的名字,却要这般遮遮掩掩?这是一种无心的遗漏,还是某种难言之隐的体现?

迄今为止,关于这个问题,就笔者目力所及,似乎只有纪赟曾给予详细的考察。这里先对他的观点加以概述。纪氏认为:宝唱在慧皎之前编纂了《名僧传》,该书材料较之后者更加丰富(《名僧传》共三十卷,约是《高僧传》的两倍),因此,如果就纯粹保存文献的目的来看,《高僧传》编撰的意义是不大的;在这种情况下,慧皎为寻求自己撰著的合法性,亦即合理性、必要性,就"精明地利用僧伽的道德操守作为突破点一举攻陷了《名僧传》辛苦建立的城池"。纪氏又认为:就实际而言,两部僧传收录的标准并没有多大的区别,《名僧传》所载的大部分内容均见之于《高僧传》,因此,慧皎所批评的主要是《名僧传》的题目而非内容——"名僧"与"高僧"的争议,适应了当时玄学"名教"与"自然"争论的社会思潮大背景,又与其时僧团组织的危机紧密相关;从"僧"与"沙门"的语义指涉上推断,慧皎、宝唱均选择以"僧"这一指涉"群体"意义的字眼来作为著

---

① 如汤用彤径直认为慧皎所评的这个"同时作者"系宝唱,参见汤用彤《汉魏两晋南北朝佛教史》,中华书局1983年版,第417页。纪赟则仔细比照慧皎之于这个"继有作者"的批评——一褒贬适当、二不够简练、三没有记录高蹈远行的抗迹之奇,将之落实为宝唱的《名僧传》,参见纪赟《慧皎〈高僧传〉研究》,第72—74页。事实上,我们看这篇序言后面对于"名僧""高僧"两个名词的斟酌,以及王曼颖致慧皎的信中明确标举出"唱公纂集",也不难推定出这一点。

作的题目，他们的动机便是力图借传记的编纂来树立僧人典范，进而"维持僧团内在凝聚力"①。

应该说，纪氏的研究既注意到了慧皎在《高僧传》编撰时所面临的合法性"困境"，也留意到"名僧"与"高僧"名称之争背后，其实隐藏着理论与实践之间的矛盾，以及与玄学思想背景之间的关联。他关于"僧"与"沙门"语义指涉的上推断，也较为新颖，可备一说。②总之，这项研究，取径宏阔而深入，结论也富于兴味。然而，仔细思量，似乎这项研究仍未能对宝唱所持的矛盾态度作出全面的解释——用为了寻求撰著"合法性"这个理由来解释为什么慧皎会有上述的那些批评（即纪氏所指的对于"僧伽的道德操守"的批评），这或许能够讲得通；但是，又该如何解释为什么慧皎在批评的时候不像对待其他传记作者那样指名道姓呢？

对于此问题的全面解答，可以折射出《高僧传》书写范式成

---

① 纪赟：《慧皎〈高僧传〉研究》，第72—88页。

② 实际上，纪氏此处的推断仍有值得进一步推敲的地方，如纪氏认为一部传记著作如果用了"僧"字作为题目，即意味着这部作品中的传主"都是某一特定区域里某一特定僧团的僧人传记"，因此，《高僧传》确切的名字应该叫作《高行沙门传》。我们以为此论可能值得进一步思考，因为：（一）固然像《东山僧传》《庐山僧传》这两部作品记录的是某一特定区域某一特定僧团（东山僧团、庐山僧团）的僧人传记，但是诸如《高逸沙门传》《游方沙门传》这类我们现今已经无法见到全貌的僧传作品，"顾名思义"觉得它们应该以"高逸""游方"等类型作为僧传选材的标准外，我们又如何能排除它们不也是以"某一特定区域里某一特定僧团"为书写对象呢？传记选材的类型标准与地域标准并不总是相互对立的；（二）固然"僧"与"沙门"两词的原始含义以及早期汉地经典中用法，分别指涉群体和个体，但这是否意味着这两个词在中土的语义指涉都是一成不变的，或者说，在实际的使用中，无论自觉或不自觉，人们都严守着这来自异域原始的语义规则呢？事实上，我们目前可以看到的情况是：一方面初期佛教典籍在语汇的使用上，往往与印度西域的原始含义有所偏差，这也正是道安"五失本、三不易"原则提出的原因所在；另一方面，中古时期，无论内典还是外典，我们随处可见"僧"这个字眼被施于僧人个体之上。

立的重大消息，因此意义不容小觑。本章将以对该问题的再思索为解读的逻辑起点，考察《高僧传》的材料来源、编撰方式、精神指向等方面的问题，希望能够从学术流变的视角，究明《高僧传》的编纂成书情况及其特殊学术背景。

第一节 慧皎的"欲说还休"

一、宝唱的生平及晚年风波

让我们先从宝唱编撰《名僧传》的具体历史情境说起。

现存关于宝唱生平较早也是最详细的文献，当数道宣《续高僧传》中的相关记述。道宣在该书卷一《译经篇》专门为宝唱设传。[①] 白化文、李鼎霞曾以此传内容为主要材料，参稽诸家经录、僧传、史志等，还原宝唱的生平著述情况，大体平实有据。[②] 下面可以据此，并参以其他后来研究成果，按照编年的方式，将宝唱的生平经历大致梳理如下：

> 宋泰始二年（466）至三年之间，生于吴郡。
>
> 齐永明二年（484）至三年之间，十八岁，投僧祐门下，住庄严寺，习经、史、《庄》《易》，皆略通大义，有声宗嗣。
>
> 建武二年（495），高堂丧事料理毕，即离都云游五年，后中风疾，又遭齐梁鼎革之乱，远播闽越。
>
> 梁天监四年（505），返都，为当时名寺新安寺主。

---

① 文多不具载，参见［唐］道宣撰，郭绍林点校《续高僧传》卷一，中华书局2014年版，第7—11页。

② 参见白化文、李鼎霞"《经律异相》及其主编释宝唱"，《国学研究》第2卷，北京大学出版社1994年版，第575—596页。

天监四年至天监十七年，颇受梁武帝宠眷，成为御用僧人，从事大量佛经编纂工作，包括：（1）天监五年到普通元年（520），奉敕列席僧伽婆罗为译主的译场，担任笔受，共译出经典十一部三十八卷，同预译场者另有慧超、僧智、法云等，皆一时之选；（2）天监四年至七年间，奉敕参加建元寺释法朗为《大般涅槃经》作"子注"工作；（3）天监七年十一月至天监八年四月，奉敕在定林寺同僧亮、僧晃、刘勰等参加僧旻主持《众经要抄》八十八卷编纂工作；（4）天监十四年至十六年间，《名僧传》初稿撰成；①（5）天监十五年至十六年，奉敕主持编纂《经律异相》等八部书，撰成《比丘尼传》；（6）天监十五年至十七年，奉敕在安乐寺释僧绍原有基础上续纂皇家《华林佛殿众经目录》，功毕而雅惬时望，敕掌华林园宝云经藏，搜求遗逸，皆令具足，又制作副本，以用供上。

天监十七年，唱师僧祐入寂。

普通元年至三年，敕令开善寺释智藏编纂《义林》八十卷，宝唱预其事。

普通三年至四年，宝唱似因"脚气连发，入东治疗。去后敕追，因此抵罪，谪配越州"（朝廷的司法处置），但旋即又敕令"依律""以法处断"（僧律加国法的判决），然而

---

① 白化文、李鼎霞将《名僧传》撰成的时间定为天监十五年（516）至十六年，黄先炳定为天监十四年至十五年间，但苏晋仁则采信《历代三宝记》"天监十八年"的说法，刘飒看法同之。参见黄先炳《〈高僧传〉研究》，第29—31页；苏晋仁《佛教文化和历史》，中央民族大学出版社1998年版，第110页；刘飒《释宝唱与〈比丘尼传〉》，华中师范大学博士学位论文，2008年，第26—28页。此处依白化文、李鼎霞和黄先炳意见。

"僧正慧超任情乖旨，摈徙广州"，判决很严厉："先忏京师大僧寺遍，方徙岭表，永弃荒裔"。

普通四年至五年，宝唱在上述官私催逼中，勉力续补《名僧传》，临发配时，以书奏闻朝廷，皇帝敕令停摈，转为太子萧纲服务。

普通七年，僧正慧超亡。

中大通四年（532）至六年，协助萧纲编纂佛教类书《法宝联璧》二百二十卷（含目录二十卷）。

中大通七年及以后，"不测其终"。

宝唱一生事迹中，晚年涉入被摈风波，实在是一件令人觉得蹊跷的事情，传记对此也颇为隐晦——宝唱因治疗脚气病而开罪官方，本拟贬谪，旋即又敕令依僧律处置，但来自佛教系统的力量却"任情乖旨"，试图摈徙；然而，不多久，又因宝唱著作奏闻皇帝，官方又敕令停止了摈事。在这一系列的人事起伏中，宝唱本人似乎处于各种势力的激荡之中。对于一个极受皇家重视的僧人来说，命运由显赫一时到最后"不测其终"，实在反差甚巨。鉴于史料缺失，我们无法进一步究明其中实情，但揆之常理，治疗疾病作为一个理由，用以解释整个事件的发生、发展，显然是不够充分的。白化文、李鼎霞推测其中的原因，认为：南朝重门第，当时围绕在梁武帝周围的僧人均出自高门（如僧旻是孙权之后、法云是周处七世孙、智藏出身吴郡顾氏且为宋明帝的出家替身），只有僧祐出身不高，但是，他在齐世即已成名，成就多方，又兼弟子众多，自然是一时僧望所在。在这种情势之下，出身寒微的宝唱，所能依靠的只有其师僧祐的庇护，以及自己杰出的撰作才华。但是，一旦僧祐逝世，唱则无依矣，使人不能不兴"才秀人微"之叹。^①这样的解释，是颇具启发性的。事实上，我们也可以进一步补充：除去出身寒微外，宝唱少时"佣书取济"的经历，和投入僧祐门下后，"经、史、《庄》《易》"的学术涉猎，以及不能忘情于高堂丧事的做法，都似乎与其时的僧团风气产生龃龉，以至于时人"以其游涉世务，谓有俗志"。然而，他却凭借良好的文献整理才华以及僧祐的提携^②，成功地引起梁武帝的重视，并最终得到了管理皇家经藏的要职。这个时候，他似乎已经从纯粹的文献整理专家，一跃而成为皇帝身边的亲信。^③也正是这样，宝唱似乎已经危及萧衍身旁原先那些权僧们（比如僧正慧超）的利益。因此，天监十七年僧祐入寂后，即便还可能有萧衍对于宝唱才华的重视，但毕竟所攀附的大树已倒，于是三四年后，以前所积蓄的矛盾爆发，与宝唱相对立的权僧们终于找到一个理由来施以报复。《续高僧传》对此的描述是"僧正慧超任情乖旨"。这是一句很富意味的话，大致可以揣测出的信息是：也

① 白化文、李鼎霞：《经律异相》及其主编释宝唱"，第589页。

② 天监四年，宝唱结束播迁生涯，返还都下，任新安寺主。而新安寺乃宋新安孝敬王子鸾为亡母所造，历来寺主多为名僧，如僧远、法瑶、显亮等（《高僧传》卷八《僧远传》）。宝唱能够在离开多年后，甫一归来，即被委以此职，不能不让人联想，他可能是得到了其师僧祐的提携。

③ 《续高僧传》记述："（天监）十四年，敕安乐寺僧绍撰《华林佛殿经目》，虽复勒成，未惬帝旨。又敕唱重撰。乃因绍前录，注述合离，甚有科据，一帙四卷，雅惬时望，遂敕掌华林园宝云经藏。"（[唐]道宣撰，郭绍林点校《续高僧传》卷一，第8页。）扬都安乐寺是王坦之捐献建设而成，历来由名僧掌持。僧绍也是当时名僧，故而萧统一开始是选择他来编撰经目，但皇帝对他的成果不甚满意。等到宝唱运用其杰出的文献整理才华，在僧绍的基础上重加编撰的时候，方令皇帝十分满意，宝唱因此也得以掌管皇家华林园宝云经藏。华林园是梁武帝讲论佛法、翻译佛经的专门场所，能够执掌这样一个场所的经藏文献，非皇帝亲信之人不可出任。在宝唱之前，似乎也只能由僧正来担任。

许之前官方原本意图施加于宝唱的惩罚并不是那么激烈（无论"导火索"是或不是宝唱因脚气疾病而擅自离去），但慧超却借着这个机会，大大地宣泄了自己的"私情"——"先忏京师大僧寺遍，方徙岭表，永弃荒裔"，即先向京师的各大寺逐个忏悔罪过，然后再永远逐出。无疑，这是相当极端的做法。弃则弃矣，还得首先向有关方面忏悔，这不得不让人联想到宝唱原先与京师各大寺之间的矛盾有多么强烈。可是后来他的命运却戏剧性地发生转折，原因也许是萧衍怜惜宝唱的才华，并没有让慧超等人摈除宝唱的想法成为现实，但作为一种"折中"，宝唱也便失去了靠近权力中心的位置，转而为太子萧纲服务，做的也只是他所擅长的文献翻译整理工作（"有敕停摈，令住翻译"）。

以上，当然只是我们根据极其有限材料所引发出来的推论，虽然可能无法与历史实情完全吻合，但却相对比较有力地揭示出这样一点，即宝唱的被摈极有可能涉及几方力量的博弈，绝不是因治疗脚气病而开罪官方那么简单。

二、慧皎的顾忌

接下来，我们再来考察慧皎《高僧传》对于宝唱《名僧传》的态度问题。这个问题，是下文讨论《高僧传》书写范式成立的核心，必须先予厘清。

还是由于材料缺乏的原因，我们对于慧皎生平经历所做的复原工作仍然不太理想。其中，对于《高僧传》这部书的编撰情况，尤其是它的编撰时间，仍然存在各种不同的意见。

关于《高僧传》编撰时间的界定，最早见之于智升《开元释教录》卷六，作"序录一卷、传十三卷，共成十四。天监十八年撰，见《长房》《内典》二录"。① 实则，费长房《历代三宝记》并未注明《高僧传》编撰时间，道宣《大唐内典录》亦未注明（《内典录》与《房录》内容几乎一致，可能抄自后者）。那么，智升的说法，大概是受慧皎"自序"的影响。《高僧传》"自序"云："始于汉明帝永平十年，终于梁天监十八年……其间草创，或有遗逸。今此一十四卷，备赞论者，意以为定。如未隐括，览者详焉。"② 智升可能认为慧皎序中的意思是这个版本已经是定本了，而此定本，最晚的时间节点是天监十八年，因此，这一年可能就是《高僧传》撰成之时。

姚振宗《隋书经籍志考证》，在"《高僧传》十四卷"目下，引的是《开元录》，亦持"天监十八年"之说；在"《补续冥祥记》一卷"目下，详细考证了慧皎与王曼颖之间的往复书信，他举《梁书》卷二三"南平王伟传"为证，说王曼颖死后，其友人江革前往吊唁时犹称萧伟为"建安王"，实际上萧伟于天监十七年（518）三月，由"建安王"改封"南平郡王"，因此，可知王曼颖的死，当不可能在天监十七年之后。③

曹道衡、沈玉成认为《梁书》所记官爵往往混乱，因此姚氏的判断有误，并推测天监十七年去世的或为王曼颖之父王琰，所以王曼颖在致慧皎的信中自称"孤子"。据此，可以推断《高僧传》的杀青之日，当在普通年间。④

---

① 《大正新修大藏经》（以下简称《大正藏》）第55册，大正一切经刊行会1934年版，No.2054，538c21。

② ［南朝梁］释慧皎撰，汤用彤校注：《高僧传》卷十四，第524—525页。

③ ［清］姚振宗：《隋书经籍志考证》，《二十五史补编》（四），中华书局1955年版，第5367、5382页。

④ 曹道衡、沈玉成：《中古文学史料丛考》，中华书局2003年版，第642—643页。

苏晋仁亦据《梁书》卷二〇《南平王伟传》、卷三六《江革传》、卷二九《南康王绩传》，以为王曼颖的逝世当在天监十八年到普通四年（523）之间，因而《高僧传》的撰成，最晚不得迟于普通四年；又认为《高僧传》卷十三《法献传》中有佛牙以普通三年正月遗失之语，当是此书最末之纪事，理应距离完成时间不远，因此，大约完成在普通三年或四年。[①]

黄先炳以慧皎应该看过宝唱《名僧传》这一点为前提，先从《名僧传》的编撰时日考证入手，间接推断《高僧传》的撰成之日。他认为《名僧传》当成书于天监十四年至十五年间，而不是像《房录》所云该书是梁武帝于天监十八年"敕沙门宝唱撰《名僧传》三十一卷"。这样的话，对照推下去，慧皎在撰作《高僧传》"序"的时候，才能有足够的"时间差"（如以天监十八年计算的话，距离天监《名僧传》成书，约有三至四年的时间）看到《名僧传》的本子，也才能据以提出批评。至于如何解释慧皎"自序"中表示其纪事"终于天监十八年"（实际上，我们如今看到的传记中却有天监以后事，如普通三年佛牙遗失事），黄先炳的解释是，《高僧传》的成书，如同僧祐完成《出三藏记集》之后又继续修订一样，也经历了一个不断增补修订的过程。[②]

学问之进步，理应后出转精。今天再来考究这个问题：一方面，我们以为黄先炳的说法较之前人，思虑相对更周，因此也更为可信；另一方面，我们也觉得应该在一个更大的历史和学术情境中加以重新考量，这样才能避免陷于诸材料抵牾牵扯的泥潭之

---

① 参见苏晋仁"中国佛教经籍——高僧传"，《中国佛教》第 4 辑，东方出版中心 1989 年版，第 151—157 页。
② 参见黄先炳《〈高僧传〉研究》，第 28—31 页。

中，难以通脱。

综合以上各家意见，我们认为慧皎《高僧传》"自序"的撰作时间最早节点应在天监十八年，最晚节点应在普通四年。这样的时间界定，虽然依旧显得宽泛、不够精确，却坚强地辨明一个基本事实，即在慧皎将《高僧传》的初版本（亦即写下"自序"的那个版本）拿出来请人（如王曼颖）批评的时候，时间已经在天监十七年僧祐逝世之后了。如前文所推测，此时宝唱已经失去了皇家最强有力的庇护，其晚年的遭遇，也呈现风雨欲来之势。

我们看慧皎在"自序"中对于宝唱的名字那么讳莫如深，从情理上说，这极有可能表明宝唱当时的境遇已经非常窘迫，而对于一个远离都城寺庙（会稽嘉祥寺）的一个不甚知名的僧人（慧皎）来说，也感到了各种关于言说宝唱的禁忌。①

这样，对于慧皎来说：一方面，他在很短的时间内编撰《高僧传》，需要依靠之前的同类作品作为材料搜集的基础，而《名僧传》材料宏富，慧皎自然不能忽视，事实上，他也的确予以大量借鉴。②因此，他在确立自己编撰《高僧传》合法性的时候，不能不提到宝唱和他的《名僧传》，这毕竟是他材料的主要来源。另一方面，慑于彼时宝唱所处的特殊境遇，慧皎又不得不小心地隐藏自己的材料源自，生怕触及什么禁忌，更有甚者，他还要对宝唱的《名僧传》加以"指责"——这不仅仅是为了确立自己书写的合法性，也许更是为了表明一种立场。

---

① 由此，反过来也更加可以证明慧皎的那个带有"自序"的《高僧传》版本，应该完成于宝唱遭受"风波"的那几年，即天监十八年到普通四年间。
② 据黄先炳统计，《名僧传》有近百分之八十的传主（含附传）见之于《高僧传》。（《〈高僧传〉研究》，第37—47页。）

这里有一点需要加以说明，即在慧皎对于《名僧传》的"指责"中，后者被认为："或复嫌以繁广，删减其事，而抗迹之奇，多所遗削，谓出家之士，处国宾王，不应励然自远，高蹈独绝。"进而被批评："辞荣弃爱，本以异俗为贤。若此而不论，竟何所纪？"① 慧皎这种对僧人"高蹈"姿态的张扬，看上去，好像是站在与官方、皇权相对立的位置（这个位置在当时皇权高于僧权的情势下，显然并不利于自己）。但是，如果加以深究，便可以发现，其实在慧皎《高僧传》中，恰恰就有很多不守佛教戒律的僧人（如竺法度、僧宗等）以及与达官权贵交游甚密的僧人（如支道林、竺法深等）。因此，慧皎"自序"中所宣扬的"高蹈"精神，实则只是一种标榜，或者说只是一种理想。他的意图也许不在于（或不仅仅在于）要针对性地增加"高蹈独绝"的僧人传记，而是想借此宣示一种态度，即自己的编撰立场是有别于宝唱的。或许只有这样，才能保证自己的《高僧传》编撰工作得到来自僧团力量（他们显然也是与宝唱处于相对立的位置）的认可与支持。这说到底便是一种基于具体情境对"合法性"的寻求，是慧皎书写的一种策略。而当《高僧传》撰成后，果不其然，就迅速产生了重大反响（"通国传之""即世崇重"②），而相比之下，《名僧传》则慢慢湮灭无闻。③ 这

---

① ［南朝梁］释慧皎撰，汤用彤校注：《高僧传》卷十四，第 524 页。
② ［唐］道宣撰，郭绍林点校：《续高僧传》卷六《释慧皎传》，第 193 页。
③ 最早隋代法经《众经目录》著录"三十卷"，《房录》著录"并序录目三十一卷"，《内典录》同《房录》，到了《开元释教录》，就不见了该书，原因是"《名僧传》等七部非入藏，故阙而不论"。《隋书·经籍志二》《旧唐书·经籍志上》著录"三十卷"，《新唐书·艺文志三》著录"二十卷"，唐以后公私书目均不见著录。由此可见，该书唐代即不受人们重视，难以进入大藏，从而也就湮没无闻了。今人欲窥其面貌，只能间接通过日本沙门宗性从笠置寺福城院所录出的《名僧传抄》，见《卍新纂大日本续藏经》（下简称"《卍续藏经》"）第 77 册，No. 1523，第 346—362 页。

种反差，似乎也在一定程度上说明了慧皎策略的成功。①

以上，之所以不厌其烦地将宝唱的生平经历加以罗列，无非是想把慧皎对于宝唱的批评，还原到当时的历史情势中去，并由此寻绎这些批评的具体所指以及隐含书写策略之所在。我们看到，慧皎在《高僧传》"自序"里的欲说还休，在某种意义上，可谓是一种"影响的焦虑"。这种"影响的焦虑"，固然有着特定的话语情境，但却反映了宝唱《名僧传》与慧皎《高僧传》之间，存在着一种难以割舍的关联。那么，这种关联具体体现在何处？这种关联对于《高僧传》书写范式之成立有什么影响？这些问题都值得进一步从纵深层面加以考虑。

第二节 从经录到僧传

一、慧皎的取材

慧皎在《高僧传》"自序"中，交待其材料之来源："尝以暇日，遍览群作。辄搜检杂录数十余家，及晋、宋、齐、梁春秋书史，秦、赵、燕、凉荒朝伪历，地理杂篇，孤文片记。并博咨古（故）老，广访先达，校其有无，取其同异。"② 这段话，呈现给我们一种慧皎编撰《高僧传》自出机杼、取材多样的表面印象。

然而，仔细思量，却可以发现这种印象其实并不可靠，原因如下：

---

① 当然，这种成功也不能全然归功于此。事实上，慧皎《高僧传》本身在编撰理念、方法、手段等方面的特色，也是其成功的原因。我们在下文讨论《高僧传》书写范式之成立过程时，会进一步予以揭示。

② ［南朝梁］释慧皎撰，汤用彤校注：《高僧传》卷十四，第524页。

首先，从情理上讲，年纪轻轻的慧皎，在如此短暂时间内，编撰如此长时段、多人数、条例分明、结构合理的著作①，单靠一人之力完成的可能性，应该是不大的。他需要依靠之前同类作品详备的材料作为自己编撰工作的基础——其工作与其说是"创作"，毋宁说是一种"编辑"，如其在"自序"中所言，"今止删聚一处，故述而无作"。

其次，就事实而言，经过比对，不难发现，慧皎在材料的来源上，受宝唱《名僧传》的影响甚巨。黄先炳曾将《名僧传》与《高僧传》做过详细的比对，确证了这一点："《名僧传》收录传主四百二十二人，其中超过半数，即二百二十四人见于《高僧传》正传，另有近三成即一百一十二人见于附传……《名僧传》正传所载的四百二十二人，有三百三十六人见于《高僧传》，比例已近百分之八十。"②

因此，慧皎编撰《高僧传》并不是空无依傍的，他的主要材料来源应是之前的同类作品，即所谓的"群作""杂录数十余家"。至于"晋、宋、齐、梁春秋书史""秦、赵、燕、凉荒朝

---

① 今本《高僧传》所附龙光寺僧果的附记云：慧皎法师"梁末承圣二年太岁癸酉侯景难，来至湓城，少时讲说。甲戌年二月舍化，时年五十有八"，梁甲戌年（554），如僧果记述慧皎五十八岁年龄无误的话，则可推知，慧皎生于齐建武三年（496）左右。这样，慧皎《高僧传》编撰时的年龄，以最早（天监十八年）至最晚（普通四年）的撰作时间节点算，当在二十三岁至二十七岁之间。道宣《续高僧传》卷六《释慧皎传》没有记述少年慧皎的具体学识素养状况（只概云"学通内外，博训经律"），但据情理推测，编撰像《高僧传》这样一部时间长达四百五十多年之久、规模多至四百余人之众（以慧皎"自序"中的数字统计，"始于汉明帝永平十年，终于梁天监十八年，凡四百五十三载，二百五十七人，又傍出附见者二百余人"）、条例分明、结构合理的著作，其年龄可能不会早于二十岁。如此，则慧皎编撰《高僧传》的用时，大约只有三至七年。

② 黄先炳：《〈高僧传〉研究》，第46页。

伪历"地理杂篇""孤文片记",特别是"博咨古(故)老,广访先达"等,由于这些材料(或材料出处)涉及僧人的内容既少且不详备①,故只可能起到"校其有无,取其同异"的辅助校勘功用,并不构成取材的主要来源。而这些同类作品虽然各有各的不足,诸如叙述有偏、繁简不同、文体未足等(见前引慧皎"自序"的具体批评),但慧皎还是不同程度上地予以利用。其中,宝唱的《名僧传》则是他最主要的材料来源。②

事实上,慧皎的这种编撰方式,在当时并不是一种特例。《隋书·经籍志二》在定义"杂史"概念时即云:"自后汉已来,学者多钞撮旧史,自为一书。"③周一良在比较南北朝史学之异同时,也有过这样的判断:

> 古人修史,基本史实的叙述大体因袭前人著作为多。如袁宏《后汉纪》成书于范晔《后汉书》之前,而所记史事与范书无大异同,说明出自同一来源,而且取舍大致相近。又如范书中《光武本纪赞》有"系隆我汉"字句,及《章帝八

① 这是由于此类文献自身的性质使然,比如,中国正史传统里,对于僧人的记述本就屈指可数,而地理类的典籍(如《水经注》《洛阳伽蓝记》等),也以地理为主要内容,旁及僧人事迹并不详细。此外,得之于"故老""先达"们的口述史实,更是不足作为撰作的主要材料来源。

② 我们目前还找不到具体的材料,能够有助于说明慧皎在什么时间、通过什么途径看到《名僧传》。大概在普通四年(523)至五年间,陷于风波之中的宝唱,将陆续订补的《名僧传》上奏到朝廷的时候,可能凭借梁武帝或其他力量,得以"将发之日,遂以奏闻,有敕停摈,令住翻译。而此僧史,方将刊定,改前宿繁,更加芟足"([唐]道宣撰,郭绍林点校:《续高僧传》卷一,第11页)。经若干年,这部书已经逐渐流通到都城之外的会稽地区(此地区僧团对于宝唱的排斥可能并不如都城地区那么强烈)。当然,或许也不能排除慧皎本人"搜检"之勤所致的可能性。

③ [唐]魏徵等:《隋书》卷三三,中华书局1973年版,第962页。

王传》中所谓"本书"，皆沿用《东观汉记》旧文之明显证据。甚至论赞某些词句，亦沿袭旧史，如章怀注指出范本出于华峤《后汉书》者即有多处。沈约《宋书》亦多本于徐爰等之旧史，故百卷之巨帙一年而成书。[①]

通过上述分析，应该可以判断慧皎《高僧传》的编撰也正是当时这种"史钞"风气的产物。[②]

二、宝唱的资源

接下去的问题是，宝唱的材料来源在何处？

前文在梳理宝唱的生平及晚年风波的时候，已经略略提及《名僧传》撰作的时间和背景。现在可以进一步说明宝唱《名僧传》的资料渊源。

宝唱编撰《名僧传》是一个不断增订的过程，从天监十四、十五年《名僧传》初稿撰成，到普通四、五年宝唱将增补后的《名僧传》奏闻朝廷，前后花费了约十年的时间。但是，该书最重要部分的完成，当以其天监十四、十五年初稿的撰成为时间节点，亦即到此时《名僧传》的主体部分已经完成，此后只是不断地小规模增订而已。因此，从时间上说，《名僧传》整体格

---

① 周一良："略论南朝北朝史学之异同"，《魏晋南北朝史论集》，北京大学出版社2010年版，第419页。又，逯耀东对此也有所分析，参见逯耀东《魏晋史学的思想与社会基础》，中华书局2006年版，第55—56页。

② 《四库提要·史钞类叙》将魏晋史钞之风归为三类：一曰"以类相从"，卫飒《史要》、张温《三史略》是也；二曰"专抄一史"，葛洪《汉书钞》、张缅《晋书钞》是也；三曰"合抄众史"，阮孝绪《正史削繁》是也。（［清］永瑢等撰《四库全书总目》，中华书局2003年版，第577页。）

局上的完备，当在天监十四、十五年左右。如此判断，是基于如下两点：

首先，《续高僧传》记述宝唱天监九年因"先疾"复作，发愿"搜括列代僧录，创区别之，撰为部帙，号曰《名僧传》"，到天监十三年的时候，就已经"始就条列"。这里的"始就条列"，可能指的就是该书已经大体成型。退一步讲，即便不是内容上大体完备，也应指该书编撰体例的确立。就常理而言，体例之确立，对于一部书的编撰来说，其重要性乃至在成书过程中所占的工作量份额，往往是巨大的。

其次，还有一个背景情况，即天监十七年，宝唱的老师僧祐去世，他失去来自老师以及老师背后皇室的庇护。这种处境，导致他开始渐渐被权势所疏离。一个比较明显的体现是，天监十七年以前，《经律异相》《华林佛殿众经目录》等书的编撰都是以宝唱为主持人，但是，在天监十七年之后，一些重要典籍的编撰活动中（如《义林》的编撰），宝唱已经不再以主持者身份参加了。这种处境变化，带来的直接影响是，天监十七年以前宝唱所能享有的极其宽松的典籍编撰条件业已丧失。皇帝的赞助、老师的扶持，以及获取各种文献材料的便利，均已大不如前。如果此时宝唱还没有完成《名僧传》主体部分的编撰，那么很难想象在接下来被迫应对摈除风波、"官私催遍，惟日弗暇"的情况下，他还能有足够的条件来从事编撰工作。①

如果上述推测不误的话，那么，从时间上说，宝唱《名僧

---

① 虽然《续高僧传》卷一《宝唱传》说他"昼则伏忏，夜便缵录"，极尽黾勉之力，但这种勤勉坚忍，主要还是体现在他对于既已完成的《名僧传》主体部分的不断增订过程中。

传》主体部分的编撰，其实是与他本人在天监四年至天监十七年间，受梁武帝宠眷，成为御用僧人，从事大量佛经编纂工作，呈现相重合状态——这也进一步提示我们注意宝唱《名僧传》的编撰与其佛教文献整理工作可能存在着某种密切的关联。

那么，宝唱的佛教文献整理工作与《名僧传》编撰之间有没有关联？如有，具体体现在何处呢？不妨先具体考察一下宝唱的佛教文献整理工作的实际情况。

道宣在《续高僧传》卷一《宝唱传》对唱公文献整理工作的评述，是较为全面的：

> （梁武帝）下敕令唱总撰集录，以拟时要。或建福禳灾，或礼忏除障，或飨接神鬼，或祭祀龙王，<u>部类区分</u>，近将百卷。八部神名，以为三卷。包括幽奥，详略古今。……天监七年，帝以法海浩汗，浅识难寻，敕庄严僧旻于定林上寺缵《众经要抄》八十八卷……及简文之在春坊，尤耽内教，撰《法宝联璧》二百余卷，别令宝唱<u>缀比区别</u>，其类《遍略》之流……十四年，敕安乐寺僧绍撰《华林佛殿经目》，虽复勒成，未惬帝旨。又敕唱重撰，乃因绍前录，<u>注述合离</u>，<u>甚有科据</u>，一袠四卷，雅惬时望。遂敕掌华林园宝云经藏，搜求遗逸，皆令具足，备造三卷，以用供上。缘是又敕撰《经律异相》五十五卷、《饭圣僧法》五卷。①

在这段评述中，道宣不止一次地强调宝唱在文献整理过程中

---

① 〔唐〕道宣撰，郭绍林点校：《续高僧传》卷一，第7—8页。下划线为引用者所加，本书余同。

所具体涉及的"部类区分""缀比区别""注述离合"工作，而且它们又总是直接指向宝唱所编撰的类书性质著作"类《遍略》之流"（此《遍略》乃指天监十五年梁武帝敕徐勉等人编撰的大型类书《华林遍略》六百余卷），如将近百卷的"集录"（具体名称未知）、二百余卷的《法宝联璧》①、五十五卷的《经律异相》②。可见，在道宣的印象中，宝唱的文献整理能力集中体现于其在佛教类书编撰过程中的杰出分类能力——"区分""区别""离合"，讲的都是编撰者将类书所承载的知识信息按照一定的标准（"部类"）加以分别、归类与整合（"缀比""注述"）。这也正是中国古代类书常见的编纂方法。

试看《名僧传》对所载录僧人的分类情况：

表一 宝唱《名僧传》载录僧人分类情况表

第一层次分类	第二层次分类	第三层次分类	备注
法师	外国法师	外国法师	卷一至三
		神通弘教外国法师	卷四
	中国法师	高行中国法师	卷五至七
		隐道中国法师	卷八至十
		中国法师	卷十一至十七
律师			卷十八，卷内的排序则按照先外国后中国的顺序
禅师			卷十九、二〇，卷内的排序按照先外国后中国的顺序

---

① 《法宝联璧》虽然成书于被摈风波之后，但萧纲看中的正是宝唱一直以来"缀比区别"的文献整理能力。

② 《经律异相》的成书，乃是由于宝唱撰作《华林佛殿经目》"注述合离，甚有科据"，让梁武帝很满意，所以才在敕掌华林园宝云经藏之外，又敕令编撰此书。因此，"注述合离，甚有科据"这样的评语，也适用于《经律异相》。至于该书的类书性质，参见白化文、李鼎霞《经律异相》及其主编释宝唱"，第575—596页。

续表

第一层次分类	第二层次分类	第三层次分类	备注
神力			卷二一，卷内的排序按照先外国后中国的顺序
苦节	兼学苦节		卷二二
	感通苦节		卷二三
	遗身苦节		卷二四
	宗索苦节		卷二五
	寻法出经苦节		卷二六
	造经像苦节		卷二七
	造寺塔苦节		卷二八
导师			卷二九
经师			卷三〇

资料来源：〔日〕宗性：《名僧传抄》，《卍续藏经》第 77 册，No. 1523，346—362。

　　宝唱将《名僧传》中所收录的僧人区分为七大类："法师""律师""禅师""神力""苦节""导师""经师"。其中，"法师""律师""禅师""神力"四类，因为中外僧人兼有，所以内部又进一步予以区别。特别是"法师"一类，在区分了"外国法师""中国法师"之外，又进而在"外国法师"下面分出"外国法师"和"神通弘教外国法师"两小类，在"中国法师"下面分出"高行中国法师""隐道中国法师"和一般意义上的"中国法师"三小类。[①]"苦节"一类，又区分为"兼学""感通""遗身""宗索"[②]"寻法出经""造经像""造寺塔"七项。

　　应该说，这是一个范围宽泛、层次多样的分类方法：一方面，几乎涵盖了当时僧人群体的所有类型；另一方面，既从整体上合

---

① 纪赟将《名僧传》的分类概括为"两层结构"，实际上，照"法师"这一类的情况看，应该是"三层结构"分类。参见纪赟《慧皎〈高僧传〉研究》，第 121 页。
② "宗索"不太好理解，苏晋仁以为"索"通"素"，"宗索"即"宗素"，也就是茹素的意思。参见苏晋仁《佛教文化与历史》，第 112—114 页。

理地区分了僧人的身份（第一层次的分类），又照顾到了中外的出身差异以及更细微的才性特征（第二、三层次的分类）。因此，让人对于宝唱的分类才华印象特别深刻。之后慧皎在编撰《高僧传》时所确立的"十科"分类法，正是以此为基础而创立的。①

这样，我们将后来道宣对于宝唱佛教文献整理才能的评判和宝唱《名僧传》的实际人物分类情况加以比照，便可以看出宝唱实则将自己在佛教文献整理工作中的"分类"才华，迁移到了《名僧传》的编撰工作中去。难怪《续高僧传》在记述宝唱发愿编撰《名僧传》的时候说"搜括列代僧录，创区别之"，这句话讲的正是分类的意思。由此，也正可透露出宝唱佛教文献整理与《名僧传》编撰之间的关联。

上面，还只是就体例而言。对于一部传记作品而言，除了有体例这个支撑整体的"骨架"外，尚需具体鲜活的"血肉"来附着。亦即对于《名僧传》的编撰而言，合理的分类只是一方面，另一方面还需要有具体的关于每位传主的生平事迹材料来填补。那么，《名僧传》编撰材料的来源何在？

我们以为，自天监九年宝唱发愿编撰《名僧传》，到天监十五年左右该书大体完成，其间凡五六年时间。这几年，宝唱正处于其个人生涯的巅峰。他在梁武帝身边，深受重用，至少编撰了九部卷帙不等的著作，如《众经诸佛名》《众经忏悔灭罪方法》《众经护国鬼神名录》《众经拥护国土诸龙王名录》《众经目录》《供

---

① 慧皎的"十科"分类法，也是一个逐渐形成的过程。《高僧传·唱导篇》之论曰："昔草创高僧，本以八科成传。却寻经、导二技，虽于道为末，而悟俗可崇，故加此二条，足成十数。"（［梁］释慧皎撰，汤用彤校注：《高僧传》，第521页。）"却寻经、导二技"，汤用彤校注本无"导"字，此据《大正藏》第50册，No.2059，417c28—418a1。

圣僧法》《名僧传》《经律异相》《比丘尼传》等①；又编撰了皇家藏
经《华林佛殿众经目录》，并因此被敕掌华林园宝云经藏。鉴于这
一时期《名僧传》还处于个人发愿、私下编撰的状态②，所以从情理
上推测，宝唱在面临如此众多公家任务的情势下，其编撰工作，在
材料获取上，极有可能是依靠他所接触到的皇家藏经，以及实际的
典籍编撰和整理（经录）工作。理论上，他应该没有那么多时间与
精力，在皇家僧团之外，逐个访求传主的事迹材料。③

　　这样的判断，其实还很笼统。我们要进一步追问的是，宝唱
在编撰《名僧传》的时候，具体从哪些地方获取传记材料的呢？
经录（如《众经目录》《华林佛殿众经目录》）的编撰，当是其
具体取材之所在。事实上，我们看《续高僧传》中记述宝唱天监
九年所发的两个愿望，其一是"遍寻经论，使无遗失"，其二是
"搜括列代僧录，创区别之"——前者指佛教经录搜集与整理，
后者便是指《名僧传》的撰作，这两个同时因"旧疾复作"而生
发的愿望，若合而观之，正暗示了经录与僧传之间的关联，而这
就涉及宝唱的老师僧祐所起到的发凡起例作用了。

三、僧祐的体例

　　道宣当是看过《名僧传》的。他在《续高僧传》卷一《宝唱
传》中，引了一些《名僧传》序言的内容：

----

① 《周叔迦佛学论著集》，中华书局 1991 年版，第 1105—1106 页。
② 普通四年（523）至五年，《名僧传》才被奏闻朝廷，并得刊定。
③ 建武二年（495）至天监四年（505），宝唱将近十年的播迁生涯，虽然可能为
　其搜集传记材料提供可能。但是，一则那时他还没有决定做这样一部僧传，一
　则他播迁的地域是闽越荒外之地，或许不能为他提供丰富的僧传材料。所以，
　这种可能性微乎其微。

其序略云："夫深求寂灭者，在于视听之表；考乎心行者，谅须丹青之工。是知万象森罗，立言之不可以已者也。大梁之有天下也，威加赤县，功济苍生。皇上化范《九畴》，神游八正，顶戴法桥，服膺甘露。窃以外典鸿文，布在方册；九品六艺，尺寸罔遗。而沙门净行，独亡纪述，玄宗敏德，名绝终古。拥叹长怀，靡兹永岁。律师释僧祐，道心贞固，高行超邈，著述诸记，振发宏要。宝唱不敏，预班二落，礼诵余日，捃拾遗漏。"①

这段序言，在赞颂了皇帝的圣德以及皇帝对于佛法的护持功绩之外，又感叹佛教事迹不能如外典那样得到有效整理和保存，于是有意加以弥补。②宝唱提到了他的老师僧祐，并明确表示自己意欲踵武之。这里，宝唱对于僧祐的赞颂，除了"道心贞固，高行超邈"的品质，还落实在著述方面，即"著述诸记，振发宏要"。

僧祐被后人誉为"法门之纲要，释氏之元宗"③，其一生勤力于佛教文献整理，集成经藏④，著述极丰⑤。可惜，其存世著作，

---

① ［唐］道宣撰，郭绍林点校：《续高僧传》卷一，第10—11页。
② 这与天监九年（510）宝唱所发的愿望之一"遍录经论，使无遗失"，刚好对应。
③ 《开元释教录》卷六，《大正藏》第55册，No.2154，537a26—27。
④ 《高僧传》卷十一《僧祐传》谓："造立经藏，搜校卷轴。使夫寺庙开广，法言无坠。"（［南朝梁］释慧皎撰，汤用彤校注：《高僧传》卷十一，第440页。）
⑤ 《出三藏记集》卷十二《释僧祐法集总目录序》中说僧祐的著述有《释迦谱》《世界记》《出三藏记集》《萨婆多师资传》《法华集》《弘明集》《十诵义记》，以及杂碑记等，"凡有八部"。而《大唐内典录》卷十《历代道俗述作注解录》著录僧祐的著述则大致有《出三藏记集》十六卷、《法华集》十五卷、《众僧行仪》三十卷、《弘明集》十四卷、《世界记》十卷、《集诸寺碑文》四十六卷、《集诸僧名行仪》三十九卷、《释迦谱》十卷、《萨婆多师资传》五卷、《十诵义记》十卷、《诸法集杂记传铭》七卷，共计十一部二百余卷（原文作"一百八十余卷"，可能具体著作卷数著录时有误）。

仅有《释迦谱》《出三藏记集》和《弘明集》三种。然而，非常幸运的是，其大部分著作的序文都被保存在他自撰的《出三藏记集》卷十二里。今天，我们可以据此寻绎僧祐佛教文献整理的理念和方法。

兹将相关内容辑录如下，以便下文具体分析：

1.《法集总目录序》：

以讲席间时，僧事余日，广讯众典，披览为业。或专日遗餐，或通夜继烛，短力共尺波争驰，浅识与寸阴竞晷。虽复管窥迷天，蠡测惑海，然游目积心，颇有微悟。遂缀其闻，诚言法宝，仰禀群经，傍采记传，事以类合，义以例分。显明觉应，故序《释迦》之谱；区辩六趣，故述《世界》之记；订正经译，故编《三藏》之录；尊崇律本，故铨《师资》之传；弥纶福源，故撰《法苑》之篇；护持正化，故集《弘明》之论。且少受律学，刻意毗尼，旦夕讽持，四十许载，春秋讲说，七十余遍。既禀义先师，弗敢坠失，标括章条，为《律记》十卷，并杂碑记撰为一帙。总其所集，凡有八部。①

2.《释迦谱目录序》：

爰自降胎，至于分塔，玮化千条，灵瑞万变。并义炳经典，事盈记传。而群言参差，首尾散出，事绪舛驳，同异莫

① ［南朝梁］释僧祐撰，苏晋仁、萧鍊子点校：《出三藏记集》卷十二，中华书局1995年版，第457—458页。以下同书引文仅随文注出页码。

齐。散出首尾，宜有贯一之区；莫齐同异，必资会通之契。故知博讯难该，而总集易览也。祐以不敏，业谢多闻，时因疾隙，颇存寻玩。遂乃披经案记，原始要终，故述《释迦》谱记，刊为五卷。若夫胤裔托生之源，得道度人之要，泥洹塔像之征，遗法将灭之相。总众经以正本，缀世记以附末。使圣言与俗说分条，古闻共今迹相证。万里虽邈，有若躬践，千载诚隐，无隔面对。今抄集众经，述而不作，庶脱寻访，力半功倍。（第 459—460 页）

3.《世界记目录序》：

窃惟方等大典，多说深空。惟《长含》《楼炭》，辩章世界，而文博偈广，难卒检究。且名师法匠，职竞玄义，事源委积，未必曲尽。祐以庸固，志在拾遗，故抄集两经，以立根本，兼附杂典，互出同异，撰为五卷，名曰《世界集记》。将令三天阶序，焕若披图；六趣群分，照如临镜。庶溺俗者发蒙，服道者莹解，共建慧眼之因，俱成觉智之业焉。（第 464 页）

4.《萨婆多部师资记目录序》：

夫荫树者护其本，饮泉者敬其源。宁可服膺玄训，而不记列其人哉！祐幼龄凭法，年逾知命，仰前觉之弘慈，奉先师之遗德。猥以庸浅，承业《十诵》，讽味讲说，三纪于兹。每披圣文以凝感，望遐踪以翘心。遂搜访古今，撰《萨婆多记》。其先传同异，则并录以广闻；后贤未绝，则制传以补阙。总其新旧九十余人。使英声与至教永被，懋实共日月惟新，此撰述之大旨也。条序余部，则委之明胜，疾恙惛漠，则辞之铨藻。倘有览者，略文取心。（第 466 页）

5.《法苑杂缘原始集目录序》：

　　夫经藏浩汗，记传纷纶。所以导达群方，开示后学，设教缘迹，焕然备悉，训俗事源，郁尔咸在。然而讲匠英德，锐精于玄义；新进晚习，专志于转读。遂令法门常务，月修而莫识其源；僧众恒仪，日用而不知其始。不亦甚乎！余以率情，业谢多闻。六时之隟，颇好寻览。于是检阅事缘，讨其根本，遂缀翰墨，以借所好，庶辩始以验末，明古以证今。至于经呗道（导）师之集，龙华圣僧之会，菩萨禀戒之法，止恶兴善之教。或制起帝皇，或功积黎庶，并八正基迹，十力逵路。虽事寄形迹，而勋遍空界，宋、齐之隆，实弘斯法。大梁受命，导冠百王，神教傍通，慧化冥被。自幼届老，备观三代。常愿一乘宝训，与天地而弥新；四部盛业，随日月而长照。是故记录旧事，以彰胜缘。条例丛杂，故谓之法苑，区以类别，凡为十卷。岂足简夫渊识，盖布之眷属而已。（第 476—477 页）

6.《弘明集目录序》：

　　祐以末学，志深弘护，静言浮俗，愤慨于心。遂以药疾微间，山栖余暇，撰古今之明篇，总道俗之雅论。其有刻意

剪邪，建言卫法，<u>制无大小</u>，<u>莫不毕采</u>。又前代胜士，<u>书记</u>
<u>文述</u>，<u>有益三宝</u>，<u>亦皆编录</u>，<u>类聚区分</u>，列为十卷。夫道以
人弘，教以文明，弘道明教，故谓之《弘明集》。（第 492 页）

　　这几部著作，虽然彼此性质有异——《释迦谱》《世界记》
《法苑杂缘原始集》，或介绍佛教应化故事，或记载佛教名物，性
质皆似小型"类书"；《弘明集》是论辩文字的总集；《萨婆多部
师资记》则属传记性质。但我们仍然可以试着归纳出僧祐佛教文
献整理的理念和方法：

　　1. 宗经。僧祐在整理佛教文献材料时，一个总的原则是，以
经典（指历代传译且流通有序的佛教经、律、论）为依据，当出
现与经典相抵牾的情况，便据经以断。上列序言中所谓"仰禀群
经""总众经以正本""抄集众经，述而不作""抄集两经，以立
根本""检阅事缘，讨其根本"，讲的都是宗经的意思。

　　2. 求同存异。僧祐在处理文献材料互有出入的情况时，秉
持的是一种求同存异的审慎态度，不随意加以去取，并希望以此
作为进一步"贯一"和"会通"的基础。上列序文中所谓"群言
参差，首尾散出，事绪舛驳，同异莫齐。散出首尾，宜有贯一之
区；莫齐同异，必资会通之契""抄集两经，以立根本，兼附杂
典，互出同异""其先传同异，则并录以广闻""制无大小，莫不
毕采。又前代胜士，书记文述，有益三宝，亦皆编录"，指的也
都是这样的做法。

　　3. 原始表末。与上一点相联系，僧祐在编纂佛教类书性质
文献时，出于正本清源、开示迷津的目的（"显明觉应"），往
往在求同存异、详列事物古今演变的基础上，又进一步按核其原

始形态或意义。"原始要终""使圣言与俗说分条，古闻共今迹相证""搜访古今""辩始以验末，明古以证今"，所表述的即是此意。需要说明的是，这里所谓的"原始"，其实就是以经典为依据的意思，是上述"宗经"思想的实际体现。

4. 类聚区分。僧祐在这几部书序言中，曾反复强调这一点，即"事以类合，义以例分""区以类别""类聚区分"，这是一种对于知识条理化、系统化的诉求。这样做的理由在于，只有经由条理化、系统化，文献材料才能更好地得到保存和流通。从常理上看，这种"类聚区分"的方法，在编撰佛教类书（无论部头大小）时，是断不可少的手段。面对大量的，且不同时期有着不同记述的佛教名物（"经藏浩汗，记传纷纶"），若非以合理的知识分类标准加以统合，恐无法"导达群方，开示后学"，以至于"法门常务，月修而莫识其源；僧众恒仪，日用而不知其始"。

应该说，以上所归纳出来的佛教文献整理的理念和方法，虽然侧重点各有不同，但彼此之间却互有联系。在文献整理的过程中，首先须求同存异，把所能见到的相关材料一网打尽。其次需要原始表末，正本清源，而所谓的"本""源"，则来自经典。当所有的材料汇聚在一起的时候，又需要类聚区分，以保证知识的条理与系统，而这也需要以经典作为分类的依托。比如，像《经律异相》这样一部佛教类书，其分类是由天、地、佛、诸释、菩萨、僧、诸国王等二十二部构成，而这种分类标准，显然与《佛本行经》等讲述佛陀行迹和佛法世界的经典甚有关系。① 总之，

---

① 另外，佛教经典本身的"科判"传统，似乎与佛教类书分类之间，也存在某种关系。关于佛经科判的大致情况，参见张伯伟"佛经科判与初唐文学理论"，《文学遗产》2004 年第 1 期，第 61—64 页。

宗经的思想贯彻于僧祐佛教文献整理的全过程。

如果进一步考虑这种宗经思想的表现，除了上述编撰佛教类书等文献时所要求的求同存异、原始表末、类聚区分等具体方法外，尤为重要的，则是对于佛教经录的特别重视和周全整理，因为相较而言，这方面更为直接地关涉着经典本身，是宗经思想最为集中的表达。而如果要举出一部能够代表僧祐佛教经录编撰思想的作品，毫无疑问，首推《出三藏记集》。

关于经录之所由生，智升有过一段很好的总结。他认为：

> 夫目录之兴也，盖所以别真伪、明是非，记人代之古今，标卷部之多少，摭拾遗漏，删夷骈赘。欲使正教纶理，金言有绪，提纲举要，历然可观也。但以法门幽邃，化网恢弘，前后翻传，年移代谢，屡经散灭，卷轴参差。复有异人，时增伪妄，致令混杂，难究踪由。是以先德儒贤，制斯条录。①

概括地说，经录的意义在于能够借此究明经典的真伪与聚散。道义所赖以附丽的经典如果得到妥当地处理，则"金言有绪，提纲举要，历然可观"，道义本身（"正教纶理"）也势必会因此得到很好地彰显。

实际上，这种原则的确立，在僧祐《出三藏记集序》中，早有明确说明：

> 昔周代觉兴，而灵津致隔；汉世像教，而妙典方流。法

---

① ［唐］智升：《开元释教录》卷一，《大正藏》第55册，No. 2154，477a6—12。

待缘显，信有征矣。至汉末安高，宣译转明；魏初康会，注述渐畅。道由人弘，于兹验矣。自晋氏中兴，三藏弥广，外域胜宾，稠迭以总至；中原慧士，昈晔而秀生。提、什举其宏纲，安、远震其奥领，渭滨务逍遥之集，庐岳结般若之台。像法得人，于斯为盛。原夫经出西域，运流东方，提挈万里，翻转胡汉。国音各殊，故文有同异；前后重来，故题有新旧。而后之学者，鲜克研核，遂乃书写继踵，而不知经出之岁，诵说比肩，而莫测传法之人。授受之道，亦已阙矣。夫一时圣集，犹五事证经，况千载交译，宁可昧其人世哉！昔安法师以鸿才渊鉴，爰撰经录，订正闻见，炳然区分。自兹已来，妙典间出，皆是大乘宝海，时竞讲习。而年代人名，莫有铨贯，岁月逾迈，本源将没，后生疑惑，奚所取明？祐以庸浅，豫凭法门，翘仰玄风，誓弘大化。每至昏晓讽持，秋夏讲说，未尝不心驰庵园，影跃灵鹫。于是牵课羸恙，沿波讨源，缀其所闻，名曰《出三藏记集》。一撰缘记，二铨名录，三总经序，四述列传。缘记撰则原始之本克昭，名录铨则年代之目不坠，经序总则胜集之时足征，列传述则伊人之风可见。并钻析内经，研镜外籍，参以前识，验以旧闻。若人代有据，则表为司南；声传未详，则文归盖阙。秉牍凝翰，志存信史，三复九思，事取实录。有证者既标，则无源者自显。庶行潦无杂于醇乳，燕石不乱于荆玉。但井识管窥，多惭博练，如有未备，请寄明哲。①

在这段序言里，僧祐明确地提出其编撰经录的体例（"一撰缘记，

---

① ［南朝梁］释僧祐撰，苏晋仁、萧鍊子点校：《出三藏记集》卷一，第1—2页。

二铨名录，三总经序，四述列传"），并分别解释了这样一种体例设置的用意——"撰缘记"主要说明释迦逝后，诸弟子之结集、大藏之分类、梵汉之起源与差异、梵文新旧译语之不同等，为的是能将经典的本源做一明晰性的说明，即"缘记撰则原始之本克昭"；"铨名录"是收集大量佛经目录（包括疑伪经目录），为的是能将经典传译的年代界定清楚，即"名录铨则年代之目不坠"；"总经序"是将佛教经律论的序言和题记加以网罗，俾使经典翻译结撰的具体情境为人所了解，即"经序总则胜集之时足征"；"述列传"则是将历来传法译经僧人的事迹加以搜罗，从而让后人据此得窥风标，即"列传述则伊人之风可见"。

　　此种经录编撰体例，可谓是一项伟大的创造。它以佛教经典作为中心，从四个方面，多维立体地将典籍本身的缘起、著录、序跋、传译等情况建构起来，显得十分科学。应该说，这种经录编撰方式代表了当时的最高水准，也为后世树立了可供依凭的典范。① 而作为僧祐弟子的宝唱，躬随其师整理经藏多年，想来应该不会于此昧然。我们可以寻出间接的证据——上文提到天监十五年至十七年梁武帝敕令僧绍编撰皇家《华林佛殿众经目录》，但僧绍的工作并不能令人满意，直到改由宝唱为之，方"雅惬时望"。同样的编目工作，两个不同的人来做，为什么结果不一样

---

① 苏晋仁谓："综观全书，以目录为主干，记述大量移译的经典，有知译人名者，有失译人名者，有疑伪者。围绕集录众多的序记，以详述翻译的过程，参加的人选，当时译场的规模，经论传播的源流和内容大意。继之以译人传记，以见翻译之因缘及风格的各异。故本书虽析为四部分，而中心则亦佛典翻译为主。后世费长房撰《历代三宝记》，道宣撰《大唐内典录》，智升撰《开元释教录》，靖迈撰《译经图记》，或利用本书之资料，或继承本书之篇章，踵事增华，无不深受其影响。"（[南朝梁]释僧祐撰，苏晋仁、萧鍊子点校：《出三藏记集·序言》，第 17 页。）

呢？《历代三宝记》卷十一注"《华林佛殿众经目录》四卷"时说："天监十四年，敕安乐寺沙门释僧绍撰。绍略取祐《三藏集记》目录，分为四色，余增减之。"[1] 这里明确指出《华林佛殿众经目录》是模仿了僧祐的《出三藏记集》，但"分为四色"何谓呢？这个问题令人颇费思量，一时也难得确解[2]，或即僧祐所创立之经录著作体例——"一撰缘记，二铨名录，三总经序，四述列传"。僧绍之所以采用僧祐的体例，正是因为这种体例代表了当时的最高水准。但是，可能僧绍毕竟只是模仿，远不及僧祐的嫡系弟子宝唱对此更加熟悉，故当僧绍的工作并不令人满意的时候，梁武帝自然想到了宝唱——这固然可能由于宝唱在此之前工作的突出，但也说不定是僧祐的举荐。很显然，宝唱对于老师的这一经录著作体例，相对于僧绍来说，掌握得更为纯熟（即《续高僧传》所谓的"注述合离，甚有科据"[3]），所以，在顺利完成编撰皇家经藏目录的基础上，宝唱获得了进一步的信任。

就这种经录编撰体例本身而言，其中"述列传"部分，是值得关注的，因为这种对于佛经典籍传译者的表彰，体现了一种对于典籍背后之人的重视，这是一种巨大的进步。我们认为，"述

---

① 《大正藏》第49册，No.2034，99b2—4。

② "分为四色"四字，《大藏经》众版本于此无异。"四色"在中古佛教名义中往往指青、黄、白、黑四种颜色，并以此为"虚有"，进而以喻"空"义。很显然，这个地方的"四色"并非为了喻空，而应该是与书册的物质形式相关。笔者遍阅已出版的敦煌卷子，发觉敦煌文献中有"多色写本"的现象存在（程千帆、徐有富先生在《校雠广义·版本编》中提到这个概念）。今日联想，是否"分为四色"即意味着《华林佛殿众经目录》当初的形态就是多色写本，而之所以分色，乃是意在用四种不同的颜色来区别"缘记""名录""经序""列传"呢？限于材料匮乏，不敢遽然云是，只能附识于此，待日后进一步检验。

③ ［唐］道宣撰，郭绍林点校：《续高僧传》卷一，第8页。

列传"这个经录编撰体例上的要求，实际上为高僧传记的独立，提供了一个重大的契机。僧祐的后人，一方面固然可以继续仿效僧祐，在经录编撰时，于"撰缘记""铨名录""总经序"诸部分外再加上"述列传"内容，即在著明典籍自身缘起、真伪、存佚等情况的同时，顺便彰显"伊人之风"；但另一方面，更重要的，也可以专门将"述列传"部分独立出来，从而成为一部僧人传记的集合，也便成为真正意义上的独立僧传作品。这在中国僧传成立史上，是具有开创意义的一步。僧祐自撰的《萨婆多部师资记》，可能就是这样一部具有开创意义的作品。这部传记所记载的都是传承"萨婆多部"典籍诸法师的事迹①，其"撰述之大旨"，在于使这一部派法师（"其人"）的生平事迹，连同他们所传承的部派教义，一起发扬光大（"使英声与至教永被，懋实共日月惟新"）。其撰述手段，便是之前提及类书编撰时所采用的"求同存异"方法。部派先贤有传记的，广搜异闻，后贤没有传记的，就专门撰写传记来补阙，即"先传同异，则并录以广闻；后贤未绝，则制传以补阙"。虽然此书今已不存，但我们猜想其撰作的缘起，就是僧祐在整理该部派典籍的时候，专门从经录中析出而成（"每披圣文以凝感，望邈踪以翘心，遂搜访古今，撰《萨婆多记》"）。这样一部对象明确、人数众多（"总其新旧，九十余人"）的传记总集，可能是中国僧传著作最早的一部独立

---

① "萨婆多"是音译词，梵文原作 Sarvāstivāda，字面意思是"一切存在的理论"。"萨婆多部"，即"说一切有部"（或称"有部"），是部派佛教中上座部分出的一支。因其立"有为无为一切诸法之体实有"为宗（故称为"说一切有部"），且一一说明其因由，又名"说因部"。在《大毗婆沙论》中，称其为应理论者或应理论宗；在《俱舍论》等著作中，也称其为毗婆沙师或毗婆沙宗。《出三藏记集》卷十二里有《萨婆多部师资记》的具体目录。

作品，此前并未见有。①

还可以从佛教思想史的角度来解释上述变化过程。佛教作为一种信仰形式，从根本上说，其一切的制度、行为，均是以对信仰教法的追求和坚守为核心；而这种信仰和实践，要须以佛陀的教训为根本依归。释迦涅槃后，信徒对于佛教道理，只能通过佛近旁弟子纂集的"如是我闻"经典才能获取。经典传授之确当与否，关系着经典所承载佛教道理的正当性，这里潜藏着佛教"宗经"的思想。可是，随着佛教的传播发展，由于文本形成的复杂，以及信徒部派立场、个人学识修养等方面的差异，经典作为佛教义理承载者角色的重要性，渐渐被经典的传译者所替代，"道由经弘"也慢慢变成了"道借人弘"。僧祐《萨婆多部师资记目录序》说："夫荫树者护其本，饮泉者敬其源。宁可服膺玄训，而不记列其人哉"②，慧皎所说的："原夫至道冲漠，假蹄筌而后彰；玄致幽凝，借师保以成用。是由圣迹迭兴，贤能异托。辩忠烈孝慈，以定君敬之道；明诗书礼乐，以成风俗之训"③"顾惟道借人弘，理由教显。而弘道释教，莫尚高僧"④，皆肯定和张扬了"人"之于"道"的重要意义。

综上所论，僧祐的发凡起例作用体现在，在一种宗经思想的

---

① 慧皎罗列《高僧传》之前的众多僧传著作，先僧祐《出三藏记集》的有齐竟陵文宣王《三宝记》、琅玡王巾所撰《僧史》等，虽然相较于《宣验记》《幽明录》《冥祥记》《益部寺记》《京师寺记》《感应传》《征应传》《搜神录》等著作，更加聚焦僧人群体本身，但它们或"混滥""芜昧"或"文体未足"，因此，都不能算作严格意义上的僧传作品；而僧祐的《出三藏记集》，僧人传记部分只是整个体例设置的一部分，也不能算一部独立的僧传作品。

② ［南朝梁］释僧祐撰，苏晋仁、萧錬子点校：《出三藏记集》卷十二，第 466 页。

③ ［南朝梁］释慧皎撰，汤用彤校注：《高僧传》卷十四《序录》，第 523 页。

④ 同上书，第 553 页。

统摄下，形成了一整套成熟的佛教类书文献的整理方法（求同存异、原始表末、类聚区分）和经录编撰体例（"撰缘记""铨名录""总经序""述列传"）。而僧祐对于宝唱学术风格，尤其是对《名僧传》创作的影响，即在此两端——佛教类书文献整理的"类聚区分"方法和经录编撰体例中对于"述列传"的强调。

四、道安的首倡

如果将此线索继续往前追溯，就会发现僧祐的这种文献整理意识和方法，其源自还得从道安那里算起。僧祐在《出三藏记集》卷二中说："法轮届心，莫或条叙。爰自安公，始述名录，铨品译才，标列岁月。妙典可征，实赖伊人。"①即明确地指示了道安在佛教典籍文献整理上的首倡之功。慧皎在《高僧传》卷五《道安传》中也说："自汉魏迄晋，经来稍多，而传经之人，名字弗说，后人追寻，莫测年代。安乃总集名目，表其时人，诠品新旧，撰为《经录》，众经有据，实由其功"②，更具体地指出了道安的贡献在于《综理众经目录》的编撰。

《综理众经目录》，又称《道安录》，历代著录均作一卷。此录虽已久佚，但由于僧祐编撰《出三藏记集》的时候，曾最大限度地予以利用，因此，我们仍然可以通过《出三藏记集》来把握此录的特点。

《大唐内典录》卷十在著录此书时说："自前诸录，但列经名、品位大小，区别人代，盖无所纪，后生追寻，莫测由绪。安乃总集名目，表其时世，铨品新旧，定其制作。众经有据，自此

---

① ［南朝梁］释僧祐撰，苏晋仁、萧鍊子点校：《出三藏记集》卷二，第22页。
② ［南朝梁］释慧皎撰，汤用彤校注：《高僧传》卷五，第179页。

而明。在后群录，资而增广。是知命世嘉运，睿哲早兴，可不镜诸？"① 将道宣此说与上面僧祐、慧皎两人的评价相参合，可以知道道安《综理众经目录》的特色乃在于首倡了一种在"铨品新旧"基础上择证善本的典籍著录体例，这应该是中古时代人们的共识。

梁启超曾对道安《综理众经目录》的学术价值，做出如下精要性的总结：

> 《安录》虽仅区区一卷，在其体裁足称者盖数端：一曰纯以年代为次，令读者得知兹学发展之迹及诸家派别。二曰失译者别自为篇。三曰择译者别自为篇，皆以书之性质为分别，使眉目黎然。四曰严真伪之辨，精神最为忠实。五曰注解之书，别自为部，不与本经混，主从分明。凡此诸义，皋牢后此经录，殆莫之能易。②

实际上，道安《综理众经目录》这种著录体例的产生，并非无的放矢的"即兴"之举，而是有着基于现实的全面考量。慧皎所说的后世传经之人已无从辨明年代与源自，一方面表明彼时佛经传译数量的剧增，另一方面还在于当时有越来越多的疑伪经产生。③ 在

---

① 《大正藏》第 55 册，No.2149，336c5—10。
② 梁启超："佛家经录在中国目录学之位置"，《佛学研究十八篇》，天津古籍出版社 2005 年版，第 264 页。
③ 疑伪经研究，近年呈现勃兴之势，一方面在具体疑伪经的判定上取得了许多优秀的成果，另一方面很多学者通过疑伪经本身的撰作与传播，来把握佛教思想史上的重大命题。这方面日本学者木村清孝、矢吹庆辉、落合俊典、船山徹等，中国学者方广锠、王文颜、张总、曹凌等，美国学者太史文（Stephen F. Teiser）、Harumi Hirano Ziegler 等，他们的相关研究均值得关注。

此情势下，一方面真伪优劣的甄别成为一个十分重要的议题；另一方面，在此基础上，类聚区分也成为一种现实层面的必然要求。对于像道安这样一位志在全面整理佛教经籍文献的专家来说，他需要在广搜众本的基础上，确定具体版本的产生年月等信息，进而判明善本；此外，对于所搜罗来的各种版本经籍，他还需要按照一定的标准加以分类区别，如失译经、凉土异经、古异经、疑经、注经、杂经等。

如果将此与僧祐在佛教经籍文献整理上的实践联系起来，便可以发现：道安力图通过经录来确定佛教典籍的版本，大约相当于僧祐后来所谓的"铨名录"；① 而其所强调的对于不同性质佛教典籍文献类聚区分的方法，也与僧祐在整理佛教经籍文献时所采用的方法是一致的。这些，都应该是道安影响僧祐的具体所在。

此外，还应该指出的是，道安的这种对于佛教经典真伪的强调、对于传译善本的追求，乃至将正经与疑伪经、经注等区别开来的做法，说到底，其实就是一种"宗经"思想的体现。

以上，我们以慧皎《高僧传》编撰的材料来源作为考察的起点，由此不断上溯，寻绎《高僧传》在材料和体例上的源自，清理出一条"道安—僧祐—宝唱—慧皎"的演变线索。本章实际行文按照思考逻辑、采用"剥竹笋"的方式展开。这里，我们可以试着予以小结，以便将此章的结论表述得更为简明一些：

1. 道安是汉地第一位有意识系统全面整理佛教经籍文献的专

---

① 梁启超也持类似的观点，他将僧祐的四种著录体例与道安《综理众经目录》加以对比，谓"《祐录》第二部分（卷二至卷五铨名录之部）盖踵袭《安录》，有所损益，余三部则其所自创"。参见梁启超《佛学研究十八篇》，第 267 页。

家，其最主要成就体现在宗经思想的高扬和佛教经录的创立两方面。①《综理众经目录》那种"总集名目，表其时世，铨品新旧，定其制作"，以及将不同性质经籍类聚区分的方法，深刻地影响到了后世（"在后群录，资而增广"）。

2. 僧祐延续了道安的宗经思想，一方面，在经录编撰上，继承了道安的体例，又进一步加以增广，乃至形成一套成熟的经籍著录办法，即《出三藏记集》"一撰缘记，二铨名录，三总经序，四述列传"的著录体例；而其中"述列传"一节，则体现了从僧祐开始，人们已经有意识透过经典本身注意到经典背后的人事。《萨婆多记》的编撰，是僧传首次从经录独立出来的作品，是由"关注经典"到"关注经典背后之人事"转变的里程碑；② 另一方

---

① 在道安之前，也有多种经录存在，如朱士行《汉录》《聂道真录》《古经录》《旧经录》等，但这些作品本身的真伪问题学界多有争论，而且，即便为真，也都是著录一时一地的佛教典籍，谈不上系统和全面，因此，我们在这里采用僧祐《出三藏记集》的说法（"法轮届心，莫或条叙。爰自安公，始述名录，铨品译才，列序岁月。妙典可征，实赖伊人"）。关于这些经录的考辨，前贤多有发覆，比较重要的研究成果有：梁启超"佛家经录在中国目录学之位置"，第258—281页；姚名达"宗教目录"，《中国目录学史》，上海古籍出版社2002年版，第185—267页；冯承钧"大藏经录存佚考"，张曼涛主编《现代佛教学术丛刊》第十册，台湾大乘文化出版社1977年版，第339—348页；苏晋仁"佛教经籍目录综考"，《佛教文化与历史》，第180—195页；冯国栋《经录考稿》，南京大学博士后出站报告，2006年。

② 隋代法经总评历代经录，安公以下，独推僧祐，但亦不乏指责："道安法师创条诸经目录，诠品译材，的明时代，求遗索缺，备成录体。自尔达今，二百年间，制经录者，十有数家，或以数求，或用名取，或凭时代，或寄译人，各纪一隅，务存所见，独有扬州律师僧祐，撰《三藏记》录，颇近可观。然犹小大雷同，三藏杂糅，抄集参正，传记乱经，考始括终，莫能该备，自外诸录，胡可胜言"（《大正藏》第55册，No.2146，148c24—149a2）。梁启超对此批评颇以为然，逐项加以驳斥，大略较为通达，唯于法经的"传记乱经"说法，反驳稍显无力，谓："祐书诚所不免，殆因为书甚少，不能别立部门，故随译人以附录耳。"见梁启超"佛家经录在中国目录学之位置"，第268页。我们以为法经对僧祐经录著作"传记乱经"现象的观察，正是僧祐在体例上的极大创新，

面，在经录以外佛教文献整理方面，僧祐形成了求同存异、原始表末、类聚区分的理念和方法，其中类聚区分的方法，与道安撰著经录时所采用的方法，在精神是一致的，都是力图将所承载的知识信息按照一定的标准条理化。

3. 宝唱身为僧祐弟子，一方面将僧祐经籍文献整理的方法贯彻到自己的学术实践中；另一方面，更为重要的是，他进一步将僧人的传记，从经录中独立出来，自成一书。从材料上说，他在编撰《名僧传》时，利用了前代经录，如僧祐的《出三藏记集》和自己受敕所编撰的经录（如《众经目录》《华林佛殿众经目录》）中的很多僧人传记材料；[①] 从体例上说，他将在佛教经籍文献整理过程中所贯彻的求同存异、类聚区分等方法，移植到《名僧传》的编撰工作中去，既广泛汇集传主的多种事迹材料（求同存异）；又予立传僧人群体以周密的身份分类（类聚区分）。

4. 慧皎编撰《高僧传》虽然有着特殊的撰作背景，其对于前

（接上页）而传记之所以有"乱经"之势，也实在是反映了此时传记有脱离经录而独立的趋势。实际上，正如曹仕邦在研究中所指出的那样，就中国传统传记的兴起而言，其源头当然可以追溯至司马迁《史记》中的"本纪"和"列传"，"列传"本属"本纪的注释"，它是要依附于"本纪"而不能独立成篇的；又由于以《史记》为代表的纪传体史书中的"列传"绝大部分是用来记述历史人物的生平，于是"列传"渐渐倾向于专门用来记述个人的历史，因而后来又转化为"传记"，终于使"列传"脱离纪传体史书而独立，后来中古时期的别传和类传也就在这种发展趋势下兴盛起来。这样的中国传统史学发展线索，也正与史学家对人物在历史发展进程中所起作用的认识深化过程相始终。参见曹仕邦"从《史记》到沙门传记"，《中国佛教史学史——东晋到五代》，台湾法鼓文化事业股份有限公司1999年版，第22—30页。

① 宝唱受敕编撰的经录，虽然今已不存，但据前面的分析，我们有理由推断，它们皆是按照僧祐《出三藏记集》的经籍著录体例编撰而成，其中应有"述列传"内容，而这则成为宝唱及后人僧传创作的材料来源。

代宝唱《名僧传》的态度也显得比较暧昧，但是，无可否认，其最主要的材料来源就是《名僧传》。从汇集僧人事迹这个意义上来说，他所沿承的还是僧祐、宝唱以来的"述列传"的传统，只是在收录僧人的类型上，相对于宝唱《名僧传》来说，更加多样，人数也更为广泛，不再拘于"名僧"的限制。他还注意利用外典材料如"春秋书史""荒朝伪历"等，参合勘对具体僧人传记，视野也显得更为广阔。此外，其所确立的"十科"分类法，是对宝唱分类方法的继承和发展，也相对更加科学。

总之，从上面所揭示的这条发展线索来看，经录是僧传得以孕育成型的"母胎"①，从经录到僧传，是佛教经籍背后著译者角色，亦即人的地位，日渐凸显的过程；而慧皎《高僧传》书写范式之成立，也正是佛教内部从经典到个人、从古到今学术嬗变的必然结果。

---

① 现代学者对于佛教经录有各种各样不同的分析界定，苏晋仁、方广锠、徐建华、冯国栋等人都曾提出各自不同的分类名目，见苏晋仁"佛教目录研究五题"，《佛学研究》2000年第9期，第186—201页；方广锠《敦煌佛教经录辑校》"前言"，江苏古籍出版社1997年版，第1—31页；徐建华"中国历代佛教目录分类琐议"，《佛教图书馆馆讯》2002年总29期，第22—31页；冯国栋《经录考稿》。我们在此，仅就整体而言，不做具体细分。

第二章

从像赞到僧传:《高僧传》书写之
文体选择及文化内涵

    学界既往关于中国"僧传"的研究,一般都认为"僧传"的书写形式受到了中国传统的史传的影响。[①]从整体上看,这一判断固然不谬,但似乎仍显得太过于浮泛——很多研究者均将"僧传"视作中古"类传"的一个品类而加以笼统叙述,鲜有人从文体学的角度,分析和揭示中古"僧传"这一文体的具体成立过程以及内在促成因素,因而就导致了目前学术界对于"僧传"这一文体的书写风格和特征缺乏较为深切的了解。大家倾向

---

① 比如芮沃寿认为《高僧传》的书写植根于"中国历史书写的传统内部"(Arthur Wright, "Biography and Hagiography: Hui-chaio's Lifes of Eminent Monks", *Silver Jubilee Volume of the Zinbun-Kagaku-Kenkyusyo*, Kyoto: Kyoto University, 1954, p.385)。曹仕邦认为:"僧人传记的成立,要溯源于'传记体'史书如何自'纪传体'史书中原属'列传'的部分独立出来。"(曹仕邦:《中国佛教史学史——东晋到五代》,第 21 页。)纪赟认为:"与印度佛教传记有所不同,《梁传》在很多方面还受到了中国传统史学的影响,故而比起印度佛教僧人的传记来,更加具有中国传统史学的意味。"(纪赟:《慧皎〈高僧传〉研究》,第 59 页。)

于借助中古"僧传"去了解一些历史信息，并进而考证这些信息是否真实，是否有助于补全历史图像缺失的拼块①，却没有多少人去关注这些信息背后的书写模式、书写动机以及预设的阅读对象等问题。②此外，中古"僧传"书写的内容与文体形式之间有何关系？这种文体形式源自何方？如何演变发展过来？背后的促成因素有哪些？这些问题均付之阙如。总之，中古"僧传"仿佛成了一个透明的"容器"，里面装着各式各样与佛教有关的"什物"，不同的人都可以根据需求从其中提取出一些内容，稍加拾掇，便织就一个美丽的景象，而这个盛放内容的"容器"，其本身是否确是透明无瑕？其大小形状、摆放位置等方面的情况是否真的不需要认真加以对待？这些问题都为人所忽视。本章即以此作为思考的起点，正面讨论中古"僧传"之文体起源和演变过程。

---

① 汤用彤是这种研究取向最具代表性的学者，他的名著《汉魏两晋南北朝佛教史》（以及后来的《隋唐佛教史稿》）便是将对于汉魏以至隋唐时代佛教发展历史的细致描述建立在对中古僧传所记载历史信息的筛选和排比基础之上。

② 许理和在他的名著《佛教征服中国——佛教在中国中古早期的传播与适应》（*The Buddhist Conquest of China: The Spread and Adaptation of Buddhism in Early Medieval China*）绪论部分即对此似有所警醒，他说："作为一部史学著作也作为一部文学作品。《高僧传》因其高质量、高品位成为所有后来僧传的典范。然而，它必须被批判地使用。作者大量引用了早期传说和故事集，历史事实经常被嵌入大量充满神异的材料中，所以只要有可能，就必须用来自非佛教材料中的客观事实加以核实。"（〔荷〕许理和：《佛教征服中国——佛教在中国中古早期的传播与适应》，李四龙、裴勇等译，江苏人民出版社2017年版，第12页。）许理和注意到了僧传中充斥着大量神异的"传说"和"故事"，这些都为僧传涂抹上了文学的色彩，但他指出这点的目的，显然是要提醒研究者注意规避这些"神异的材料"并进而析解出所谓的"历史事实"。可是，他所建议的析解方法却只是简单地拿非佛教的材料来加以"核实"。许理和的这种见解，在学理上的问题在于，拿非佛教文献来核实佛教文献做法的初衷，固然是为了去除佛教文献上可能带有的宗派立场和情绪（在他看来，这种宗派立场和情绪会使"历史事实"变得晦暗不明），但是拿非佛教的文献来衡量、校准教内的文献，是否就是一种寻求"历史事实"的好办法？这显然是值得怀疑的。

第一节 "译经图纪"及背后的问题

在考察中古僧传文献材料的时候，我们注意到"译经图纪"这样一类书写形式的存在。其中，最具代表性的便是唐代释靖迈所编撰的《古今译经图纪》和释智升所编撰的《续古今译经图纪》。

《古今译经图纪》（四卷）的作者释靖迈（约627—649），是玄奘法师慈恩寺译场缀文大德九人之一。此书是配合慈恩寺翻经院堂壁所绘历代译经法师画像而作的绘像题记汇编。这些题记在内容上，先叙述译人传记，后罗列该译人所翻经典及其卷数。从文体上看，它介于"僧传"和"经录"两种形式之间。其中，译人传记部分，基本上依照的是费长房的《历代三宝记》（除隋达摩笈多、唐波罗颇迦罗蜜多罗和玄奘三人外），《历代三宝记》所未记载隋至唐初这一时期译经法师的传记，则由靖迈自撰。①

半个多世纪以后，鉴于靖迈《古今译经图纪》所收唐代译经法师只有波罗颇迦罗蜜多罗和玄奘两人，不及其他，智升遂续撰了智通、伽梵达摩（尊法）、阿地瞿多（无极高）以至戍婆揭罗僧诃（善无畏）、跋曰罗菩提（金刚智）等二十一位译匠的传记。②

智升在《续古今译经图纪》序言中，如此交待了自己的撰作缘起：

---

① 参见曹仕邦《中国佛教史学史——东晋到五代》，第300—301页；陈士强《大藏经总目提要·文史藏一》"经录部"，上海古籍出版社2008年版，第54—59页。
② 参见曹仕邦《中国佛教史学史——东晋到五代》，第327—329页；陈士强《大藏经总目提要·文史藏一》"经录部"，第66—68页。

　　　　译经图纪者，本起于大慈恩寺翻经院之堂也。此堂图画
　　古今传译缁素，首自迦叶摩腾，终于大唐三藏。迈公因撰题
　　之于壁。自兹厥后，传译相仍，诸有藻绘，无斯纪述。升虽
　　不敏，敢辄赞扬，虽线麻之有殊，冀相续而无绝，幸诸览者
　　无贻诮焉。①

而在此书的跋尾处，智升又补充道：

　　　　前纪所载，依旧录编，中间乖殊，未曾删补。若欲题
　　壁，请依《开元释教录》。除此方撰集外，余为实录矣。②

通过这两段引文，可以察知这样两条信息：

其一，从序言中可以看出，智升自述撰作的直接动因，乃在
于靖迈编撰《古今译经图纪》之后仍然有译经法师绘像产生，然
而却没有相应的题记（"诸有藻绘，无斯纪述"）。于是，智升自
荷此任，编撰了这些译经法师的传记，并用赞语的形式予他们的
成就以表彰（"赞扬"）。

其二，从跋尾的表述可以看出，智升显然对绘像题记（亦
即译经法师的传记）特别重视——他既指出了"前纪"（靖迈
《古今译经图纪》）存在"乖殊"之处，又希望能够控制今后绘
像题记的文本（主要是译经法师的传记），加以规范化，即以
《开元释教录》作为依凭的标准（"若欲题壁，请依《开元释教

---

① ［唐］智升：《续古今译经图纪》，《大正藏》第55册，No. 2152, 367c27—368a2。
② 同上书，No. 2152, 372c7—8。

录》"①）。

如果将序言和跋尾两部分传递的信息合而观之，可以看出它们的共同之处在于均涉及了僧人绘像与传记之间关系的问题——无论靖迈，还是智升，他们的"译经图纪"皆是为了配合先此存在的译经人绘像，才编撰了相对应的译经人传记。而这似乎在提醒我们思考中古僧人传记的编撰、赞语的造作，是否与僧人的绘像之间存在某种联系？就像靖迈在慈恩寺翻经堂所开展的行为那样，抑或如智升"规范化"题写内容背后所指示的、此后其他寺院所将要开展的行为那样——译经法师的绘像促使了传记和赞词的产生。

我们希望以此为线索，往前追溯，揭示僧人绘像（写真）、传与赞三者之间的关系，以及这种关系对《高僧传》书写文体风貌的影响。

第二节　一种"关系"视角的引入

关于《高僧传》的文体特征，读者只需要稍稍翻阅目次便可知晓，即除去序录部分之外，主体部分内容是由"十科"构成，每科在人数多寡不一的僧人传记后附以论赞（由"论曰""赞曰"提示）。以往研究者都很关注"十科"传记部分的内容，因为这是了解中古佛教史的重要凭据。然而，遗憾的是，

---

① 曹仕邦对"若欲题壁"的解释是："《续图纪》中所言'若欲题壁'者，缘于靖迈书本来是慈恩寺翻经堂中壁上所绘翻经者画像的说明，而慈恩寺在玄奘身后再非译场所在，大抵奘公身后的译人未再绘像于壁，也就再不必对壁上题字作说明，故升公因发此语，说若将来作画像而题壁的话，则应采《开元录》之所载。"（曹仕邦：《中国佛教史学史——东晋到五代》，第 328 页。）

大家似乎没有对传记内容后面的"论"和"赞"投以同样的热情，有的即便有所留意，也不过认为它们只是对相应"科"目传记内容的议论，因此，从性质上说，"论""赞"只是从属于"传"而已。事实上，这种对待"论""赞"的态度是存在一定问题的，它可能会让我们因而忽略掉透视《高僧传》整体文体风格的关键信息。

实际上，慧皎本人对《高僧传》"论""赞"部分的内容，是非常重视的。在序言中，他曾如此表达：

> 尝以暇日，遇览群作。辄搜捡杂录数十余家，及晋、宋、齐、梁、春秋书史，秦、赵、燕、凉、荒朝伪历，地理杂篇，孤文片记。并博咨古（故）老，广访先达，校其有无，取其同异。始于汉明帝永平十年，终至梁天监十八年，凡四百五十三载，二百五十七人，又傍出附见者二百余人。开其德业，大为十例：一曰译经，二曰义解，三曰神异，四曰习禅，五曰明律，六曰遗身，七曰诵经，八曰兴福，九曰经师，十曰唱导。……及夫讨核源流，商榷取舍，皆列诸赞论，备之后文。而论所著辞，微异恒体，始标大意，类犹前序。末辩时人，事同后议。若间施前后，如谓烦杂。故总布一科之末，通称为论。其转读宣唱，虽源出非远，然而应机悟俗，实有偏功。故齐、宋杂记，咸条列秀者。今之所取，必其制用超绝，及有一分通感，乃编之传末。如或异者，非所存焉。凡十科所叙，皆散在众记。今止删聚一处，故述而无作。俾夫披览于一本之内，可兼诸要。其有繁辞虚赞，或德不及称者，一皆省略。故述六代贤异，止为十三卷，并序

录合十四轴，号曰《高僧传》。……<u>今此一十四卷，备赞论者，意以为定</u>。如未隐括，览者详焉。①

从这段序言看，慧皎显然有着一种非常明确的辨体意识——一方面，他认为"赞"和"论"存在一个通常的文体规范，即所谓的"恒体"；另一方面，他又有意突破常规，将传记前面的"序"和后面的"议"结合在一起，放置在"一科之末"，并总称为"论"。

此外，我们还应该注意到慧皎的这一句自述——"今此一十四卷，备赞论者，意以为定"。这句话，很明确地说明了应该至少存在两种版本的《高僧传》，一种是没有"赞论"的，一种是含有"赞论"的，这点亦可在慧皎写给王曼颖的信札中得到印证。

今通行本《高僧传》第十四卷末，附有王曼颖与慧皎之间关于这部僧传撰作的来往书札，其中一封内容如下：

君白：一日以所撰《高僧传》相简，意存箴艾，而来告累纸，更加拂拭。<u>顾惟道借人弘，理由教显，而弘道释教，莫尚高僧。故渐染以来</u>，昭明遗法，殊功异行，<u>列代而兴。敦厉后生，理宜综缀</u>。贫道少乏怀书抱策自课之勤，长慕铅墨涂青扬善之美。故于听览余闲，厝心传录。每见一分可称，辄有怀三省。但历寻众记，繁约不同，或编列参差，或行事出没，已详别序，兼具来告。所以不量寸管，辄树十

---

① ［南朝梁］释慧皎撰，汤用彤校注：《高僧传》卷十四，第 524—525 页。

科。商榷条流，意言略举。而笔路苍茫，辞语陋拙。本以自备疏遗，岂宜滥入高听？檀越既学兼孔释，解贯玄儒，抽入缀藻，内外淹劲，披览余暇，脱助详阅。<u>故忘鄙俚，用简龙门</u>。然事高辞野，久怀多愧，来告吹嘘，更增忸怩。<u>今以所著赞论十科</u>，<u>重以相简</u>。如有纰谬，请备斟酌。释君白。①

该信是基于先前慧皎将所编撰《高僧传》寄给王曼颖，曼颖复函发表观后感（"来告累纸，更加拂拭"），其中可能指出了慧皎这部传记与之前一些人所编撰作品（"众记"）之间具有相似之处。而作为一种再回应，慧皎又撰此书札，声言"十科"之分类是自己这部传记作品的特色，并顺将"所著赞论十科"寄呈王曼颖。因此，我们不难看出，慧皎早前寄送给王曼颖的《高僧传》显然是没有"赞论"的，而皎公此番将"赞论十科"②寄呈，一则可见其对"赞论"的重视，二则皎公亦可用此来回应曼颖的质疑。

上引《高僧传》序言中，慧皎明确说设置"论"的意义在于将"序"和"议"两种文体结合在一起，标明科目大体所涉的具体内容，并对当代人的各种行为提出议论（"始标大意，类犹前

---

① ［南朝梁］释慧皎撰，汤用彤校注：《高僧传》卷十四，第553—554页。
② 慧皎所说的"十科赞论"，今天其实只能见到十篇"论"和八篇"赞"，最后两科（"经师""唱导"），有"论"无"赞"。没有材料可以证实，究竟是今本丢失了这两科的"赞"语，还是当初慧皎根本就没有为此两科撰写"赞"语。我们据《唱导篇》之"论"语——"昔草创《高僧》，本以八科成传，却寻经、导二技，虽于道为末，而悟俗可崇，故加此二条，足成十数"，加以推测，可能由于"经师""唱导"两科是慧皎为凑成"十数"而后来补入——在他的意识中，这两科的地位不及前八科（"于道为末"）。因此，慧皎只为它们撰写了"论"语，却并无"赞"文。

序。未辩时人，事同后议"）。但是，他并没有就设置"赞"的用意做出说明，序言所谓"及夫讨核源流，商榷取舍，皆列诸赞论"，其中"讨核源流""商榷取舍"是对"赞"的内容做出的说明（"讨核源流""商榷取舍"这两点为"赞"和"论"所共有），而非文体功用——这点正是下文所要着力探究的问题。

总之，无论就《高僧传》的文本实态而言，还是从慧皎本人对于"赞论"部分的价值界定来说，都提醒我们关注《高僧传》的"赞论"。而在《高僧传》"赞论"部分内容中，或许是由于篇幅大小悬殊甚巨，加之缺乏慧皎本人的明确说明，所以"赞"语部分尤其容易为人所忽视。

事实上，关注各科传记部分的内容而轻视每科之后的"赞论"，在"赞论"部分中，又重视篇幅相对较长且位置靠前的"论"而忽视篇幅极短小、位置靠后的"赞"，这种根据篇幅大小来界定某部分内容在整部书中的价值和地位的做法，是存在问题的。它将《高僧传》的文本"粗暴"地割裂成三块（"传""论"和"赞"），而忽略此三者之间的有机联系。换句话讲，如果我们无法解释"传""论"和"赞"这三者之间的关系，我们将无法从整体上对《高僧传》的书写特征做出合理的说明，而这又将阻碍我们对这部中古佛教史上的名著做出切实的价值评估。

第三节 《高僧传》的"传＋论＋赞"模式

一、"传＋论＋赞"模式的取法对象

通观现存中古时期的僧人传记作品，可以发现，在慧皎《高僧

传》之前，似乎没有"传＋论＋赞"这样的书写模式。^①此前的僧
传作品，大多只是一条一条的僧人传记（如僧祐《出三藏记集》和
宝唱《名僧传》中所反映的那样）或一则一则僧人事迹（如刘义
庆《宣验记》所反映的那样^②），也会有"传＋赞"这样的书写模
式（如孙绰《至人高士传赞》所反映的那样）。因此，如果说《高
僧传》"传＋论＋赞"这样的组合在中古僧传书写传统中算得上是
一种较为新颖的书写模式的话，那么，我们就应该进一步地去追踪
这种书写模式究竟是如何产生的？是慧皎的独创，抑或有所取法？
又，鉴于"传"是所有中古僧传作品理所当然具有的内容，所以
在分析"传＋论＋赞"组合模式及其起源的时候，其实可以把问
题进一步简化为——《高僧传》"论＋赞"的书写模式从何而来？

　　这个问题涉及前引慧皎《高僧传》序言提到的"赞论"。我
们不妨从中古时期"论赞"文体^③的特征论起。

　　与慧皎大约同时，且也有过寺院经历的刘勰^④，在《文心雕
龙》之《颂赞》和《论说》两篇中，曾对"赞""论"两种文体

---

① 虽然受材料存佚状况影响，我们无法做全面调查，但据现存可见文献材料，依
　然可以做出合理推测——慧皎在《高僧传序》中罗列许多他之前的僧传作品，
　诸如刘义庆《宣验记》、沙门昙宗《京师寺记》、沙门僧祐《三藏记》、中书郎
　郗景兴《东山僧传》、治中张孝秀《庐山僧传》、中书陆明霞《沙门传》、宝唱
　《名僧传》等，这些作品今日多已亡佚，但仅就留存下来的作品而言，特别是慧
　皎之前僧传编撰水平最高的宝唱《名僧传》（通过《名僧传抄》可基本推见），
　皆不见有"论赞"。

② 鲁迅所辑录的《宣验记》，详见鲁迅《古小说钩沉》，人民文学出版社 1951 年
　版，第 361—372 页。

③ "赞论"和"论赞"二词，在意义指涉上是一致的，即"论"和"赞"的结合。
　他们在现存中古文献（无论内典，还是外典）中，均有用例，且在数量上相当，
　不存在一方常见而另一方罕用的情况。但即便如此，这两个词还是存在一些细微
　的差异，下文将会论及，简单地说，"赞论"相对而言更强调"赞"的特殊性。

④ 刘勰生卒年略早于慧皎，他曾与宝唱一起在僧祐的领导下做过佛教经录的整理
　工作。

有过详细的溯源与定义:

> 赞者,明也,助也……及迁史固书,托赞褒贬。约文以总录,颂体以论辞,又纪传后评,亦同其名……然本其为义,事生奖叹,所以古来篇体,促而不广,必结言于四字之句,盘桓乎数韵之辞;约举以尽情,昭灼以送文,此其体也。发源虽远,而致用盖寡,大抵所归,其颂家之细条乎。①
>
> 论者,伦也;伦理无爽,则圣意不坠……辨史,则与赞评齐行……赞者明意,评者平理……论也者,弥纶群言,而研精一理者也……原夫论之为体,所以辨正然否;穷于有数,追于无形,迹坚求通,钩深取极,乃百虑之筌蹄,万事之权衡也。故其义贵圆通,辞忌枝碎,必使心与理合,弥缝莫见其隙;辞共心密,敌人不知所乘;斯其要也。是以论如析薪,贵能破理。②

在他看来,"赞""论"起源不同,功用也略有差异——"赞"的主要功用是行使褒贬的功能(以褒为主,缘其为"颂家之细条"),而"论"的主要功用则是剖析道理("论如析薪,贵能破理")。但是,一般在史传中,这两者却是相辅为用的("齐行")。

值得注意的是,刘勰特别指出了"赞""论"在文体形式上的特征(或者要求)——"结言于四字之句,盘桓乎数韵之辞;约举以尽情,昭灼以送文""辞忌枝碎""辞共心密"。就"赞"

---

① [南朝梁]刘勰著,范文澜注:《文心雕龙注》,人民文学出版社1958年版,第158—159页。
② 同上书,第326—328页。

来说，就是以四字韵语的形式很好地表情达意（一般是正面的颂美）；就"论"来说，就是要用文辞妥善地呈现心中想要表达的道理，"心""理"契合无间。

刘勰还确立了"论赞"书写的典范，即"迁史固书，托赞褒贬"①——如果刘勰不是刻意回避僧人传记作品的话②，那么按照他的提示，我们完全可以将追寻僧传"赞论"书写范式来源的线索指向中国传统史传。事实上，慧皎自己在致王曼颖的信札中，就明确交待过《高僧传》编撰的取法对象是司马迁（"故忘鄙俚，用简龙门"）。此外，慧皎《高僧传》以后，很多人谈到僧传的编撰，也几乎无一例外地将其与所谓的传统"正史"③联系在一起，认为是《高僧传》（以及其后历代僧传）所仿效的典范，比如赞宁在进呈《宋高僧传》给皇帝的表文（《进〈高僧传〉表》）中，就说自己编撰僧史是"取法表年之史""或有可观，实录聊摹于陈寿；如苞深失，庶经宜罪于马迁"④，也即把司马迁《史记》那样的"正史"作为学习的典范。

可是，接下来的问题是：一方面，"迁史固书"的具体指涉还不明确（究竟是司马迁的《史记》，还是班固的《汉书》？抑或是由《史记》《汉书》所代表的史学传统）；另一方面，这只

---

① 在"赞"这一方面，刘勰明确说"迁史固书，托赞褒贬"；在"论"这一方面，他在表述中虽然没有明确所指，但鉴于他认为"论"在史传中是"与赞评齐行"的，表现在"赞评"的功用在于"明意""平理"，而"论"的功用也在于此（"论也者，弥纶群言，而研精一理者也"），又，"赞评"用以"褒贬"，而"论"亦如此（"原夫论之为体，所以辨正然否"），因此，如果刘勰的表述前后一致的话，那么他关于"论"之范式所指依然应是"迁史"。

② 鉴于刘勰本人也曾有过僧侣的生活经历（在定林寺协助僧祐纂编佛典），所以从情理上讲，他似乎没有理由在分析文体的时候把僧人的作品排除在外。

③ 此为后来的概念，此处借以方便指称。

④ ［宋］赞宁撰，范祥雍点校：《宋高僧传》，中华书局1987年版，第1—2页。

是侧重于"褒贬"的精神内涵而言（"托赞褒贬"），关于《高僧传》"赞论"文体形式之源自还未被厘清。

刘知几的提示，或许可以帮助我们缩小寻找范围。在《史通·论赞》中，刘氏曾对唐前诸传统史传的"论赞"情况做过总体性的评述：

> 夫论者所以辩疑惑，释凝滞。……司马迁始限以篇终，各书一论。必理有非要，则强生其文，史论之烦，实萌于此。……其有本无疑事，辄设论以裁之，此皆私徇笔端，苟衒文彩，嘉辞美句，寄诸简册，岂知史书之大体，载削之指归者哉？……自兹以降，流宕忘返，大抵皆华多于实，理少于文，鼓其雄辞，夸其俪事。……夫以饰彼轻薄之句，而编为史籍之文，无异加粉黛于壮夫，服绮纨于高士者矣。……马迁《自序传》后，历写诸篇，各叙其意。既而班固变为诗体，号之曰述。范晔改彼述名，呼之以赞。寻述赞为例，篇有一章，事多者则约之使少，理寡者则张之令大，名实多爽，详略不同。且欲观人之善恶，史之褒贬，盖无假于此也。然固之总述合在一篇，使其条贯有序，历然可阅。蔚宗《后书》，实同班氏，乃各附本事，书于卷末，篇目相离，断绝失次。而后生作者不悟其非，如萧、李南北齐史，大唐新修《晋史》，皆依范书误本，篇终有赞。夫每卷立论，其烦已多，而嗣论以赞，为黩弥甚。亦犹文士制碑，序终而续以铭曰；释氏演法，义尽而宣以偈言。苟撰史若斯，难以议夫简要者矣。[1]

---

[1] ［唐］刘知几撰，［清］浦起龙释：《史通通释》，上海古籍出版社 1978 年版，第 81—83 页。

在这段引文中，刘知几从史学史的角度，概括了史书"论赞"体式的衍变。① 其中，有两点特别值得注意：一是刘知几明确指出范晔《后汉书》在司马迁《史记》和班固《汉书》的基础上确立了"篇终有赞"的传统；二是他又点出了范晔"论赞"书写所具有的骈俪特征（"苟衒文彩""夸其俪事"）。这样两点，已是学界共识，此不赘论。就我们在此所要讨论的话题而言，如果将慧皎《高僧传》的"赞论"与范晔《后汉书》的"论赞"书写做一比较的话，便会察觉出两者之间的相似性，更不免让人联想到它们是否有着某种直接的取法与被取法的关系。

我们可以将《高僧传》"义解"科的"赞论"和《后汉书·儒林传》的"论赞"作为示例，加以对比分析（见表二）。之所以选择这样两个文献，乃是因为《后汉书·儒林传》同《高僧传》"义解"科一样，都近似于"类传"，它们所汇集的都是一群以学问为特色的人，此外，它们在各自书中的地位也十分重要，因而具有代表性。

表二 《后汉书》《高僧传》"论赞"书写比较示例

	《后汉书·儒林传》①	《高僧传·义解》②	功能	形式
论	昔王莽、更始之际，天下散乱，礼乐分崩，典文残落。及光武中兴，爱好经术，未及下车，而先访儒雅，采求阙文，补缀漏逸。先是四方学士多怀协图书，遁逃林薮。自是莫不抱负坟策，云会京师，范升、陈元、郑兴、杜林、卫宏、刘昆、桓荣之徒，继踵而集。于是立《五经》博士，各以家法教授，《易》有施、孟、梁	论曰：夫至理无言，玄致幽寂。幽寂故心行处断，无言故言语路绝。言语路绝，则有言伤其旨；心行处断，则作意失其真。所以净名杜口于方丈，释迦缄默于双树。将知理致渊寂，故圣为无言。但悠悠梦境，去理殊隔；蠢	揭示源流及发展概况	骈散结合

① 关于刘知几对于范晔史学观念的批评，参见〔日〕吉川忠大《六朝精神史研究》，王启发译，江苏人民出版社 2012 年版，第 128—142 页。

	《后汉书·儒林传》	《高僧传·义解》	功能	形式
论	丘、京氏，《尚书》欧阳、大小夏侯，《诗》齐、鲁、韩，《礼》大小戴，《春秋》严、颜，凡十四博士，太常差次总领焉。建武五年，乃修起太学，稽式古典，笾豆干戚之容，备之于列，服方领习矩步者，委它乎其中。中元元年，初建三雍。明帝即位，亲行其礼。天子始冠通天，衣日月，备法物之驾，盛清道之仪，坐明堂而朝群后，登灵台以望云物，袒割辟雍之上，尊养三老五更。飨射礼毕，帝正坐自讲，诸儒执经问难于前，冠带缙绅之人，圜桥门而观听者盖亿万计。其后复为功臣子孙、四姓末属别立校舍，搜选高能以受其业，自期门羽林之士，悉令通《孝经》章句，匈奴亦遣子入学。济济乎，洋洋乎，盛于永平矣！建初中，大会诸儒于白虎观，考详同异，连月乃罢。肃宗亲临称制，如石渠故事，顾命史臣，著为通义。又诏高才生受《古文尚书》《毛诗》《穀梁》《左氏春秋》，虽不立学官，然皆擢高第为讲郎，给事近署，所以网罗遗逸，博存众家。孝和亦数幸东观，览阅书林。及邓后称制，学者颇懈。时樊准、徐防并陈敦学之宜，又言儒职多非其人，于是制诏公卿妙简其选，三署郎能通经术者，皆得察举。自安帝览政，薄于艺文，博士倚席不讲，朋徒相视怠散，学舍颓敝，鞠为园蔬，牧儿荛竖，至于薪刈其下。顺帝感翟酺之言，乃更修黉宇，凡所结构二百四十房，千八百五十室。试明经下第补弟子，增甲乙之科员各十人，除郡国耆儒皆补郎、舍人。本初元年，梁太后诏曰："大将军下至六百石，悉遣子就学，每岁辄于乡射月一飨会之，以此为常。"自是游学增盛，至三万余生。然章句渐疏，而多以浮华相尚，儒者之风盖衰矣。党人既诛，其	蠢之徒，非教孰启。是以圣人资灵妙以应物，体冥寂以通神，借微言以津道，托形传真。故曰：兵者不祥之器，不获已而用之；言者不真之物，不获已而陈之。故始自鹿苑，以四谛为言初；终至鹄林，以三点为圆极。其间散说流文，数过亿兆。象驮负而弗穷，龙宫溢而未尽，将令乘蹄以得兔，借指以知月。知月则废指，得兔则忘蹄。经云："依义莫依语。"此之谓也。而滞教者谓至道极于篇章，存形者谓法身定于丈六。故须穷达幽旨，妙得言外，四辩庄严，为人广说，示教利憙，其在法师乎！		

续表

	《后汉书·儒林传》	《高僧传·义解》	功能	形式
论	高名善士多坐流废，后遂至忿争，更相言告，亦有私行金货，定兰台漆书经字，以合其私文。熹平四年，灵帝乃诏诸儒正定"五经"，刊于石碑，为古文、篆、隶三体书法以相参检，树之学门，使天下咸取则焉。初，光武迁还洛阳，其经牒秘书载之二千余两，自此以后，参倍于前。及董卓移都之际，吏民扰乱，自辟雍、东观、兰台、石室、宣明、鸿都诸藏典策文章，竞共剖散，其缣帛图书，大则连为帷盖，小乃制为滕囊。及王允所收而西者，裁七十余乘，道路艰远，复弃其半矣。后长安之乱，一时焚荡，莫不泯尽焉。东京学者猥众，难以详载，今但录其能通经名家者，以为《儒林篇》。其自有列传者，则不兼书。若师资所承，宜标名为证者，乃著之云。③ 论曰：自光武中年以后，干戈稍戢，专事经学，自是其风世笃矣。其服儒衣，称先王，游庠序，聚横塾者，盖布之于邦域矣。若乃经生所处，不远万里之路，精庐暂建，赢粮动有千百，其者身高义开门受徒者，编牒不下万人，皆专相传祖，莫或讹杂。至有分争王庭，树朋私里，繁其章条，穿求崖穴，以合一家之说。故杨雄曰："今之学者，非独为之华藻，又从而绣其鞶帨。"夫书理无二，义归有宗，而硕学之徒，莫之或徙，故通人鄙其固焉，又雄所谓"诿诿说说之学，各习其师"也。且观成名高第，终能远至者，盖亦寡焉，而迁滞若是矣。然所谈者仁义，所传者圣法也。故人识君臣父子之纲，家知违邪归正之路。自桓、灵之间，君道秕僻，朝纲日陵，国隙屡启，自中智以下，靡不审其崩离；而权强之臣，息其窥盗之谋，豪俊之夫，屈于鄙生之议者，人诵先王言也，下畏逆顺势也。至如张温、皇甫嵩之徒，功	故士行寻经于于阗，誓志而灭火，终令般若盛于东川，忘想传乎季末。爰次竺潜、支遁、于兰、法开等，并气韵高华，风道清裕，传化之美，功亦亚焉。中有释道安者，资学于圣师竺佛图澄，安又授业于弟子慧远。惟此三叶，世不乏贤。并戒节严明，智宝炳盛。使夫慧日余晖，重光千载之下；香土遗芬，再馥阎浮之地。涌泉犹注，实赖伊人。远公既限以虎溪，安师乃更同辇。舆夫高尚之道，如有惑焉。然而语默动静，所适唯时。四翁赴汉，用之则行也；三闾辞楚，舍之则藏也。经云："若欲建立正法，则听亲近国王，及持仗者。"安虽一时同辇，乃为百民致谏，故能终感应真，开云显报。其后荆、陕著名，则以翼、遇为言初；庐山清素，则以持、永为上首。融、恒、影、肇，德重关中；生、睿、畅、远，领宗建业；昙度、僧渊，独擅江西之宝；超进、慧览，乃扬浙东之盛。虽复人世迭隆，而皆道术悬会。故使像运余兴，岁将五百。功效之美，良足美焉。	概述事迹并发议	

	《后汉书·儒林传》	《高僧传·义解》	功能	形式
论	定天下之半，声驰四海之表，俯仰顾眄，则天业可移，犹鞠躬昏主之下，狼狈折札之命，散成兵，就绳约，而无悔心。暨乎剥桡自极，人神数尽，然后群英乘其运，世德终其祚。迹衰敝之所由致，而能多历年所者，斯岂非学之效乎？故先师垂典文，褒励学者之功，笃矣切矣。不循《春秋》，至乃比于杀逆，其将有意乎！			
赞	赞曰：斯文未陵，亦各有承。涂分流别，专门并兴。精疏殊会，通阂相征。千载不作，渊原谁澄？	赞曰：遗风眇漫，法浪遭回。匪伊释哲，孰振将颓？潜安比玉，远睿联瑰。镭斧曲庚，弹沐斜埃。素丝既染，承变方来。	论议或赞颂	四言对句押韵

注　①［南朝宋］范晔：《后汉书》卷七九，中华书局1965年版，第2545—2590页。

②［南朝梁］释慧皎撰，汤用彤校注：《高僧传》卷八，第342—344页。

③ 此段文字属于《后汉书·儒林传》序言部分的内容。从文本逻辑上讲，它与"论"部分的内容相承接，无法分割，只不过位置一前一后而已。慧皎在《高僧传》序言中所谓的"恒体"，就是这种前有"标大意"的"前序"，后有"辩时人"的"后议"。只不过，慧皎在编撰《高僧传》的时候嫌这样"间施前后"的方式太烦杂，看起来不方便，就把"前序"与"后议"合在一起，放在一科之末，并通称为"论"。其实，从慧皎这样的表述，不难推测他所要取法并改造的史书书写榜样其实就是《后汉书》，因为慧皎当时所能见到的正史著作，兼具"前序"和"后议"的，似乎只有范晔的这部书了。刘知几《史通·论赞》谓之："各附本事，书于卷末，篇目相离，断绝失次。而后生作者不悟其非，如萧、李南北齐史，大唐新修《晋史》，皆依范书误本，篇终有赞。"

通过上面表格中的文本分析，不难看出《后汉书·儒林传》和《高僧传》"义解"科的"论"语部分：在内容上，都包括了"揭示源流及发展概况"（前者梳理了光武中兴以来经学儒业的发展状况，后者梳理了佛灭度后道法的流衍以及法师所发挥的作用）与"概述事迹并发议"（前者概述光武以来经学发展进程中的大事件并提出针对性议论，后者概述佛法东传之后诸高僧传化之美并对假王权以弘法的问题提出议论）两方面；在语体形式上，皆具有骈散结合的特征。而两者“赞”文部分：在内容上，都属于议论或赞颂；在语体形式上，皆呈现四言对句押韵的特征。

因此，根据以上形式和内容层面的比较分析，判断《高僧传》的“赞论”书写模式乃是取法于范晔《后汉书》，应该不是毫无根据的比附。[①] 实际上，我们还可以从慧皎与范晔两人所可能具有的联系层面加以间接证明。

范晔家族，自其曾祖范汪开始，一直与佛教有着非常密切的关系——范晔的祖父范宁曾舍宅以建祇洹寺，并与竺道生、慧义等当时高僧交往；其父范泰虽然与佛教界某些人士在“踞食”问题上有过争议，但其与佛教界的交往却是始终不辍的；范晔自己虽然是神灭论者、对佛教也持否定论，但作为一种家族的信仰传统，佛教却始终与范氏家族维持着非同一般的关系。[②] 范氏家族在余杭、东阳两地影响极大（范宁曾在余杭任职六年之久，范泰也曾一度因在朝廷受排挤而回到东阳旧地），而慧皎所在的会稽地区，恰与余杭、东阳两地近邻，慧皎编撰《高僧传》所在的嘉祥寺也是由与范氏同为门阀贵族且有姻亲关系的琅琊王氏舍

---

① 纪赟通过今天还能看到的《名僧传抄》中三篇议论性质的文字，特别是《名僧传》卷十八“律师”中“礼法事”一段文字，认为这应是“律师”科的前序，所以慧皎所批评的“前序后议”，指的对象只能是《名僧传》（纪赟：《慧皎〈高僧传〉研究》，第 203—204 页）。我们认为此说只据仅有的一条文献而加以推断，稍显牵强；此外，即便此推论存在可能性，但它似乎还不能解释这样一个疑问，即慧皎《高僧传》除了“论”之外，还有“赞”，两者之间难道没有关系吗？难道“赞”也是效法《名僧传》或在其之上做出的变通吗？所以，似乎还需要从关系的视角加以讨论，把“论”和“赞”作为一个整体加以溯源，且顺着慧皎本人的指示，找到它在“正史”中的源头。

② 范氏家族与佛教之关系，参见〔日〕吉川忠夫《六朝精神史研究》，第 112—127 页。

宅建造。^①因此，似乎有理由推测，慧皎对于范晔及其《后汉书》（特别是其"论赞"）应该是不陌生的，甚至有可能加以借鉴吸收（中古僧人的史学修养较高，阅读外典史书是一种十分普遍的现象）。

总之，我们可以大致明确，慧皎《高僧传》"赞论"书写是有所取法的，其取法的对象与其说是《史记》《汉书》，不如说就是范晔的《后汉书》；这种取法的具体体现，则在于"论赞"文体的引入和骈俪形式的呈现两方面。

二、《后汉书》之"赞"与《高僧传》之"赞"

明确了《高僧传》"传 + 论 + 赞"书写模式取自于范晔《后汉书》后，我们对于《高僧传》"传""论""赞"三种文体"构件"^②之间关系的分析，就有了一个较为方便的参照。

关于《后汉书》的"论"和"赞"，刘知几《史通》的评价（见前引文字）其实并太正面。按照刘氏的说法，"论"的作用其实是"辩疑惑，释凝滞"，即将传记中那些令人疑惑的事理表彰出来，但不能为了炫耀文采、追求美句，而在那些本无疑义的地方强行设"论"（"其有本无疑事，辄设论以裁之，此皆私徇笔端，苟衒文彩，嘉辞美句，寄诸简册"），这样就会有伤史书贵洁的要求（"载削之指归"）；不幸的是，从荀悦《汉纪》以后，

---

① 《高僧传》卷五《竺道壹附帛道猷传》："顷之，郡守王荟于邑西起嘉祥寺，以壹之风德高远，请居僧首。"（[南朝梁]释慧皎撰，汤用彤校注：《高僧传》卷五，第 207 页。）

② 使用"构件"（units），意在凸显"传""论"和"赞"三者在《高僧传》的书写中，是紧密配合、协调发生作用的，而不能彼此孤立；但这种整体关联性，又不能完全取消三者各自的文体属性。

史家"大抵皆华多于实，理少于文，鼓其雄辞，夸其俪事"，范晔《后汉书》就是其中的代表。

至于"赞"，他认为从司马迁《史记》"自叙传"、班固《汉书》"述"以来，到《后汉书》改称为"赞"，其作用不过约事、张理两方面（"事多者则约之使少，理寡者则张之令大"），但却不承担褒贬的功能，价值极为有限；可是如果能够像《汉书》那样"总述合在一篇"，很有条理，也就罢了，偏偏范晔将诸"赞"附在传记本事之下，置于每卷的末尾，这样就破坏了诸"赞"之间的逻辑关系（"篇目相离，断绝失次"），不像《史记》《汉书》集中在一篇之内，交待诸纪传篇目的命意。照刘知几的看法，史书每卷传记的后面生硬立"论"已属不该，现在还要在"论"后面加上"赞"，就显得愈加过分。

刘子玄此论，是一种站在后来史学家立场的观念表达，未必能够对当时的史书编撰背景有相当深切的体贴。只要对比看看范晔本人的观点，就可以明白其间的差异。范氏关于《后汉书》论赞特色的论述，见之于《狱中与诸甥侄书》这封书信中，以下移录其中相关段落：

> 常耻作文士。文患其事尽于形，情急于藻，义牵其旨，韵移其意。虽时有能者，大较多不免此累，政可类工巧图缋，竟无得也。常谓情志所托，故当以意为主，以文传意。以意为主，则其旨必见；以文传意，则其词不流。然后抽其芬芳，振其金石耳。此中情性旨趣，千条百品，屈曲有成理。自谓颇识其数，尝为人言，多不能赏，意或异故也。

性别宫商，识清浊，斯自然也。观古今文人，多不全了此处，纵有会此者，不必从根本中来。言之皆有实证，非为空谈。年少中，谢庄最有其分，手笔差易，文不拘韵故也。吾思乃无定方，特能济难适轻重，所禀之分，犹当未尽。但多公家之言，少于事外远致，以此为恨，亦由无意于文名故也。

本未关史书，政恒觉其不可解耳。既造《后汉》，转得统绪，详观古今著述及评论，殆少可意者。<u>班氏最有高名，既任情无例，不可甲乙辨</u>。后赞于理近无所得，唯志可推耳。<u>博赡不可及之，整理未必愧也</u>。<u>吾杂传论，皆有精意深旨，既有裁味，故约其词句</u>。<u>至于《循吏》以下及《六夷》诸序论</u>，笔势纵放，实天下之奇作。<u>其中合者，往往不减《过秦》篇</u>。尝共比方班氏所作，非但不愧之而已。欲遍作诸志，《前汉》所有者悉令备。虽事不必多，且使见文得尽。又欲因事就卷内发论，以正一代得失，意复未果。<u>赞自是吾文之杰思</u>，殆无一字空设，<u>奇变不穷，同含异体，乃自不知所以称之</u>。此书行，故应有赏音者。纪、传例为举其大略耳，诸细意甚多。自古体大而思精，未有此也。恐世人不能尽之，多贵古贱今，所以称情狂言耳。①

在这段文字中，范晔区分了文士所作之文与自己作为史家所作之文。简单地说，在他看来，文士所作之文，有"其事尽于形，情急于藻，义牵其旨，韵移其意"的毛病，即"情""义""意""旨"

---

① ［南朝梁］沈约：《宋书》卷六九，中华书局 1974 年版，第 1830—1831 页。

四者都存在不同程度上的问题①，相应的弥补办法是："常谓情志所托，故当以意为主，以文传意。以意为主，则其旨必见；以文传意，则其词不流。然后抽其芬芳，振其金石耳。"钱穆将这句话解释为："写文章要情志，情志寄托故当以意为主。能以意为主，才能以文传意。……以文传意，则其词不流，文章不会泛滥，然后才能'抽其芬芳，振其金石'。'芬芳'是词藻，'金石'是声调，此为文第二义，而非第一义。"②简言之，范晔所认为好"文"（不拘是否为"文士"所作之文）的标准是要以情志为主，以辞藻、声调为辅。③就史书论赞部分而言，范晔把批评的矛头直指班固的《汉书》，指责后者在"自叙传"部分述各篇立意时情感不节制，辨识不出条理（"任情无例，不可甲乙辨"）；在《汉书》"赞"文部分（也即《后汉书》"论"所对应的部分），则辨析事理不够通透，只能让人感到其情感的宣泄（"于理近无所得，唯志可推耳"）。而范晔对自己的论赞，则显得很自信，即就"论"语部分来说，他认为自己的"论"辨理清楚且主旨明确（"整理未必愧""皆有精意深旨"），语言上也极省洁（"既有裁味，故约其词句"）；就"赞"文部分而言，他显得极为自许，

---

① 按照钱穆的理解，所谓"事尽于形"，指的是"文中事情为文章的外形所拘束，所谓尽，实则是不尽"；所谓"情急于藻"，指的是"写文总得有个内在情感，然而当时写文章的都要用力辞藻，遂使这个内在情感反为词藻所迫，不平稳，不宽舒"；所谓"义牵其旨"，指的是"不当把自己写文章的大旨，反为要该如何写文章之义所牵，而陷于不正确"；所谓"韵移其意"，指的是"文章必有个作意，而为韵所限，便移其意，失却了原来应有之位置"。见钱穆"范晔《后汉书》和陈寿《三国志》"，《中国史学名著》，第133—134页。

② 钱穆：《中国史学名著》，第134页。

③ 关于范晔这封书信所涉及的文章理念，请参见拙文"吴德旋对范晔'事外远致'的'误读'及其文论史意义"，《中南大学学报》（社会科学版）2014年第3期，第221—223页。

认为这是自己文章的精华（"吾文之杰思"），不光字字皆有着落（指有内容），而且在文辞层面十分讲究（"无一字空设，奇变不穷，同含异体"）。

范晔的这番陈述是否只是一种自夸的"狂言"？刘知几的批评是否合理？当代学者详细分析《后汉书》诸篇传论赞，已经形成共识，即在"论"上，"范晔作论，不像司马迁、班固那样，几乎每一纪传都作'太史公曰'或'赞'一篇，而是有论则发，无论则缺，不求勉强发论；而每卷内作几篇论，则视具体情况而定。这就使论在运用上较为灵活。"在"赞"上，范晔并不是简单地继承司马迁和班固的体例，而是进一步赋予其褒贬寄寓、历史经验总结、传记人物总评等功能，正因为这样，后代撰史者遂加以采用（如萧子显、李百药撰南、北齐书，唐代修《晋书》），《隋志》也著录范晔所撰《后汉书赞论》和《汉书缵》两种，表明时人对《后汉书》论、赞的推崇。①

总之，很显然在范晔自己的观念中，"赞"（这里只凸显其中最有争议的部分）不仅不像刘知几所认为的那样可有可无（甚至完全可以删除），相反，它在《后汉书》的书写体系中扮演着很重要的角色，一方面它是与当时骈俪文风"中和"的产物，是驰骋文才的胜场，是一种史学编撰的时代新风气；②另一方面它与诸

---

① 参见赵国华"谈范晔《后汉书》的序、论、赞"，《华中师范大学学报》（哲社版）1988 年第 1 期，第 87—93 页。

② 文才与史才，不宜对立，这点在范晔身上尤其如此，比如赵翼就认为范晔"有学有识，未可徒以才士目之"（［清］赵翼著，王树民校证：《廿二史札记校证》（订补本），中华书局 1984 年版，第 82 页），黄侃也说："寻绎范氏之文，虽多偶语，而不尽拘牵，虽谐声律，而绝无胶执。"（转引自程千帆《闲堂文薮》，齐鲁书社 1984 年版，第 154—155 页。）

纪传论紧密配合，发挥着一种"画龙点睛"的作用。

明乎此，我们从逻辑上可以推断，作为《后汉书》"传＋论＋赞"模式的效仿者，《高僧传》中的"论""赞"两部分，在整部书的结构体系中，应该也扮演着十分重要的作用。

事实上，慧皎在前引致王曼颖的信件以及《高僧传》的序言中，皆一再表明：一方面自己编撰工作的取法对象就是传统"正史"；另一方面在《高僧传》这部书中，"传"的部分，只是汇集之前各种传记材料，并不是最能体现自己才能的地方（"凡十科所叙，皆散在众记。今止删聚一处，故述而无作"），而"论"和"赞"两部分，才是自己最用心处，以至于专门呈送王曼颖审阅，并认为只有具备了这两部分，整部书才算完整（"备赞论者，意以为定"）。

按之《高僧传》文本，可以发现慧皎所言非虚——每"科"传记部分内容之后，所接的"论"文部分，一般都以长短不一的篇幅揭示本"科"命名的源流，相当于一篇小型的历史综述，并且在简要概述传记部分事迹的基础上，就某些具有现实意义的问题，提出辨析和议论；而"赞"语部分，则用比较富于文采的方式（四言韵语），表彰本"科"传记部分所反映出来的德行。设若没有"论""赞"两部分，那么《高僧传》就只是一堆传记材料的堆砌，既不能在之前和之后的众多传记中凸显，又不能构成一个完备且富于意味的整体，也便失去了编撰的意义。

三、《高僧传》"赞"的特殊性

如上所述，《高僧传》的"论"文部分是用于揭示本"科"命名的渊源，并在简要概述传记事迹的基础上，就某些问题提出辨析和议论。这与《后汉书》"论"文部分内容特征基本一致

（《高僧传》"论"的现实指向性更强），也即刘知几《史通·论赞》所谓的"约事"和"张理"两方面（"事多者则约之使少，理寡者则张之令大"）。此外，也可以明确，《高僧传》"论"之书写体式效法的就是范晔《后汉书》以及由其所代表的"正史"书写传统。

那么，《高僧传》"传＋论＋赞"体系中分量最少的"赞"，也效法了《后汉书》的"赞"吗？如果不是，两者之间有什么差异吗？

从表面上看，这两部书的"赞"语非常相似，都是以四言韵语的形式撰出，显受当时骈俪文风影响。[①] 但如果仔细分析"赞"语部分的内容，便能在形似的表象下，见出两者之间的差异。

《后汉书》中的"赞"，共有九十篇、三千二百六十四字，各纪、列传每篇一"赞"。在内容上，多是之前"论"文所论主旨之概括，容或有叠床架屋之嫌[②]，但整体上看，实有画龙点睛的作用。《后汉书》"赞"不仅"或直言，或隐喻，字里行间反映出范晔对历史人物、事件的一些具体看法"，还具有"点明传记人物生平要领"和"揭示每个人物的性格特征"的作用。[③] 因此，就强化史意而言，它自有其存在价值，所以之后的《南齐书》《北

---

① 程千帆先生谓："魏以降，骈俪大兴。诸撰史者，多遵班轨。泊乎范氏，遂弥复究心于宫商清浊，赞论则综缉辞采，序述则错比文华，而文史几于不别矣。……盖汉、魏以还，文体由单而复，史家修撰，遂亦同流。"（程千帆：《闲堂文薮》，第 156 页。）

② 如陈振孙即批评《后汉书》说："至于论后有赞，尤自以为杰思，殆无一字虚设。自今观之，几于赘论。"（陈振孙：《直斋书录解题》卷四，上海古籍出版社 2015 年版，第 98 页。）赵翼亦认为："于既论之后，又将论词排比作韵语耳，岂不辞费乎！"（赵翼：《陔余丛考》卷五，上海书店出版社 2011 年版，第 101 页。）

③ 赵国华："谈范晔《后汉书》的序、论、赞"，第 91—92 页。又程方勇《范晔及其史传文学》，中国社会科学院研究生院博士学位论文，2003 年，第 127—131 页。

齐书》《晋书》《旧唐书》均袭用此例。① 总之，在《后汉书》的书写体系中，"赞"是作为史论的一个重要部分而存在，其价值和意义在于配合"论"表现史家的思想和观念。

《高僧传》中的"赞"，共有八篇，三百二十八字，十科中除"经师""唱导"两科外，余下八科在"传""论"后均有一篇"赞"语。一般每篇十句，每句四字，总四十字，唯"译经"科多两句八字。我们可以先从文本上予这些"赞"语以分析（详见表三）：

表三 《高僧传》"赞"语文本分析

		内容	分析	功能
译经	赞 （4+4+4）	频婆搤唱，叠教攸陈。 五乘竞转，八万弥纶。	颂扬佛经之广大 （"讨核源流"）	颂美
		周星曜魄，汉梦通神。 腾兰谶什，殉道来臻。	颂美译经名匠之事迹 （"商榷取舍"）	
		慈云徙荫，慧水传津。 俾夫季末，方树洪因。	颂美经典传译之功德 （"商榷取舍"）	
义解	赞 （4+6）	遗风眇漫，法浪遭回。 匪伊释哲，孰振将颓。	颂扬义学高僧宣法拯溺之功 （"讨核源流"）	颂美
		潜、安比玉，远、睿联瑰。 镭斧曲戾，弹沐斜埃。 素丝既染，承变方来。	颂美义学高僧化染之德 （"商榷取舍"）	
神异	赞 （4+6）	土资水泽，金由火煎。 强梁扈化，假见威权。	颂扬神通之用 （"讨核源流"）	颂美
		澄照襄土，开导蓄川。 惠兹两叶，绥彼四边。 如不繁赖，民命何全。	颂美佛图澄神通之功绩 （"商榷取舍"）	
习禅	赞 （4+6）	禅那杳寂，正受渊深。 假夫辍虑，方备幽寻。	颂扬禅修之用 （"讨核源流"）	颂美
		五门弃恶，九次丛林。 枯铄山海，聚散升沉。 兹德裕矣，如不励心。	颂美禅修之功德 （"商榷取舍"）	

① 王春淑："范晔《后汉书》序论赞评析"，《四川师范大学学报》（社会科学版）1998 年第 4 期，第 101 页。

续表

		内容	分析	功能
明律	赞 （4+6）	盘杆设戒，几杖施铭。 人如不勖，奚用克成。	颂扬戒行之用 （"讨核源流"）	颂美
		纳衣既补，篇聚由生。 缄持口意，枯槁心形。 怡戚两镜，欣忧二瓶。	颂美戒行之功德 （"商榷取舍"）	
亡身	赞 （4+6）	若人挺志，金石非英。 铄兹所重，祈彼宝城。	颂扬亡身之用 （"讨核源流"）	颂美
		芬梧蓊蔚，紫馆浮轻。 腾烟曜彩，吐瑞含祯。 千秋尚美，万代传馨。	颂美亡身之功德 （"商榷取舍"）	
诵经	赞 （4+6）	法身既远，所寄者辞。 沉吟反复，惠利难思。	颂扬诵经之用 （"讨核源流"）	颂美
		无怠三业，有竞六时。 化人乃卫，变众来比。 此焉实德，谁与较之。	颂美诵经之功德 （"商榷取舍"）	
兴福	赞 （4+6）	真仪捊曜，金石传晖。 爰有塔像，怀恋者依。	颂扬兴福之用 （"讨核源流"）	颂美
		现奇表极，显瑞旌威。 岩藏地踊，水泛空飞。 笃矣心路，必契无违。	颂美兴福之功德 （"商榷取舍"）	
经师	赞	（无）		
唱导	赞	（无）		

通过上表的分析，可以看到《高僧传》诸"赞"语，除"译经"科外，皆是一篇十句，可以划分为两个意义单元，形成"4+6"模式（"译经科"赞语可以划分为三个意义单元，是"4+4+4"模式），前四句一般颂扬各科名称所指示行为的意义，内容上兼具"讨核源流"的作用；后六句一般颂扬本科所涉某些著名高僧（如"译经"提到的摄摩腾、竺法兰、昙无谶、鸠摩罗什四位译经高僧，"义解"提到的竺法潜、道安、慧远、僧睿四位义学高僧，"神异"提到的以神通闻名的佛图澄）或某些突出事

迹（如禅修、戒行、亡身、诵经、兴福）所体现出来的美德，内容上兼具"商榷取舍"的作用。所以，从整体内容和功能上讲，《高僧传》的"赞"，似乎与《后汉书》"赞"的内容有相似的地方，即在内容上皆可能对历史人物和事件发表意见。但在相似的表象下，更多的是一种差异，即从文体的功能上看，前者是一种颂美，而后者则是一种议论。

试与《后汉书·儒林传》"赞"语相对比：

> 斯文未陵，亦各有承。涂分流别，专门并兴。精疏殊会，通阂相征。千载不作，渊原谁澄？①

这段"赞"语，显然是一段议论，讲的是斯文尚未陵夷，所以学者分门，各承其家业，由此却带来问题，即李贤注中所谓的："说经者，各自是其一家，或精或疏，或通或阂，去圣既久。莫知是非。若千载一圣，不复作起，则泉原混浊，谁能澄之？"②这段议论，又显然是"论"语部分的补充和申论。事实上，《后汉书》其他纪传后面的"赞"语，也都是这个情况。

因此，通过对比，不难发现《高僧传》的"赞"并没有像《后汉书》"赞"那样辅助"论"文部分，对之前传记部分的内容作一番议论、提炼或升华，而纯粹只是一种颂美、赞颂。

《高僧传》的"赞"，虽然在文体形式上与《后汉书》的"赞"相似（四言韵语），但究其在文体功能上的表现来说，显然两者之间又是"貌合神离"的。

---

① ［南朝宋］范晔：《后汉书》卷六九，第 2590 页。
② 同上。

这样便要追问：既然《高僧传》"传＋论＋赞"的书写模式取法了《后汉书》，但为何在最能体现史家才、学、识、力的论赞部分，只在"论"语内容与《后汉书》保持同调，却于"赞"语部分取其"貌"而移其"神"呢？

这里需要插入讨论一下人们会自然联想到的一种可能联系，即《高僧传》的"赞"是否受到了来自佛教内部"佛赞"文体的影响？这不仅是因为两者在名称上的相关性（"论赞"与"佛赞"皆含有"赞"的成分），更在于两者形式上所具有的相似性（皆为四言齐体）。刘知几也认为史传后"嗣论以赞"好似"释氏演法，义尽而宣以偈言"。

关于汉译佛经中"佛赞"文体的研究，前贤多有论述。[①]一般认为，"佛赞"指的就是汉译佛典十二部经中的"重颂"（Geyya，祇夜）和"讽颂"（Gatha，伽他）[②]，此两者皆是诗歌体裁，差异之处在于：形式上，重颂是"经文＋重复诗句"，讽颂则为单纯的诗句；表现内容上，重颂是对前面散文体经文的重复概述，讽颂则相对自由，与前面散文体经文内容不甚相关。[③] 而

---

① 这方面比较有代表性的研究成果有：Victor H. Mair & Tsu-lin Mai, "The Sanskrit Origins of Recent Style Prosody", *Harvard Journal of Asiatic Studies*, Vol. 5 (1991), pp. 375-470；陈允吉："论佛偈及其翻译文体""汉译佛典偈颂中的文学短章""中古七言诗体的发展与佛偈翻译"等文，均收录于《佛教与中国文学论稿》，上海古籍出版社 2010 年版；王晴慧："六朝汉译佛典偈颂与诗歌之研究"（上、下），潘美月、杜洁祥主编：《古典文献研究集刊》二辑第十六、十七册，花木兰文化出版社 2006 年版；李小荣：《汉译佛典文体及其影响研究》，上海古籍出版社 2010 年版；孙尚勇：《佛教经典诗学研究》，高等教育出版社 2013 年版；齐藤隆信，「汉语佛典中偈颂的研究——有韵的偈颂」，『佛教学净土学研究：香川孝雄博士古稀記念論集』，永田文昌堂 2001 年版；陈明："汉译佛经中的偈颂与赞颂简要辨析"，《南亚研究》2007 年第 2 期。

② 李小荣对这两个概念及其多样化译名，做过十分详细的梳理和辨析，见李小荣《汉译佛典文体及其影响研究》，第 89—108 页。

③ 陈明："汉译佛经中的偈颂与赞颂简要辨析"，第 52 页。

如果从重颂与讽颂共同的诗体特征上看（在此意义上，它们可以被统称作"偈"或"偈颂"），它们的共同点在于：在句式上，以齐言体为主，三言至十二言等表现形式均有；在句数上，基本符合四句成颂的通例；在表达功能上，有说理、赞颂、叙事、描摹、抒情、言志、重复、引申、引证、讽喻、总括等十一种功能类型。①

事实上，慧皎及其同时期的人，对偈颂的起源及特征是有所了解的，僧祐在《出三藏记集》卷十四鸠摩罗什传记中，便记录了鸠摩罗什关于佛经中偈颂文体的论述：

> 天竺国俗甚重文藻，其宫商体韵，以入弦为善。凡觐见国王，必有赞德；见佛之仪，以歌叹为尊。经中偈颂，皆其式也。②

这就是说，"偈颂"起源于天竺，其特征是具有音乐性，可以用歌咏的形式加以表现（梵呗）；其功用是在朝见国君（"觐见国王"）、瞻仰佛陀（"见佛之仪"）的场合，表达自己的赞叹。

慧皎编撰鸠摩罗什传记之时，几乎一字不漏地迻录了这段文字。这起码可以表明，慧皎对汉译佛典中的偈颂及其作用一定不陌生，甚至极有可能相当谙熟，以至于可能加以仿效。分析《高僧传》诸"科"赞语，很容易发现它们皆具有现代研究者们所总结出来的文体特征（见上表三）：首先，《高僧传》诸科"赞"语都是齐言体、四言一句的句式；其次，在句数上，除了

---

① 李小荣：《汉译佛典文体及其影响研究》，第108—146页。
② ［南朝梁］释僧祐撰，苏晋仁、萧錬子点校：《出三藏记集》卷十四，第534页。

第一篇"译经"科"赞"语是十二句（即三个四句，每四句成一个赞颂意义单元）外（"频婆揎唱，叠教攸陈，五乘竞转，八万弥纶。‖周星曜魄，汉梦通神，腾兰谶什，殉道来臻。‖慈云徙荫，慧水传津，俾夫季末，方树洪因"①），其余几"科"赞语皆是十句，看似无法构成四句成颂的规律（多出来两句，比如"义解"科赞语意义单元的划分应为"遗风眇漫，法浪遭回，匪伊释哲，孰振将颓。‖潜、安比玉，远、睿联瑰，镏斧曲戾，弹沐斜埃。素丝既染，承变方来"，即"4+6"的模式②），但从整体上看，与四句成颂的通例并不冲突；最后，从赞语的功能上讲，皆具有赞颂、重复、说理的功能，其中正面"赞颂"的功能占据了主流。

因此，从形式上的对比分析来看，说慧皎在进行《高僧传》"赞"语书写时，借鉴了汉译佛典中的偈颂形式，似乎也能讲得通；但是，我们在看到慧皎借鉴佛经偈颂形式和功能的同时，也应该注意《高僧传》"赞"语与佛经偈颂之间的差异，而这却是最能体现慧皎创意的地方。

上文用表格形式分析《高僧传》各科赞语的时候，已可见：

第一，这些赞语在赞颂部分，除了"译经"科赞语前四句符合佛典偈颂主要赞叹佛（以及菩萨、罗汉、明王、力士等）外，其余赞语的赞颂部分，要么是赞颂高僧（如"译经"科赞语中间四句、"义解"科赞语前八句、"神异"科赞语中间四句），要么是赞叹某种行为的功效与利益（如"神异"科赞语前四句、"习禅"科赞语前四句、"明律"科赞语前四句、"亡身"科赞语前四

---

① ［南朝梁］释慧皎撰，汤用彤校注:《高僧传》卷三，第143页。
② 同上书，第344页。

句、"诵经"科赞语前四句和"兴福"科赞语前四句）。这显然区别于佛典偈颂那种有着特定赞颂对象（佛陀、国王）的书写模式，将赞颂的对象转移到了高僧以及个体修行层面。

第二，虽然这些赞语整体上符合四句成颂的佛经偈颂表达通例，但"义解""神异""习禅""明律""亡身""诵经""兴福"诸科的赞语却是"4+6"的模式，亦即除了前四句符合四句成颂的通例外，还有六句单独成一个意义单元，且肩负着"商榷取舍"的功能。这种"商榷取舍"，显然不是对于佛教义理的反复言说，而更多的是对于佛教现实处境的关切，如"译经"科赞语后六句对佛教拯溺功能的议论、"神异"科赞语后六句对神异现实功用的强调、"习禅""明律""亡身""诵经""兴福"诸科赞语后六句对习禅等现实利益的强调。相比之下，虽然佛经偈颂有六句成篇的现象[1]，但毕竟这种现象属于少数，且多不具有这样的功能。

即此两点，可以说明慧皎《高僧传》诸科赞语的书写在形式上模仿汉译佛典"佛赞"（偈颂）文体的同时，又赋予其以新质。这种"新质"体现在：一方面，赞语赞颂的对象由佛转向了普通的高僧个体及个体行为；另一方面，赞语的内容由对佛教义理的反复言说转向了佛教现实处境的议论。而关注视野向普通人转移，论理焦点集中于现实境遇，正是一种带有褒贬意味的历史意识，这一点尤为关键。[2]

---

① 如玄奘《瑜伽师地论》卷八一所云："讽颂者，谓以句说，或以二句，或以三、四、五、六句说。"（《大正藏》第 30 册，No. 1579，753a17—18。）

② 何剑平曾以谢灵运《答范特进书送佛赞》为例，分析了"赞"这类文体的起源问题，他认为"赞"有两个源头，一是中土特有的韵文文体（主要是"像赞"），二是古印度的颂赞诗体。此观点很具启发意义，参见何剑平"从谢灵运《答范特进书》看佛教文体创作与南朝社会风尚"，《中华文化论坛》2020 年第 4 期，第 44—61 页。

总之，对于慧皎来说，他还需要借重其他方面的文体"资源"来帮助传达上述的这种"新质"。佛教外部的文体"资源"，自然成了选择的必然。

四、"赞"与"传"之关系

在探讨《高僧传》"赞"之起源及其特色问题时，需要从一种关系的视角切入，将研究的焦点放在《高僧传》"传"与"赞"的关系上。

事实上，在前文节录《高僧传》的序言部分，慧皎已经将"传"与"赞"之间的关系做了提示。照其本人的说法，"十科"所载传记内容，皆采自此前各家传记，如昙宗《京师寺记》、僧祐《三藏记》、郗景兴《东山僧传》、张孝秀《庐山僧传》、陆明霞《沙门传》、宝唱《名僧传》等（"十科所叙，皆散在众记"），他在这些传记的基础上所做的只是"删聚一处""述而无作"的工作，即将原始材料加以删节并按一定的原则（"十科"）加以聚合。这样做的目的是省去读者翻检之劳，通过《高僧传》便可把握此前众家传记的要点（"俾夫披览于一本之内，可兼诸要"）。而相对来说，"赞""论"的作用则是在"传"的基础上，揭示源流、概述史实、颂美德行，这相当于是对传记材料的一种升华，是对编撰者观念的一种集中表达，自然也更为重要。所以，在《高僧传》整部书的架构体系中，就原创性和功能定位上讲，"传"是从属于"赞"的。

此外，还可以从文本实态层面观察《高僧传》"传""赞"之间的关系。在细读《高僧传》十"科"传记的内容时，我们可以得到这样一个比较鲜明的印象，即诸科传记对高僧生平事迹的记叙，并非像《史记》《汉书》《后汉书》这些所谓的传统"正史"一样面面俱到，即从出生到死亡，一生重大的事件都或详或略地予以记载；此外，《高僧传》对传主生平事迹和言语行为的记叙，相对于"正史"来说，也更显得"脸谱化"，即服从于所在"科"目的道德表达。①

以下试以《高僧传·义解》中的《慧远传》为例，加以举证说明。选择此例的原因是，在慧皎《高僧传》"十科"书写体系中，虽然"译经"科的顺序排在第一（因为译经在中国佛教发展史上的地位是无与伦比的），但就慧皎的实际编撰用意来说，他最看重的可能还是"义解"这一科，因为"译经"科所收录的大多是外国沙门，他们在中国佛教发展过程中的作用，仅在于将佛教经典从异域带到中国并将之译介，这为汉地了解佛教思想打开了大门，所以此科的设置只是一种对历史的尊重，从时间上讲，将其排在"十科"第一位，也正在情理之中；但"义解"科则有所不同，这一科所收录的都是汉地的义学高僧，他们生平际遇、道德风标和义学著作，都彰显了汉地政治、思想、文化与佛教这样一个来自异域的宗教之间的碰撞与交流，因此更具现实意义。还有一点，从篇幅上考虑，《慧远传》是《高僧传》中少数几则篇幅甚长的传记（多数篇幅较短），它与"译经科"《鸠摩罗什传》篇幅相当，略逊于"神异"科《佛图澄传》的篇幅。事实

---

① 《高僧传》传记部分的内容，大多袭自《名僧传》等之前的众家传记，因此我们在讨论《高僧传》传记部分文本的时候，实际是举《高僧传》以代表整个中古僧传的书写。此处只是就整体记叙风格做出说解，所以可以忽略《高僧传》与之前诸家传记之间细枝末节的差异，当然在对具体问题的考辨时则需要特别注意。

上，《高僧传》传记篇幅的长短，不光是由编撰所依据材料的多寡决定，更是有鉴于传主的身份和地位——慧远在中国佛教史上地位之崇高，是毋庸赘论的。①

《高僧传》关于慧远的传记叙述②，除去一头一尾，按照史书的模式，交待生卒年、籍贯、著述等情况外，主体部分其实包括了"问学道安"（其中包括捐弃儒道、不废俗书、与师分道等）"创舍庐峰""铭赞佛影""奉请神像""莲社法会""抗俗却贵""交往罗什""影不出山""沙门不敬王者论辩"等九个记叙单元，除了"问学道安"这一单元与《道安传》形成"互见"关系、并不属于重点表现内容外，其余八个单元，有详有略，详者（如"莲社法会""交往罗什""影不出山""沙门不敬王者论辩"）交待前因后果、备载人物对话和往来书信，略者（如"创舍庐峰""铭赞佛影""奉请神像""抗俗却贵"）仅叙述事件过程。表面上看，《慧远传》的这种记叙模式，与正史传记（以《后汉书》为代表）的记述，没有多大区别。可是，如果深入到每一个记叙单元中，就会发现：首先，这九个单元之间并非像"正史"那样，是按照一种编年的顺序加以排布，作者会在叙述中根据需要插叙一段持续时间比较长的事件，且所插入的部分，无论是起始时间还是结束时间，都不一定刚好介于前后两个单元叙述时间之中，它不像"正史"叙述那样，只是对于背景的揭示和说明，它只是起到一种调节叙述节奏的作用，比如在"抗俗却贵"与"影不出山"两个单元之间插入"交往罗什"这一内容

---

① 关于慧远在中古佛教史上地位的综合研究，参见曹虹《慧远评传》，南京大学出版社 2002 年版。

② 参见［南朝梁］释慧皎撰，汤用彤校注《高僧传》卷六，第211—222页。

（以"初"这样的时间副词加以标示），从而与前后的单元之间构成一种有规律的叙述节奏，即"热"（莲社法会）→"冷"（抗俗却贵）→"热"（交往罗什）→"冷"（影不出山）。①其次，各单元叙述内部，传主在面临重大人生选择时，并不见"正史"传记叙述常见的矛盾、纠结和挣扎心态，相反，《高僧传》所记叙的传主在选择的当口，往往呈现出一种富有使命感的、毫不犹疑的态度，比如在"抗俗却贵""影不出山""沙门不敬王者论辩"这样一些涉及僧权与王权"博弈"的情境，处于"弱势"地位的佛教，自然会面临很多难题和冲突，但在《高僧传》的叙述中，显然把这些"冲突"给抹平，只留下义无反顾、振法之将颓的慧远形象。复次，"正史"是将传主的个人事迹放在社会、政治、文化的多元结构中加以安置，这就决定要研究"正史"中的人物，必须结合特定的社会、政治、文化背景，才能获得一个比较清晰的认识；而《高僧传》对于传主事迹的记述，似乎弱化了对这种背景的铺陈和交待，看上去每一则传记似乎只是一个对于传主生平和道德的孤立介绍，很难轻易见出高僧与高僧之间在社会思想、政治和文化结构上的关联（除了每传之后对传主杰出弟子基本信息的交待之外）。比如"莲社法会"作为慧远一生最为后人所知的事迹，其发生的背景是什么？此行为与其思想之间的关联何在？参与者的反应如何？这些问题在传文中均无明确的交待，"莲社法会"显然成了"嵌"在慧远传记面板上的一颗珠子，看不到其与整体叙述之间的关联——之所以如此，原因可能在于"正史"常用的"互见法"在《高僧传》的叙述中，完全没有占

---

① 此处所谓的"热"和"冷"，指的是《慧远传》在相应记叙单元所呈现出来的传主与不同对象交际时的情感向度。

据优势并发挥出勾连不同传主事迹、彰显背景的效能。①

总之,《高僧传·慧远传》关于传主记叙的特征,便是在一种有别于"正史"叙述的模式下,弱化背景,聚焦传主单维角色特征,串联一则则故事,勾勒出一种编者所力图呈现的德行榜样;这种个体的叙事又与其他传主的叙述共同配合,凸显它们所在"科"目赞语所宣示和赞颂的那种德行品格。②

如前所云,《慧远传》是《高僧传》中为数不多长篇传记之一,它的传记叙述特征具有足够的代表性。事实上,如果去看那些篇幅较短的传记,显然更能体现上述特征。所以,从《高僧传》传记书写的整体来看,也可以证明"传"从属于"赞"的事实。

五、作为线索的"像赞"

《高僧传》"传"从属于"赞"的这一特征,显然与人们印象中"正史"传记那种"传为主、赞从属"的模式有着十分显著的区别——"正史"中,传记是第一位的,因为"求信"的原则是史书书写的基础;而论赞则是在传记的基础上,根据史学书写者

---

① 《高僧传》中并非没有"互见法",但仅见三例:卷二《佛陀跋陀罗传》涉及共法显翻译《僧祇律》事,谓"语在《显传》";卷十三《释法意传》提及之前《杯度传》的情节并谓"语在《度传》";卷十三《释法镜传》谓法镜是前面《慧益传》中慧益烧身时"启帝度二十人"之一。

② 需要注意,这种对于道德的赞颂,不是像西方圣徒传记那样,有理念的推崇和颂扬而无生命历程的支撑。相反,《高僧传》对于道德和嘉行的赞颂,是建立在有血有肉、具体生动的生命体验基础上的,即便在叙述时情感的向度始终指示着这种德行本身。陆扬曾以《鸠摩罗什传》为例,说明僧祐、慧皎的书写意图"与其说是塑造一个符合佛教理念的形象,不如说是寻求对一位与他们自身的身份认同和历史密不可分的人物的了解",所以,这是"一种史学意义上的努力,而非仅仅是写'劝善'式的圣徒传的努力"(参见陆扬"解读《鸠摩罗什传》:兼谈中国中古早期的佛教文化与史学",《中国学术》2005年第23辑,第89页)。

的思想观念，加以议论和发挥。

换句话说，这两种不同的"传""赞"关系模式，在具体书写内容上，会有不同的表现："赞"从属于"传"，则"传"部分的内容是多元的，"赞"只是揭示"传"的某一（或某些）特征，不必要求全面；而"传"从属于"赞"，则"传"完全是顺着"赞"而衍生出来，在"赞"所不及的方面，"传"亦付之阙如（如下图示）。

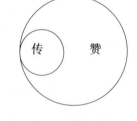

正史："赞从属于传"模式　　　　《高僧传》："传从属于赞"模式

在明确《高僧传》"传"与"赞"这样一种关系后，接下来需要进一步探究这种关系模式的源自，即要追问促成这种"传从属于赞"模式形成的动力来自何方。

不妨先从《高僧传》文本内部找一些"蛛丝马迹"。在阅读和解析《高僧传》传记部分的内容时，我们可以发现存着这样一个比较突出的现象，即传文中经常会提到"像赞"，试看以下所列例子：

卷一《康僧会传》："于寺东更立小塔，远由大圣神感，近亦康会之力，故图写厥像，传之于今。孙绰为之赞曰：'会公箫瑟，实惟令质。心无近累，情有余逸。属此幽夜，振彼尤黜。超然远诣，卓矣高出。'"①

　　卷一《竺法护传》："言讫而泉涌满涧，其幽诚所感如此。故支遁为之像赞云：'护公澄寂，道德渊美。微吟穷谷，枯泉漱水。邈矣护公，天挺弘懿。濯足流沙，领拔玄致。'"（第 23 页）

　　卷四《朱士行传》："士行遂终于于阗，春秋八十。依西方法阇维之，薪尽火灭，尸犹能全，众咸惊异，乃咒曰：'若真得道，法当毁败。'应声碎散，因敛骨起塔焉。后弟子法益，从彼国来，亲传此事，故孙绰《正像论》云：'士行散形于于阗。'此之谓也。"（第 146 页）

　　卷四《支孝龙传》："时竺叔兰初译《放光经》，龙既素乐无相，得即披阅，旬有余日，便就开讲。后不知所终矣。孙绰为之赞曰：'小方易拟，大器难像。桓桓孝龙，克迈高广。物竞宗归，人思效仰。云泉弥漫，兰风肸向。'"（第 149—150 页）

　　卷四《康法朗传》："后还中山，门徒数百，讲法相系。后不知所终。孙绰为之赞曰：'人亦有言，瑜瑕弗藏。朗公囧囧，能韬其光。敬终慎始，研微辩章。何以取证？冰坚履霜。'"（第 154 页）

　　卷四《竺法乘传》："后终于所住。孙绰《道贤论》以乘比王濬冲，论云：'法乘、安丰少有机悟之鉴，虽道俗殊操，阡陌可以相准。'高士季颙为之赞传。"（第 155 页）

　　卷四《竺法潜、竺法友、竺法蕴、康法识、竺法济传》：

---

① ［南朝梁］释慧皎撰，汤用彤校注：《高僧传》卷一，第 18 页。以下引文均引自该书，仅随文标注页码，不再一一详注。

"凡此诸人，皆潜之神足，孙绰并为之赞，不复具抄。（第158页）

卷四《于法兰传》："时人以其风力比庾元规，孙绰《道贤论》以比阮嗣宗，论云：'兰公遗身，高尚妙迹，殆至人之流，阮步兵傲独不群，亦兰之俦也。'……至交州遇疾，终于象林。沙门支遁追立像赞曰：'于氏超世，综体玄旨。嘉遁山泽，驯洽虎兕。'"（第166页）

卷四《于法威传》："开有弟子法威，清悟有枢辩，故孙绰为之赞曰：'《易》曰翰白，《诗》美苹藻。斑如在场，芬若停潦。于威明发，介然退讨。有洁其名，无愧怀抱。'……年六十卒于山寺，孙绰为之目曰：'才辩纵横，以数术弘教，其在开公乎。'"（第168页）

卷四《于道邃传》："后随兰适西域，于交趾遇疾而终，春秋三十有一矣。郗超图写其形，支遁著铭赞曰：'英英上人，识通理清。朗质玉莹，德音兰馨。'孙绰以邃比阮咸，或曰：'咸有累骑之讥，邃有清冷之誉，何得为匹？'孙绰曰：'虽迹有洼隆，高风一也。'《喻道论》云：'近洛中有竺法行，谈者以方乐令；江南有于道邃，识者以对胜流。'皆当时共所见闻，非同志之私誉也。"（第170页）

卷五《释道安传》："安既笃好经典，志在宣法，所请外国沙门僧伽提婆昙摩难提及僧伽跋澄等，译出众经百余万言。常与沙门法和诠定音字，详核文旨，新出众经，于是获正。孙绰为《名德沙门论》目云：'释道安博物多才，通经名理。'又为之赞曰：'物有广瞻，人固多宰。渊渊释安，专能兼倍。飞声汧陇，驰名淮海。形虽草化，犹若常在。'"

（第 184—185 页）

卷五《竺法汰传》："以晋太元十二年卒，春秋六十有八。烈宗孝武诏曰：'汰法师道播八方，泽流后裔，奄尔丧逝，痛贯于怀。可赙钱十万，丧事所须，随由备办。'孙绰为之赞曰：'凄风拂林，鸣弦映壑。爽爽法汰，校德无怍。'"（第 193 页）

卷五《竺法旷传》："元兴元年卒，春七十有六，散骑常侍顾恺之为作赞传云。"（第 206 页）

卷五《竺道壹传》："后暂往吴之虎丘山，以晋隆安中遇疾而卒，即葬于山南，春秋七十有一矣。孙绰为之赞曰：'驰词说言，因缘不虚。惟兹壹公，绰然有余。譬若春圃，载芬载誉。条被猗蔚，枝干森疏。'"（第 208 页）

卷七《释昙鉴传》："至明旦，弟子慧严依常问讯，见合掌平坐，而口不言，迫就察之，实乃已卒。身体柔软，香洁倍常，因申而殓焉。春秋七十。吴郡张辩作传并赞，赞曰：'披荔逞芬，握瑾表洁。浑浑法师，弗淄弗涅。昈晔初辰，条蔚暮节。神游智往，岂伊实诀。'"（第 274 页）

卷九《单道开传》："有康泓者，昔在北间，闻开弟子叙开昔在山中，每有神仙去来，乃遥心敬挹。及后从役南海，亲与相见，侧席钻仰，禀闻备至，乃为之传赞曰：'萧哉若人，飘然绝尘。外轨小乘，内畅空身。玄象晖曜，高步是臻。餐茹芝英，流浪岩津。'晋兴宁元年，陈郡袁宏为南海太守，与弟颖叔及沙门支法防，共登罗浮山。至石室口，见开形骸及香火瓦器犹存。宏曰：'法师业行殊群，正当如蝉蜕耳。'乃为赞曰：'物俊招奇，德不孤立。辽辽幽人，望岩凯入。飘

飘灵仙，兹焉游集。遗屐在林，千载一袭。'"（第362页）

卷十《释保志传》："至天监十三年冬，于台后堂谓人曰：'菩萨将去。'未及旬日，无疾而终。尸骸香软，形貌熙悦。临亡然一烛，以付后阁舍人吴庆，庆即启闻，上叹曰：'大师不复留矣，烛者将以后事属我乎？'因厚加殡送，葬于钟山独龙之阜，仍于墓所立开善精舍。敕陆倕制铭辞于冢内，王筠勒碑文于寺门。传其遗像，处处存焉。"（第397页）

卷十一《帛僧光传》："处山五十三载，春秋一百一十岁。……至宋孝建二年，郭鸿任剡，入山礼拜，试以如意拨胸，飒然风起。衣服销散，唯白骨在焉。鸿大愧惧，收之于室，以砖迭其外而泥之，画其形像，于今尚存。"（第402页）

卷十二《释僧瑜传》："其后旬有四日，瑜房中生双梧桐，根枝丰茂，巨细相如，贯壤直耸，遂成连树理，识者以为娑罗宝树。克炳泥洹，瑜之庶几，故现斯证，因号为'双桐沙门'。吴郡张辩为平南长史，亲睹其事，具为传赞。赞曰：'悠悠玄机，茫茫至道。出生入死，孰为妙宝？（其一）自昔药王，殊化绝伦。往闻其说，今睹斯人。（其二）英英沙门，慧定心固。凝神紫气，表迹双树。（其三）其德可乐，其操可贵。文之作矣，式飘仿佛。（其四）'"（第452页）

以上列出来十九条涉及"像赞"的传记片段，它们所反映出来的内容包括如下几点：

其一，根据这些《高僧传》传记文本，可以了解到中古僧人死后，往往有图像的惯例，如卷一《康僧会传》所谓的"图写厥像"、卷十《释保志传》所谓的"传其遗像，处处存焉"，所指即此。

其二，有"像"则必定有"赞"，两者一般同时存在，如卷一《竺法护传》所谓的"支遁为之像赞"、卷四《于法兰传》所谓的"沙门支遁追立像赞"、卷四《于道邃传》所谓的"郗超图写其形，支遁著铭赞"。

其三，与"赞"相伴随的还有"传"，如卷四《竺法乘传》所谓的"高士孙颙为之赞传"、卷五《竺法旷传》所谓的"散骑常侍顾恺之为作赞传"、卷七《释昙鉴传》所谓的"吴郡张辩作传并赞"、卷九《单道开传》所谓的"乃为之传赞"、卷十二《释僧瑜传》所谓的"吴郡张辩为平南长史，亲睹其事，具为传赞"。

其四，慧皎在编撰《高僧传》前，可能亲眼见识过一些前代僧人的绘像，比如卷十一《帛僧光传》所谓的"画其形像，于今尚存"，而这位晋代高僧如果其像是被铭刻在贞石上的话（如卷十《释保志传》所载保志死后的情形），那么可以推测，慧皎在观瞻绘像的同时，也看到了与像相配合的赞文；又，卷五《道安传》载录的孙绰《名德沙门论》对道安的评价以及他为道安撰写的赞语，皆为僧祐《出三藏记集》所无。以僧祐的博学多识以及其优越的编撰条件，对道安这样一位著名僧人的传记材料，一定网罗无遗，如今慧皎竟然在祐录的基础上又有新的材料，那可能意味着皎公亲眼看到了道安像赞的实物载体（碑刻、绵帛或粉壁）。

其五，诸条材料经常提到孙绰及其为诸位高僧所撰之赞文，这些赞文是慧皎编撰《高僧传》时参考的重要文献资料，比如卷四《竺法潜、竺法友、竺法蕴、康法识、竺法济传》说"凡此诸人，皆潜之神足，孙绰并为之赞，不复具抄"，便意味着慧皎抄写了很多孙绰的赞文；这些赞文应该是结集后的成果（否则不便抄录），而《隋书·经籍志》史部"杂传类"所著录的孙绰撰《至人高士传赞》二卷①，可能就是此集（中古时期，僧侣亦被视作为"至人高士"）。②如果此推测不误的话，那么顾名思义，孙绰此书的体例，应是"传""赞"皆备的。

此外，如果我们仔细琢磨慧皎所抄录或亲自调查所得的"赞"文，不难体会出它们与《高僧传》诸"科"赞语之间的相似性：首先，这些"赞"与"传"之间也是相互配合的关系；其次，"赞"的文体功能以赞颂为主，不涉及议论说理，如卷五《释道安传》中孙绰为道安所作的"赞"文——"物有广赡，人固多宰。渊渊释安，专能兼倍。飞声汧陇，驰名淮海。形虽草化，犹若常在"，通篇见不出论议的内容，遣词造句，只是从道安的德行上着眼；最后，这些"赞"也都是四言韵语的形式，如卷十二《释僧瑜传》中张辩为僧瑜所作的传赞，"赞"文便有四篇，每一首都是四言押韵的形式。

因此，鉴于《高僧传》经常提及"像赞"这一现象以及上文的分析，可以将对《高僧传》"赞"体起源追究的目光聚焦在中古时期僧人死后的绘像传统，以及"像赞"这一追亡仪式场合十分常见的文体上。

第四节 中古僧人绘像及制赞作传的传统

一、中古僧人绘像行为的相关文献记载

首先我们想指出，从佛教传入中土以来，僧人绘像的传统其

---

① ［唐］魏徵等：《隋书》卷三三，第 975 页。
② 熊明《汉魏六朝杂传集·两晋杂传》卷二三孙绰《至人高士传赞》解题中小如此推测，见熊明《汉魏六朝杂传集》，中华书局 2017 年版，第 2058 页。

实很早就存在，画史和佛教史传文献均可为我们提供很多这方面的证据。

关于僧人的绘像传统，首先需要被检视的是目前尚能看到的历代画史文献。在这些文献中，常常可以见到有关高僧绘像（包括塑像）的文字。以下仅以《历代名画记》《寺塔记》《益州名画录》和《宣和画谱》为例，加以展示。

《历代名画记》卷三"记两京外州寺观画壁"："（荐福寺）西南院佛殿内东壁及廊下行僧，并吴画，未了"①，"（慈恩寺）中间及西廊，李果奴画行僧"（第 50 页），"（资圣寺）南北面，吴画高僧"（第 50 页），"（兴唐寺）西院，韩干画一行大师真，徐浩书赞"（第 50 页），"（景公寺）东廊南间壁画行僧，转目视人"（第 51 页），"（千福寺）北廊堂内南岳智顗思大禅师法华七祖及弟子（弟子寿王主簿韩干敬貌②遗法，弟子沙门飞锡撰颂并书）"（第 53 页），"（总持寺）堂内李重昌画恩大师影"（第 57 页），"（长寿寺）佛殿两轩行僧，亦吴画"（第 58 页），"（敬爱寺）禅院门外道西行道僧（并神龙后王韶应描、董忠成）……大院纱廊壁行僧中门内已西（并赵武端描，惟唐三藏是刘行臣描，亦成），中门内已东五僧（师奴描），第六僧已东，至东行南头第二门已南（并刘行臣描），已北（并赵武端描，或云刘行臣描）"（第 60 页），"会昌五年，武宗毁天下寺塔，两京各留三两所，故名画在寺壁者，唯存一二。当时有好事或揭取，陷于屋壁。已前所记者，存之盖寡。先是宰相李德裕镇浙西，创立甘露寺，惟甘露不

---

① ［唐］张彦远：《历代名画记》，浙江人民美术出版社 2016 年版，第 48 页。本段引文均引自该书，仅随文标注页码。

② "貌"即"邈"，此指邈真。关于此二字之间的关系，参见蒋礼鸿《敦煌变文字义通释》（增补定本），上海古籍出版社 1997 年版，第 145—147 页。

毁，取管内诸寺画壁，置于寺内，大约有：……韩干行道僧四壁，在文殊堂内；陆曜行道僧四壁，在文殊堂内前面……吴道玄僧二躯，在释迦道场外壁"（第 62 页）。卷五载史道硕有《梵僧图》（第 94 页）。卷六载陆探微绘有《释僧虔像》《天安寺惠明板像》《灵基寺瑾统像》（第 102 页），顾宝先有《瑾公像》（第 103 页），宗炳有《惠持师像》（第 105 页），袁倩有"东晋高僧白画"（第 107 页），顾骏之有"严公等像，并传于代"（第 108 页）；卷七载惠秀有《胡僧图》（第 117 页），梁元帝萧绎"尝画圣僧，武帝亲为赞之"（第 117 页），张僧繇曾"画天竺二胡僧，因侯景乱，散坼为二"（第 120 页），聂松绘有《支道林像》（第 122 页）。

《寺塔记》卷上载"长乐坊安国寺"有"禅师法空影堂"[①]，"大同坊灵华寺"佛殿西廊"立高僧一十六身，天宝初，自南内移来，画迹拙俗"（第 10 页）；卷下"光宅坊光宅寺"有"禅师影堂"（第 19 页），"宣阳坊静域寺"东廊"树石险怪，高僧亦怪"（第 23 页），"崇义坊召福寺"西南隅有"僧伽像"（第 25 页），"永安坊永寿寺"有支姓僧人画像[②]（第 28 页），"崇仁坊资圣寺"中门窗间有"吴道子画高僧，韦述赞，李严书"（第 29 页）。

《益州名画录》卷上载范琼在"会昌灭佛"后、唐宣宗再兴佛法时，图画墙壁不辍，多绘"天王佛像、高僧经验及诸变相"[③]；卢楞伽在大慈恩寺大殿东西廊下"画行道高僧数堵（三堵六身），颜真卿题，时称二绝"，后赵德齐将此三堵绘像依样

---

① ［唐］段成式：《寺塔记》，人民美术出版社 2016 年版，第 6 页。下列仅标页码。
② "卷上论题肇，画中僧姓支"。
③ ［宋］黄休复：《益州名画录》，人民美术出版社 2016 年版，第 3—5 页。下列仅标页码。

移绘于院门之南北及观音堂后（第7—9页）；高道兴善画佛像高僧，彼时大慈寺中两廊下高僧六十余躯是其手笔（第14—15页）；常重胤曾于大圣慈寺兴善院写泗州和尚真（第21页）。卷中载李文才在大圣慈寺三学院经楼下写西天三藏和定惠国师真（第38页）；杜措在翠微寺写禅和尚真（第43页）；杜弘义在宝历寺西廊下绘行道高僧十余堵（第43页）。卷下载宋艺在大圣慈寺玄宗御容院墙壁上摹写禅僧一行、沙门海会等像；丘文晓于净众寺延寿禅院绘"天王祖师及诸高僧竹石花名二十余堵"（第59页）。

《宣和画谱·道释门》载宋徽宗御府藏有：张僧繇绘《十高僧图》一幅①，卢楞伽绘《智嵩笠渡僧像》一幅、《渡水僧图》一幅、《高僧像》四幅（第53页），范琼绘《高僧图》一幅（第55—56页），朱繇绘《高僧像》一幅（第70页），贯休绘《高僧像》一幅、《天竺高僧像》一幅（第77页），孙知微绘《智公真》一幅、《衲衣僧》一幅（第80页），王齐翰绘《高僧图》一幅、《智公像》一幅、《花岩高僧像》一幅、《岩居僧》一幅（第83页），侯翌绘《智公传真像》一幅（第86页）。

除了历代画史文献材料的记载外，我们还可以直接在佛教史传材料中找到很多例证，除去我们之前从慧皎《高僧传》中罗列的例子之外，道宣《续高僧传》和赞宁《宋高僧传》也不乏这样的记载，以下各举两例加以展示：

道宣《续高僧传》卷九《释宝海传》："时年八十，谓门人法明曰：吾死至矣。一无前虑，但悲去后图塔湮灭耳，当露尸以

---

① ［宋］赵佶等编，王群栗点校：《宣和画谱》，人民美术出版社2017年版，第31页。下列仅标页码。

遗鸟狩。及建武之年果被除屏,今院宇荒芜,惟余一堂,容像存焉。"①卷十八《释法纯传》:"卒于净住寺,春秋八十有五,即仁寿三年五月十二日也。葬于白鹿原南,凿龛处之,外开门穴,以施飞走。后更往观,身肉皆尽,而骸骨不乱。弟子慧昂等率诸檀越追慕先范,乃图其仪质,饰以丹青,见在净住。沙门彦琮褒美厥德,为《叙赞》云。昂少所慈育,亲供上行,为之碑文。"②

赞宁《宋高僧传》卷四《窥基传》:"太和四年庚戌七月癸酉,迁塔于平原,大安国寺沙门令俭检校塔亭,徙棺,见基齿有四十根不断玉如。众弹指言是佛之一相焉。凡今天下佛寺图形,号曰百本疏主真,高宗大帝制赞。一云玄宗。"③卷十四《道宣传》:"尔后十旬,安坐而化,则乾封二年十月三日也,春秋七十二,僧腊五十二。累门人窆于坛谷石室,其后树塔三所。高宗下诏,令崇饰图写宣之真。相匠韩伯通塑缋之,盖追仰道风也。"④

此外,我们也可以通过僧人的塔铭文字材料获得最直接的证明,试举一例——宝山灵泉寺岚峰山47号塔唐贞观十四年(640)《光天寺故大比丘尼僧顺禅师散身塔铭文》即载:"(僧顺)春秋八十有五,以贞观十三年二月十八日卒于光天寺……廿二日送枢于尸陀林所,弟子谨依林葬之法,收取舍利,建塔于名山。乃刊石图形,传之于历代。乃为铭曰:心存认恶,普敬□宗,息缘观佛,不惆秋冬,头陀苦行,积德销容,舍身林葬,镌石纪功。"⑤

这里需要解释一下上述材料中所涉及的三个概念,即"真"

① [唐]道宣撰,郭绍林点校:《续高僧传》卷九,第298页。
② [唐]道宣撰,郭绍林点校:《续高僧传》卷十八,第677页。
③ [宋]赞宁撰,范祥雍点校:《宋高僧传》卷四,第66页。
④ [宋]赞宁撰,范祥雍点校:《宋高僧传》卷十四,第329页。
⑤ 李裕群:"邺城地区石窟与刻经",《考古学报》1997年第4期,第471页。

"影""像"。"真"和"影"一般指的是真堂和影堂。郑炳林依据出土敦煌写本邈真赞文书以及传世诗文材料，认为：从指涉对象上说，"真堂"既指佛家教团中禅门专用于供奉祖师真影的堂所，也指一般百姓和贵族供奉先祖的殿堂，"影堂"同"真堂"所指；从设置的地点及功用上看，中古时期，真堂主要设置地点有寺院设置、道观设置、陵墓设置和家庙住宅设置等情况，其中，坟墓陵寝所置真堂主要供奉先祖影像和死者个人遗像，住宅家庙中供养的是先祖遗像，只有寺院中设置的影堂情况比较特殊——影堂中既可以供奉出家已故僧尼，也可以供奉俗家信徒或官宦皇室，乃至皇帝本人死后都在寺院设置影堂供奉。真堂或影堂中皆陈列有邈真像，此类像一般都是绘制在绵帛上或粉壁上。[①]郑式在一项关于中古敦煌邈真的研究中，进一步将邈真这种礼仪类图像按照施用场所，细分为丧仪类邈真、祭仪类邈真和家窟类邈真三类；此外，他还认为邈真图像相对固定的仪式指向（用于丧仪和祭仪），加之尊崇死者的文化心理，使得邈真画法趋于程式化和理想化。[②]

因此，上述材料中所谓的"真"，指的其实就是真堂（影堂）中所供奉的死者绘像；而"影"指的也是"影堂"中所供奉的死者绘像。这些真堂（影堂）中所陈列的死者肖像绘画，也就是所谓的"像"（又被称作"写真"）。但是，这里的"像"亦并非专指死者的肖像，有时它也指"生前写真"。

总之，通过如上所列诸材料不难见出：首先，至迟到晋宋

---

① 参见郑炳林"敦煌写本邈真赞所见真堂及其相关问题研究——关于莫高窟供养人画像研究之一"，《敦煌研究》2006 年第 6 期，第 64—73 页。

② 参见郑弌《中古敦煌邈真论稿》，科学出版社 2019 年版，第 2—29 页。

之际僧人绘像就已经开始出现（如史道硕、陆探微的作品），此后为僧人绘像则已然成为一种较为常见的现象；其次，被绘像僧人的身份不一定像《古今译经图纪》和《续古今译经图纪》所收录的那些译经法师有名，他们可能在译经事业上并不出众，甚至并不涉及译经（如宝亮、道宣等人），或者声名可能也并不那么出众（如僧顺）；第三，僧人的绘像有的是像主生前已绘就的（如慧远），更多的却是僧人死后官方和弟子的纪念行为。

二、绘像同时的制赞作传行为

在明确了中古僧人绘像传统之后，其实还能发现一个十分值得注意的现象，即在僧人绘像活动的过程中，还可能伴随着制赞和作传行为。

上引《历代名画记》载兴唐寺西院"韩干画一行大师真，徐浩书赞"（卷三）、梁元帝萧绎"尝画圣僧，武帝亲为赞之"（卷七），《寺塔记》载"崇仁坊资圣寺"中门窗间有"吴道子画高僧，韦述赞，李严书"（卷下），这些均表明僧人写真绘像的同时，还伴随着这制赞的行为。

我们之前在《高僧传》中举出的几个例子，似乎也说明绘像与制赞、作传这三项活动是统一在僧人死后纪念仪式过程之中的，并不能分开。[①] 其实，更直接的证据，就是敦煌文献中大量

---

① 写真也存在生前写真的情况，但正如姜伯勤所论证的那样，这种生前写真往往属于"于生前预写而又供祭奠用"，如敦煌文书 P.3718《阎公生前写真赞并序》所说："乃召匠伯，预写生前。丹青绘像，留影同先。"（姜伯勤："敦煌的写真邈真与肖像艺术"，《敦煌艺术宗教与礼乐文明》，中国社会科学出版社 1996 年版，第 78—82 页。）所以，这种生前写真也可以算作是死后写真的另一版本。

的"邈真赞"写本。①以下试举一例：《金光明寺索法律邈真赞并序》（敦煌文书 P. 4660）：

河西都统京城内外临坛供养大德兼阐扬三教大法师赐紫沙门悟真撰

钜鹿律公，贵门子也。丹［墀］之远泒，亲恓则百从无疏。抚徙敦煌，宗盟则一族无异。间生律伯，天假聪灵；木秀于林，财（材）充于用。自从御众，恩与春露俱柔；勤恪忘疲，威与秋霜比严。正化无暇，兼劝桑农。善巧随机，上下和睦。冀色力而坚久，何梦奠而来侵。邻人叕（辍）春，闻者伤悼。赞曰：

堂堂律公，禀气神聪。行解清洁，务劝桑农。练心八解，洞晓三空。平治心地，克崇真风。灯传北秀，导引南宗。神农本草，八术皆通。奈何梦奠，交祸所钟。风灯运捉（促），瞬息那容。缋像真影，睛盼邕邕。请宣毫兮记事，想殴后兮遗踪。

于时文德二年（889）岁次己酉六月廿五日记②

这篇邈真赞显然是写真、制赞和作传三项系列活动的书面成果。文中所谓"缋像真影，睛盼邕邕"，指的就是写真；而第二段"堂堂律公，禀气神聪"云云，则是制赞的成品；最关键的，

---

① 这类材料可参见 Chen Tsu-lung（陈祚龙），*Eloges de Personnages eminents de Touen-houang sous*. Paris: Les T'ang et les Cinq Nynasties, 1970；项楚、姜伯勤、荣新江合著：《敦煌邈真赞校录并研究》，台湾新文丰出版公司 1994 年版；郑炳林、郑怡楠辑释：《敦煌碑铭赞辑释》，上海古籍出版社 2019 年版。

② 郑炳林、郑怡楠辑释：《敦煌碑铭赞辑释》，第 360—363 页。

是首段"钜鹿律公，贵门子也"云云，虽曰为"序"，但从其内容上讲，就是一篇简略的传记——除去交待索法律的家庭出身（"钜鹿律公，贵门子也"）、家族谱系（"抚徙敦煌，宗盟则一族无异"）外，还提及其个人性情与仕宦功绩（"自从御众，恩与春露俱柔；勤恪忘疲，威与秋霜比严。正化无暇，兼劝桑农。善巧随机，上下和睦"）。

这里需要说明的是，上述材料中所谓的"作传"，实际上是就内容而言，而非特指"传"这一文体形式。以这篇《金光明寺索法律邈真赞并序》来讲，第一段文字在形式上称作"序"，而就内容来说，则承担了"传"的功能。作此理解的原因在于，上述材料所示写真、制赞和作传追念亡者仪式的情境中，显然不会单单只撰写一篇传记，它一定要附着在某一种特定的物质实体上（"赞"亦是如此），这只能是亡者的绘像（绘制在绵帛或粉壁上），而不可能是墓志、碑刻等。《高僧传》卷八《释智顺传》载传主死后"弟子等立碑颂德，陈郡袁昂制文，法华寺释慧举又为之墓志"[①]，这里袁昂所制之"文"，极有可能就是"邈真赞"这种集"传"和"赞"为一体的内容，因其采用韵语的形式，故以"文"目之。

第五节 "像赞"文体的特征及意义

一、从"赞传"与"传赞"的区别切入

在对《高僧传》涉及"像赞"传文内容做进一步分析时，可以发现这样一处值得注意的细节，即在《高僧传》这样一部一

---

① ［南朝梁］释慧皎撰，汤用彤校注：《高僧传》卷八，第336页。

人在相对集中时间段内编撰而成的传记作品中，竟然出现了"赞传"和"传赞"两种表述，例如卷四《竺法乘传》作"赞传"（"高士季颙为之赞传"）、卷五《竺法旷传》同之（"散骑常侍顾恺之为作赞传"），而卷九《单道开传》作"传赞"（"乃为之传赞"）、卷十二《释僧瑜传》同之（"吴郡张辩为平南长史，亲睹其事，具为传赞"）。鉴于诸版本于此并无异文，所以似乎有理由推测在慧皎甚至在他之前人的理解中（因为《高僧传》传文多袭自之前各种传记），"赞传"和"传赞"显然是两种不同的文体，或者说是两种不同的"赞""传"组合关系。

　　如前所论，在探寻《高僧传》文体性质及渊源的时候，必须采取一种关系的视角，所以，在考察"赞"之缘起的时候，有必要将"赞传"与"传赞"这两种不同的书写体式界定清楚，并使之成为深入探究的"切口"。而在分析"赞传"与"传赞"差异的时候，距离慧皎时代不远、由东晋常璩所编的《华阳国志》，其中的传记材料，可以作为我们理解的参照。

　　关于《华阳国志》的成书背景、编撰体例和史学价值等，学界已有诸多论述，此不赘论。[①] 我们关注的是这样一部有影响力的历史地理著作（范晔编撰《后汉书》时曾大量采集其文）中涉及地方人物传记部分的内容，即卷十的《先贤士女总赞论》和卷十一《后贤志》。

----

① 较为重要的研究成果如［晋］常璩著，任乃强校注《华阳国志校补图注》，上海古籍出版社 1987 年版；刘琳"《华阳国志》简论"，《四川大学学报》（哲学社会科学版）1979 年第 2 期；刘固盛"《华阳国志》的史料价值"，《史学史研究》1997 年第 2 期；陈晓华"从《华阳国志》看常璩的史学思想"，《史学月刊》2003 年第 11 期；张勇"常璩《华阳国志》研究概述"，《中国地方志》2016 年第 4 期。

这两卷内容从文体上说，都是"赞"与"传"的结合。以下试各举两例，加以展示：

卷十《先贤士女总赞论》：

> **长卿彬彬，文为世矩。** 司马相如，字长卿，成都人。游京师。**善属文。** 著《子虚赋》而不自名，武帝见而善之，曰："吾独不得与此人同世。"杨得意对曰："臣邑子司马相如所作也。"召见相如，相如又作《上林赋》。帝悦，以为郎。又上《大人赋》以风谏，制《封禅书》，为汉辞宗。官至中郎将。世之作辞赋者，自杨雄之徒咸则之。①
>
> **蛮夷猾扰，倡乱南壃。子恭要传，丑秽于攘。** 杨竦，字子恭，成都人也。元初中，越嶲、永昌夷反，残破郡县，众十万余。刺史张乔以竦勇猛，授从事，任平南中。竦先以诏书告喻。不服，乃加诛。煞虏三万余人，获生口千五百人，财物四千万。降夷三十六种。举正奸浊长吏九十人，黄绶六十人，南中清平。会被伤，卒。乔举州吊赠。列画东观。

（第 537 页）

卷十一《后贤志》：

> 卫尉、散骑常侍文立广休
>
> > **散骑穆穆，诚感圣君。**
> >
> > 文立，字广休，巴郡临江人也。少游蜀太学，治《毛

---

① ［晋］常璩著，任乃强校注：《华阳国志校补图注》卷十，第 534 页。下列仅标页码。

诗》《三礼》，兼通群书。州刺史费祎命为从事，入为尚书郎。复辟祎大将军东曹掾。稍迁尚书。蜀并于魏，梁州建，首为别驾从事。咸熙元年，举秀才，除郎中。晋武帝方欲怀纳梁、益，引致俊彦，泰始二年，拜立济阴太守。武帝立太子，以司徒李熹为太傅，齐王、骠骑为少傅，选立为中庶子。立上疏曰："伏惟皇太子春秋美茂，盛德日新，始建幼志，诞陟大緐，犹朝日初晖，良宝耀璞；侍从之臣，宜简俊乂，妙选贤彦，使视听则睹礼容棣棣之则，听纳当受嘉话骇耳之言，静应道轨，动有所采；佐清初阳，缉熙天光，其任至重，圣王详择，诚非粪朽，能可堪任。臣闻之：人臣之道，量力受命，其所不谐，得以诚闻。"帝报曰："古人称与田、苏游，非旧德乎？"立上："故蜀大官及尽忠死事者子孙，虽仕郡国；或有不才，同之齐民，为剧。"又上："诸葛亮、蒋琬、费祎等子孙，流徙中畿，宜见叙用，一则以慰巴蜀民之心，其次倾东吴士人之望。"事皆施行。十年，诏曰："太子中庶子立，忠贞清实，有思理器干。前在济阴，政事修明。后事东宫，尽辅导之节。昔光武平陇、蜀，皆收其才秀，所以援济殊方，伸叙幽滞也。其以立为散骑常侍。"累辞，不许。上疏曰："臣子之心，愿从疏以求昵。凡在人情，贪从幽以致明。斯实物性，贤愚所同。臣者何人，能无此怀。诚自审量：边荒遗烬，犬马老甚，非左右机纳之器。臣虽至愚，处之何颜。"诏曰："常伯之职，简才而授。何谦虚也。"立自内侍，献可替否，多所补纳。甄致二州人士，铨衡平当，为士彦所宗。故蜀尚书犍为程琼，雅有德望，素与立至厚。武帝闻其名，以问立。立对曰："臣至知其人，但年垂八十，禀性谦退，无复当时之望，不以上闻耳。"琼闻之，曰："广休可谓不党矣！故吾善夫人也。"西界献马，帝问立："马何如？"对曰："乞问太仆。"帝每善其恭慎。迁卫尉，犹兼都职，中朝服其贤雅，为时名卿。连上表：年老，乞求解替，还桑梓。帝不听。咸宁末年卒。帝缘立有怀旧性，乃送葬于蜀，使者护丧事，郡县修坟茔。当时荣之。初，安乐思公世子早没，次子宜嗣，而思公立所爱者。立亟谏之，不纳。及爱子立，骄暴。二州人士皆欲表废。立止之，曰："彼自暴其一门，不及百姓。当以先公故，得尔也。"后安乐公淫乱无道，何攀与上庸太守王崇、涪陵太守张寅为书谏责，称："当思立言。"凡立章奏，集为十篇；诗、赋、论、颂，亦数十篇。同郡毛楚、杨宗，皆有德美，楚牂柯，宗武陵太守。（第 623—624 页）

汉嘉太守司马胜之兴先

汉嘉克让，谦德之伦。

司马胜之，字兴先，广汉绵竹人也。学通《毛诗》，治《三礼》，清尚虚素，性淡不荣利。初为郡功曹，甚善纲纪之体。州辟从事，进尚书左选郎，徙秘书郎。时蜀国州书佐望与郡功曹参选，而从事侔台郎；特重察举，虽位经朝要，还为秀孝，亦为郡端右。景耀末，郡请察孝廉。大同后，梁州辟别驾从事，举秀才。历广都、新繁令，政理尤异。以清秀征为散骑侍郎，以宗室礼之。终以疾辞去职。即家拜汉嘉太守，候迎盈门，固让，不之官。闲居清静，谦卑自牧。常言："世人不务求道德，而汲汲于爵禄。若吾者，可少以为有余荣矣。"训化乡间，以恭敬为先。年六十五，卒于家。子尊、贤、佐，皆有令德。（第 628 页）

以上所列四则材料，从形式上看十分相似，皆有"赞"有"传"，"赞""传"之间呈一一对应关系，"赞"语为四字韵语（如赞杨竦之语），"传"亦采用正史传记常见书法，交待姓字、籍贯、子嗣及一生重要事迹等。但如果进一步观察，则不难看出卷十《先贤士女总赞论》中的传文，在篇幅上普遍不及卷十一《后贤志》诸传。再进一步，从"赞"与"传"之间的关系来看，还可以留意到，似乎《先贤士女总赞论》中的"传"文是紧紧按照"赞"语的来组织传主事迹的叙述，比如司马相如的"传"文内容，并没有完全按照正史的模式记述传主各方面的情况，它只是凸显了相如"善属文""为汉辞宗"的特征或事实，这也正是"赞"语所颂美的内容（"长卿彬彬，文为世矩"）；相较而言，《后贤志》之"传"文则显得更加全面，"赞"语只道及传主德行的某一方面，比如文立的"赞"语只强调了他以诚感君的一面（"散骑穆穆，诚感圣君"），与"传"文中提及的文立应对安乐思公继嗣问题的事情根本没有任何关系。

常璩在卷十《先贤士女总赞论》序言中自陈撰作之命意——"故《耆旧》之篇，较美《史》《汉》。而今志，州部区别，未可总而言之。用敢撰约其善，为之述赞。因自注解，甄其洪伐，寻事释义，略可以知其前言往行矣"（第 521 页）。任乃强先生在校注此卷内容的时候，十分敏锐地捕捉到了"因自注解，甄其洪伐，寻事释义，略可以知其前言往行矣"这句话所透露出来的信息，他结合宋人刊印《华阳国志》时将之前"传"文内容由双行小注升格为大字的事实，断言："《华阳国志》之《先贤士女总赞》一卷，原以赞语为正文，注语为小字，双行夹注于赞文间，如陈寿《三国志·杨戏传》之《季汉辅臣赞注》之例。其小字只当称'注'，系为赞语作解之文，与《后贤志》之人各为传，别作赞语者不同。注文针对赞语，赞所未及者即不载之。传文则当综叙其人生平诸事，虽亦有赞，但赞其行业之某特点，不必包其全面。此先贤、后贤两卷体裁之大别也。"（第 523 页）这种从关系视角观察《华阳国志》这两卷"赞""传"关系的做法，洵为有识。此外，他还点出了这两卷内容两种不同"赞""传"关系模式的源自，即"《先贤志》以赞为主，小传为注，仿陈寿《季汉辅臣赞注》例也。《后贤志》承陈寿《益部耆旧》而作，以传为主，赞语不必赅括全传事义，但总结其生平言行特点，如正史列传例也"（卷十一，第 624页），也是很有启发性的。

照此理解，则《华阳国志》这相邻两卷的内容就呈现出两种形式的"赞""传"关系：一种是"赞"为主"传"为辅（只起注释作用），一种是"传"为主"赞"为辅（只起总结作用）。体现在卷名上，"赞"主"传"辅的情况，就会强调"赞"这个字眼——如卷十的名称"先贤士女总赞论"，各家刊本在刻此卷标题的时候均删去"论"字，或许是认为此卷内容没有涉及议论的地方，但无论有无此字，此卷内容总是以"赞"为主（"赞"字位于书名中心语的第一位，如陈寿《季汉辅臣赞注》那样）；而"传"主"赞"辅的情况，则该把"传"（或与"传"同义的词，比如"志"）放在第一位——如卷十一名称"后贤志"中的

"志"，按照常璩的理解乃是效法"史迁之《记》"与"班生之《书》"、讲究"述而不作"的正史传记写法，所以此卷的名称改作"后贤传"或"后贤传赞"也许更为妥帖。事实上，我们去看中古时期的"杂传"作品，有的即便正文已经亡佚，但只要通过它们的名称（书名中心语排最前的是"赞"抑或"传"），就可以大体推测它们的书写样态。

总之，循此理路，似可以对中古"赞传"与"传赞"这两种文体的性质做出一个大概的界定——所谓的"赞传"，指的是"赞"为主"传"为辅的书写形式，即"赞"在前、主颂美，"传"在后、以传记的形式注解"赞"语；而所谓的"传赞"，指的是"传"为主"赞"为辅的书写形式，即"传"在前，全面展示传主生平事迹（如正史传记那样），"赞"在后，总结议论"传"文的某方面内容。就"赞"而言，虽然为"赞传"与"传赞"所共有，但前者中的"赞"发挥的应是颂美的功能，后者则是发挥总结论议功能。

至此，可以明白慧皎在《高僧传》中所谓的"赞传"和"传赞"它们的文体区别了——季颙和顾恺之所作的"赞传"，是以"赞"为主、以"传"为辅的，"传"的篇幅可能不会太长，起着注解"赞"语的作用，此外传主一定是前代之人（竺法乘和竺法旷皆是晋代人）；而张辩为所作的"传赞"，则是以"传"为主、以"赞"为辅的，"赞"可能是对"传"中事迹的议论和评价，此外传主一定距离作者时代为近（"吴郡张辩为平南长史，亲睹其事，具为传赞"）。

厘清了中古时期"赞传"与"传赞"在文体表征层面的差异，接下来的问题是：什么因素导致了这样的差异？

依然可以从《华阳国志》卷十和卷十一所记载人物群体的差异上寻出端倪。事实上，正如这两卷传记的题目所示，卷十所记载的是对常璩来说属于先代的"贤士女"，而卷十一记载的则是当代贤达。常璩在卷十一序言中说自己之所以编撰《后贤志》的原因是："会遇丧乱轧构，华夏颠坠，典籍多缺。族祖武平府君，愍其若斯，乃操简援翰，拾其遗阙。然但言三蜀，巴汉为列，又务在举善，不必珍异。揆之《耆旧》，竹素宜阐。今更撰次损益，足铭后观者，凡二十人，缀之斯篇。虽行故坠没，大较举其一隅。"（第621页）也就是说，他是鉴于当时巴蜀之地社会动荡，典籍丧缺，地方人物之美无法彰显，而族祖先前所做的拾遗工作又偏在一隅，所以自己才奋力编撰此卷内容。从这个意义上讲，卷十一《后贤志》之所以"传"文部分特别详备，就是因为常璩在社会动乱中有拾遗彰美的强烈动机——那些人多声名不著，相关事迹也极易湮灭无闻，所以宁可详备一些；相较而言，卷十《先贤士女总赞论》则不过是因地理书之惯例，在山川地理、典章制度等之外，"顺带"陈列地方贤达事迹，以显示地方文教之盛。由于本卷中所记诸人，此前已经备载于各种《耆旧传》中，所以常璩的工作只是：一方面将这些传记材料从之前"州部区别"的零散状态总合在一起（"总而言之"），另一方面掘发每位传主的德行，撰成赞语加以表彰，又恐读者不明赞语的意思，遂又自加注解，以"传"的形式"甄其洪伐，寻事释义"，俾能"知其前言往行"。

总之，是传主的生活时代（前贤往圣或当代高贤），决定了在书写他们时所采用的记叙风格（或详或略，或全面或举隅），这也正是决定"赞传"与"传赞"有别的原因。

二、图画追亡的传统与"像赞"

在《华阳国志》这两卷传记文本中，有一个值得关注的现象，即卷十的《先贤士女总赞论》传文部分经常会提及传主死后被绘像的细节，如上引杨竦传记便提到传主生前降夷有功，死后倍享哀荣，"列画东观"。除此之外，本卷这样的例子很多，以下略举若干：

文寺代君。李磐，字文寺，严道人也。为长章表主簿。旄牛夷叛，入攻县，表仓卒走。锋刃交至，磐倾身捍表。谓虏曰："乞煞我，活我君。"虏乃煞之。表得免。太守嘉之，图象府庭。（第538页）

二姚见灵。广柔长郫姚超二女，姚妣、饶，未许嫁，随父在官。值九种夷反，杀超。获二女，欲使牧羊，二女誓不辱乃以衣连腰，自沉水中死。见梦告兄慰曰："姊妹之丧，当以某日至溉下。"慰寤哀愕。如梦日得丧。郡县图象府庭。（第551页）

长伯抚遐，声畅中畿。析虎命邦，绰有余徽。郑纯，字长伯，郪人也。为益州西部都尉。处地金银、琥珀、犀象、翠羽所出，作此官者，皆富及十世。纯独清廉，毫毛不犯。夷汉歌叹，表闻，三司及京师贵重，多荐美之。明帝嘉之，乃改西部为永昌郡，以纯为太守。在官十年，卒，列画颂东观。（第561页）

平仲涉道，殆乎庶几。王佑，字平仲，郪人也。少与雒高士张浮齐名，不应州郡之命。司隶校尉陈纪山名知人，称佑天下之高士。年四十二卒。弟获，志其遗言，撰《王子》

五篇。东观郎李胜，文章士也，作诔，方之颜子。列画学宫。
（第 561—562 页）

　　纪配断指，以章厥贞。纪配，广汉殷氏女，廖伯妻也。
年十六适伯。伯早亡。以己自有美色，虑人求己，作诗三章
自誓心，而求者犹众。父母将许。乃断指明情。养子猛终
义。太守薛鸿图象府庭。（第 579 页）

　　正流自沉，玉洁冰清。正流，广汉李元女、杨文妻也。
适文，有一男一女而文没。以织履为业。父欲改嫁。乃自
沉水中。宗族救之，几死，得免。太守五方为之图象。（第
579 页）

　　李馀残身。李馀，涪人。父早世。兄夷，煞人亡命。母
慎，当死。馀年十三，问人曰："兄弟相代，能免母不？"
人曰："趣得一人耳。"馀乃诣吏，乞代母死。吏以馀年小，
不许。馀因自死。吏以白令。令哀伤，言郡。郡上尚书。天
子与以财葬，图画府廷。（第 613 页）

　　相比之下，卷十一《后贤志》却没有一处这样的记述。这样
的差异能说明什么问题呢？是常璩那个时期社会已经不流行图像
追亡了吗？答案显然是否定的，事实上，这样的仪式传统一直延
续至今，每个时代均不乏其例，中古时期更是如此（如前所举诸
例）。既如此，常璩为何在卷十中频繁记述，却在卷十一中不著
一字呢？是否为一种巧合呢？

　　我们认为常璩在以记载先贤为内容的卷十《先贤士女总赞
论》中频繁提及图像追亡的细节，这与此卷"赞""传"的书写样
貌之间，是存在必然联系的；同样，卷十一《后贤志》之所以没

有出现这一细节，也正可由"传""赞"的书写特征中寻出端倪。

"图像追亡"的传统可以追溯到先秦时期，剔除一些传说性质的材料，周勋初先生认为至迟到春秋时期就已经存在一种绘画古圣贤的制度。①《韩非子·用人》载："君人者不轻爵禄，不易富贵，不可与救危国。故明主厉廉耻，招仁义。昔者介子推无爵禄而义随文公，不忍口腹而仁割其肌，故人主结其德，书图著其名。"②讲的就是晋文公因为感念介子推的德行而用"书图"予以著录。又《孔子家语·观周》载："孔子观乎明堂，睹四门墉有尧、舜之容，桀、纣之象，而各有善恶之状，兴废之诫焉。又有周公相成王，抱之负斧扆，南面以朝诸侯之图焉。"③虽然此书是后出之书，所记述先秦时期的制度未必完全可信，但参照《韩非子》一书的说法，似也无法否定这种记载的可靠性。此后，这项制度沿承下去，到了汉代，图画功臣、孝子、列女等事迹屡见于史书。西汉时期，图画功臣最有名例子是汉宣帝画功臣于麒麟阁，此不烦详述。图画孝子最有名的例子是丁兰的故事，《初学记》引孙盛《逸人传》载丁兰雕刻木像以代亡父母，凡事须征得木像同意后方行，后此像为邻人所损，丁兰遂怒杀此邻。当丁兰被官差带走前与木像告辞前，木像垂泪，后来"郡县嘉其至孝，通于神明，图其形象于云台"④。图画列女最有名的是刘向、刘歆父子编撰《列女传》并将之图画于屏风的事迹，《初学记》载刘向自述："臣向与黄门侍郎歆所校《列女传》，种类相从为七篇，

---

① 参见周勋初"说图像"，《周勋初文集》第一卷，江苏古籍出版社 2000 年版，第 342—344 页。
② ［清］王先慎撰，钟哲点校：《韩非子集解》，中华书局 1998 年版，第 206 页。
③ ［魏］王肃注：《孔子家语》，上海古籍出版社 1990 年版，第 29 页。
④ ［唐］徐坚：《初学记》卷十七，中华书局 1962 年版，第 422 页。

以著祸福荣辱之效，是非得失之分，画之于屏风四堵。"① 到了东汉时期，此风愈盛，一则图画功臣的数量和规模都大为增加，最有名的是汉明帝永平年间在南宫云台为三十二人图绘写真；② 二则图画人群的种类日渐增加，除了孝子、列女之外，义士、文学之士，甚至一些具有负面形象的人，也成为被图画的对象。王延寿《鲁灵光殿赋》曾在描绘灵光殿北壁人物图绘时说："下及三后，淫妃乱主。忠臣孝子，烈士贞女。贤愚成败，靡不载叙。恶以诫世，善以示后。"③ 山东嘉祥的武梁祠四壁和屋顶上的壁画，便是很好的考古实物佐证。④ 总之，两汉时期图画人物一般都是出于表彰德行、劝善惩恶的目的，道德说教意味甚浓。

"图像追亡"不光要有"像"，还需要与之相配合的"赞"。萧统《文选序》谓："美终则诔发，图像则赞兴"⑤，可见"赞"与"像"两者关系紧密，有"像"必有"赞"。关于"像赞"的研究，学界已经有了很多积累。⑥ 现在大家一般认为，"像赞"的

---

① ［唐］徐坚：《初学记》卷二十"屏风"，第 599 页。
② 详见［南朝宋］范晔《后汉书》卷八六，第 2854 页。
③ ［清］严可均辑：《全后汉文》卷五八，《全上古三代秦汉三国六朝文》，中华书局 1958 年版，第 790 页。
④ 学界对此已有很好的研究成果，此不赘述。参见巫鸿《武梁祠——中国古代画像艺术的思想性》第五章，柳扬、岑河译，生活·读书·新知三联书店 2006 年版，第 161—227 页。
⑤ ［南朝梁］萧统编，［唐］李善注：《文选》（胡刻本），中华书局 1977 年版，第 2 页。
⑥ 代表性研究成果如：周锡䥽"论画赞即题画诗——兼谈《先秦汉魏晋南北朝诗》与《全唐诗》的增补"，《文学遗产》2000 年第 3 期；贺万里"儒学伦理与中国古代画像赞的图式表现"，《文艺研究》2003 年第 3 期；郗文倩"汉代图画人物风尚与赞体的生成流变"，《文史哲》2007 年第 3 期；高华平"赞体的演变及其所受佛经影响探讨"，《文史哲》2008 年第 4 期；张伟"汉魏六朝画赞、像赞考论"，《海南师范大学学报》（社会科学版）2013 年第 11 期；傅元琼"画传的起源及汉晋时期'颂''赞'与图像的关系"，王邦维、陈明主编《文学与图像》，北京大学出版社 2019 年版。

起源虽然可以根据刘勰、萧统的说法，将之追溯到先秦时期，但作为一种文体，其具有成熟的形态，还要得等到两汉之际。应劭《汉官仪》在介绍汉代职官情况时说："尹，正也。郡府听事壁诸尹画赞，肇自建武，讫于阳嘉，注其清浊进退，所谓不隐过、不虚誉，甚得述事之实。"①可见东汉光武帝（"建武"）到顺帝（"阳嘉"）这百年间，在郡县府厅为历任执政者图像制赞已是惯例。又，范晔《后汉书·应劭传》载："初，父奉为司隶时，并下诸官府郡国，各上前人像赞，劭乃连缀其名，录为《状人纪》。"②足见彼时"像赞"撰作已兴盛到需要结录成册的程度。到东汉末，出现新的发展趋势，一是撰作"像赞"的主体从官府扩展到了民间，开始出现世俗化、个人化的倾向；二是"像赞"的功能从之前的劝善惩恶兼具，开始渐渐强化其中颂美的一面。《后汉书·赵岐传》载其生前自作墓室，并在其中"图季札、子产、晏婴、叔向四像居宾位，又自画其像居主位，皆为赞颂"③，可证这两种趋势之明显。东汉后期以至魏晋，由于社会的变动、玄学思想的兴盛、地方士族政治的日益成熟以及品评人物社会风气的流行，郡书、家传、别传和各种杂传开始大量出现。④在"像赞"之外，还有一类"人物赞"，如曹植《画赞》所包括的对上古以来三十多位圣贤人物的赞词⑤，又如《隋书·经籍志》"杂传"

---

① ［清］严可均辑：《全后汉文》卷三五，《全上古三代秦汉三国六朝文》，第 670 页。

② ［南朝宋］范晔：《后汉书》卷四八，第 1614 页。

③ ［南朝宋］范晔：《后汉书》卷六四，第 2124 页。

④ 参见胡宝国《汉唐间史学的发展》（修订本），北京大学出版社 2014 年版，第 121—172 页；逯耀东《魏晋史学的思想与社会基础》，第 71—121 页；仇鹿鸣"略谈魏晋的杂传"，《史学史研究》2006 年第 1 期，第 38—43 页。

⑤ ［清］严可均辑：《全三国文》卷十七，《全上古三代秦汉三国六朝文》，第 1145—1147 页。

类中所收录的一些"人物赞",如《陈留先贤像赞》《会稽先贤像赞》《东阳朝堂像赞》《桂阳先贤画赞》等——这类"人物赞"继承了"像赞"颂美的特色,只不过其所颂美的指向,由之前比较抽象化的道德转向了具有个性化色彩的个人德行。在"人物赞"发展的同时,又出现一种"传赞"(或云"述赞"),它们缺乏"像赞"和"人物赞"那种借图像来帮助表现人物生平事迹的优势,只能采用"正史"传记的形式,先以"传"或"述"来承担之前图像的功能,叙述人物的生平事迹,然后再用"赞"的形式在人物事迹的基础上加以颂扬,这一时期大量出现的以"传赞"命名的杂传作品皆是此类性质,如《隋书·经籍志》"杂传"类中所收录的《徐州先贤传赞》《楚国先贤传赞》《长沙耆旧传赞》《圣贤高士传赞》《至人高士传赞》《列女传颂》《列女传赞》《列仙传赞》等。

　　了解了以上所述的相关背景,就可以对常璩《华阳国志》卷十频繁提及绘像细节而卷十一却不著一字的问题提出解释:首先,《华阳国志》这本书正是在魏晋郡书、杂传等兴起的背景中产生的,所以完全可以将之放在"人物赞"和"传赞"两种文体兴替的生态中加以解释;其次,卷十《先贤士女总赞论》之所以频繁提及图像追亡的细节,其原因就是在于这一卷的所有传记,都属于典型的"人物赞"写法,即尚未摆脱图像的制约,在"赞"的内容上还是以颂美德行为主,"传"也是辅助于"赞",起着注解的作用;最后,卷十一《后贤志》之所以没有提及图像追亡的细节,就是因为这一卷所有传记,都是属于"传赞"的写法,它们摆脱了图像,单纯以文字的叙述来揭示人物的生平事迹,进而在叙述中传达褒贬的态度,因此"传"的地位是最高的，"赞"不过起一种补充和辅助的作用，已经看不到"像赞"的影响痕迹了。

总之，图像追亡这个仪式传统以及由其所派生出来的"像赞"文体，是理解中古时期杂传文体书写特征的重要"立足点"和参照"坐标"。如果这点得不到确定，我们对中古时期杂传文体将缺乏深切的了解。

三、"像赞"之发展及背后的文化内涵

如前所概述，"像赞"文体在历史上并不是一成不变的，从汉到魏晋南北朝时期，随着各种因素的变化，导致从"像赞"这个"母体"中衍化成"人物赞"和"传赞"两种次生文体；而"人物赞"与"传赞"两者虽然在时间上有交叉，但相对而言，一方面"人物赞"要早于"传赞"，另一方面"传赞"是在"人物赞"的基础上综合新质（"正史"书写的因素）而成，所以也不妨认为是"人物赞"诞生了"传赞"。

郗文倩在解释"像赞"到"人物赞"转变的过程时，认为："像赞最初应图像而生时，更近似于图像说明书，像、赞二者是一种共生的关系。图画形象这一形式本身就体现出褒美纪念的鲜明意图，像赞只需要进行简单说明即可，甚至文字越简单明了越好；而当它逐渐从这种共生关系中剥离出来并以独立的文本形式存在时，图像赞颂的功能也被它携带而出，并转而成为自身的文体功用。特别是人物赞失去图像的帮助，自身成为主角，褒赞之意只能借文字阐发，故文字内容也就相应地发生了变化，从像赞平静客观的陈述到人物赞热情洋溢的称美，修辞的变化背后有诸种复杂因素，我们甚至也可以说这是文本从原有的功能实践中剥

离出来时，自身所进行的一种'机能补偿'，这也可以看作是文体生成的一途。"① 我们认为这个看法是十分具有洞见和富于启发性的，因为它从文体动态生成的角度界定了"像赞"和"人物赞"书写风格的变化。但是，这种将"像"和"赞"截然两分，从而在"像赞"和"人物赞"之间绝然划出一条"分界线"的做法，又未免失之于武断，因为只要看看魏晋时期的"人物赞"作品，就可以发现它们其实还未切断与"像"（图画）的联系，不然它们为何还被冠以"××像赞"或"××画赞"的名称呢？此外，不光"像赞"到"人物赞"有变化，从"人物赞"到"传赞"也有变化，那么这些变化背后的动因是什么呢？这都需要进一步做出说明。

我们认为从"像赞"到"人物赞"再到"传赞"，这样"赞"体发展的三个相对阶段，它们各自具有相对独立的特征，而如果把这三个阶段的特征连缀在一起观察，则可以见出一种史学书写意识的变迁。以下试予分疏：

（一）"像赞"文体阶段。时间上大约为西汉至东汉中期。这一时期"像赞"的文体特征，正如桓范《世要论·赞象》所谓："夫赞象之所作，所以昭述勋德，思咏政惠，此盖诗颂之末流矣。宜由上而兴，非专下而作也。世考之导，实有勋绩，惠利加于百姓，遗爱留于民庶，宜请于国，当录于史官，载于竹帛，上章君将之德，下宣臣吏之忠。若言不足纪，事不足述，虚而为盈，亡而为有，此圣人之所疾，庶几之所耻也。"② 这是一种理想型的史学书写模式，它强调了道德的至上性（"昭述勋德，思咏

---

① 郗文倩："汉代图画人物风尚与赞体的生成流变"，第91页。
② ［清］严可均辑：《全三国文》卷三七，《全上古三代秦汉三国六朝文》，第1263页。

政惠"），因此这种道德的标准不是自下而上的，而是自上而下
（"由上而兴"），即一种符合天道、具有完美性的标格。所以，
"像赞"中的"像"，图绘的一般是上古帝王、历代贤圣；其中的
"赞"，一般也是正面颂扬性质的（"盖诗颂之末流"）。此外，由
于它属于理想型史学的书写模式，这就导致"像赞"的书写对象
固化为一种抽象化的个体，因此也就失去了个体应有的时间性，
空间性反而成了它的特色。

（二）"人物赞"文体阶段。时间上大约为东汉中后期。这
一时期"人物赞"的文体特征是"像"与"赞"的关系开始松
动，正如王充在《论衡·别通》中所议论的那样："人好观图画
者，图画所画，古之列人也。见列人之面，孰与观其言行？置之
空壁，形容具存，人不激劝者，不见言行也。古贤之遗文，竹
帛之所载粲然，岂徒墙壁之画哉！"①图像及其背后理想型的史
学书写模式开始受到人们的质疑。伴随着"人物赞"书写的世
俗化、个人化，人们开始有意识地在事件中展现传主的性格和
德行，"像"的情节性越来越强，"赞"也开始相应地加入一些
对"像"所表现事件情节的提示，当然对德行的颂美依然是主
要的。山东武梁祠壁画中一些具有情节性的画像和赞词，便是
最典型的例子。总之，情节性的出现，赋予了"人物赞"书写
时间性的特质。

（三）"传赞"文体阶段。时间上大约为东汉后期至魏晋。这
一时期"传赞"的文体特征是摆脱了"像"的局限，人们开始借
用史书"传""述"的方式来代替之前"像"的功能，图像的直

---

① ［东汉］王充著，黄晖撰：《论衡校释》卷十三，中华书局2004年版，第259页。

观呈现开始让位于文字的多样叙述，主体更加多元，现实的指向性更加鲜明，书写者的角色也开始渐渐由"幕后"走到"台前"，他们开始将原先与"像"相配合的"赞"的内涵抽离，并赋予新质，即在人物事迹的基础上加以议论。

将上述三者通贯起来看，从"像赞"到"传赞"的发展过程，其实是史学意识日渐明晰的过程——首先，从"像赞"道德理想型的书写模式，到"人物赞"情节性的表现，再到现实指向性的凸显，这个过程其实意味着"像赞"所具有的那种仪式的神秘性已经开始慢慢地被揭开，道德理想被赋予了一种现实感。其次，从"人物赞"开始，直到"传赞"，具有立体多元性的人物开始进入史学书写的范畴，并日渐被设定成为推动历史发展的动力。第三，道德理想的赋予和立体多元性人物的彰显，合在一起，正是一种具有人文色彩的新史学模式的开始。

本章我们详细地追溯了《高僧传》"传＋论＋赞"文体模式的起源及背后的文化内涵，得出的结论概括如下：

从形式上说，《高僧传》中的"传"与"赞"的关系（"传"从属于"赞"）以及赞语的风格（颂扬性），表明它更近于"人物赞"的书写模式，又尚未摆脱"像赞"的影响；而《高僧传》的"论"，则是取法了以《后汉书》为代表的"正史"史论文体；《高僧传》"传＋论＋赞"的文体模式，正是"像赞"与"正史"史论文体的结合。

从精神内涵上说，《高僧传》的"论"，继承的是"正史"史论褒贬的精神，它讲求的是一种个性化表达，其精神指向在于佛教发展史上的"高僧"个体（即慧皎所谓的"顾惟道借人弘，理由教显，而弘道释教，莫尚高僧"）；而"赞"，则带上了中古类传的特色（在《隋志》中的位置，以及"十科"分法），而类传人物理想化、同质化的特征，又决定了"赞"的精神指向在于关注和强调僧人的群体（彼时佛教要面对来自教外现实的压力）。

总之，《高僧传》这种"传 + 论 + 赞"文体模式，是绾合了两种传统（图画追亡传统和"正史"书写传统）后的产物，它看似随机性的"拼合"，实则是一种具有实验性质的文体尝试——慧皎有意要寻找一种能够表达他对佛教现实问题关切的理想呈现方式。虽然这种文体形式，在后来的《续高僧传》和《宋高僧传》中被扬弃，但不可否认这种形式契合了当时佛教的现实处境。

第三章

历史·宗教·文学：中古僧传书写中的安世高形象

在中古佛教史上，安世高算得上是一位十分重要的人物。他是域外高僧，富于神通，又才华出众，精于译经，后人赞誉"世高出经为群译之首"[1]。然而，相对于这样一位僧人当时的声名卓著，我们今天对他的了解，却还有很多含混之处。现代学者力图从各种文献史料中爬梳出安世高的生平和著作实况，取得了很多重要的成果，廓清了很多问题。[2] 也有学者从叙事学的角度对安

---

[1] ［南朝梁］释僧祐撰，苏晋仁、萧鍊子点校：《出三藏记集》卷十三，第 510 页。

[2] 比较重要的成果大致有大谷胜真「安世高の訳経にフきて」，『東洋學報』13 卷，1924 年，546—583 页；李铁匠"安世高身世辨析"，《江西大学学报》（社会科学版）1989 年第 1 期，第 63—66 页；王邦维"安息僧与早期中国佛教"，叶奕良主编《伊朗学在中国论文集》，北京大学出版社 1993 年版，第 83—93 页；王邦维"论安世高及其所传学说的性质"，王尧主编《佛教与中国文化》，宗教文化出版社 1997 年版，第 667—682 页；Antonino Forte（富安敦），*The Hostage An Shigao and His Offspring: An Iranian Family In China* (*Italian School of East Asian Studies Occasional Papers 6*), Kyoto: Italian School of East Asian Studies,1995；荣新江"安世高与武威安姓——评《质了安世高及其后裔》"，黄时鉴主编《东西交流论谭》，上海文艺出版社 1998 年版，第 366—379 页。

世高的事迹材料（特别是其中的神异部分）做过研究，角度新颖，说明了材料中修辞叙事成分的存在。[①] 但是，对于安世高高僧形象是如何被具体塑造起来的问题，目前学界专门的论述还不多。[②] 本章将要探讨安世高的形塑过程，特别是在慧皎《高僧传》书写系统中，安世高形象之成立过程，希望以此为典型实例，揭示中古僧传书写中，历史、宗教、文学诸因素是如何共同作用于高僧形象塑造的。

第一节 现存材料之梳理

现存中古时期，有关安世高的文献材料，如果按照类型，大体可以分为：序跋系统、事类系统、志怪系统、僧传系统、考古图像系统五类。[③] 为便于综合分析，兹将具体内容分别移录如下：

一、序跋系统

1. 汉末严浮调《沙弥十慧章句序》：

> 有菩萨者，出自安息，字世高。韬弘稽古，靡经不综。愍俗童蒙，示以桥梁。于是汉邦敷宣佛法，凡厥所出数百万言。或以口解，或以文传，唯《沙弥十慧》，未闻深说。[④]

---

① 如纪赟《慧皎〈高僧传〉研究》，第345—347页。
② 魏斌曾细致考察过安世高故事中神迹叙事与信仰背景之间的关系，颇具启发性。参见魏斌"安世高的江南行迹——早期神僧事迹的叙述与传承"，《武汉大学学报》（人文科学版）2012年第4期，第39—48页。
③ 《高僧传》卷一《安世高传》"按语"部分中所简略提及的庾仲雍《荆州记》、刘义庆《宣验记》、昙宗《塔寺记》，记载安世高事迹极其简略，大体可以包括进《幽明录》的内容中，故为避免枝蔓，本部分之分析且略之。
④ ［南朝梁］释僧祐撰，苏晋仁、萧鍊子点校：《出三藏记集》卷十，第369页。

2. 汉末魏初陈氏《阴持入经序》[①]：

安侯世高者，普见菩萨也。捐王位之荣，安贫乐道，夙兴夜寐，忧济涂炭，宣敷三宝，光于京师。[②]

3. 吴康僧会《安般守意经序》：

有菩萨名安清字世高，安息王嫡后之子，让国与叔，驰避本土，翔而后进，遂处京师。其为人也，博学多识，贯综神模，七正盈缩；风气吉凶，山崩地动；针脉诸术，睹色知病；鸟兽鸣啼，无音不照。[③]

4. 晋谢敷《安般守意经序》：

汉之季世，有舍家开士安清字世高，安息国王之太子也。审荣辱之浮寄，齐死生乎一贯。遂脱屣于万乘，抱玄德而游化，演道教以发蒙，表神变以谅之。于时俊乂归宗，释华崇实者，若禽兽之从麟凤，鳞介之赴虬蔡矣。又博综殊俗，善众国音，传授斯经，变为晋文。其所译出百余万言，探畅幽赜，渊玄难测。[④]

---

① 序中作者自称"密"，据李铁匠考证，此"陈密"乃至序言，系后人之伪托。见李铁匠"安世高身世辨析"，第63—64页。
② 《大正藏》第33册，No. 1694，9b12—14。
③ ［南朝梁］释僧祐撰，苏晋仁、萧鍊子点校：《出三藏记集》卷六，第244页。
④ 同上书，第247页。

5. 晋道安《安般注序》：

　　昔汉氏之末，有安世高者，博闻稽古，特专阿毗昙学。其所出经，禅数最悉，此经其所译也。[①]

6. 晋道安《阴持入经序》：

　　有舍家开士，出自安息，字世高。大慈流洽，播化斯土，译梵为晋，微显阐幽。其所敷宣，专务禅观，醇玄道数，深矣远矣，是经其所出也。[②]

7. 晋道安《道地经序》：

　　有开士世高者，安息王元子也。禅国高让，纳万乘位，克明俊德，改容修道。越境流化，爰适此邦，其所传训，渊微优邃。[③]

二、事类系统

1. 唐道宣《集神州三宝感通录》下卷《神僧感通录》之"安世高"条：

　　汉桓帝时，沙门安清字世高者，安息国王之太子也。舍位出家，入于圣果。自云：过去曾至广州，值一昔怨，见便唾

---

① ［南朝梁］释僧祐撰，苏晋仁、萧錬子点校：《出三藏记集》卷六，第245页。
② 同上书，第248页。
③ ［南朝梁］释僧祐撰，苏晋仁、萧錬子点校：《出三藏记集》卷十，第367页。

手以刀逐之。高曰：卿之宿怨，犹未除也。其人曰：真得汝
矣。便申颈受刃，于彼命终。今生为太子，即高身也。有一
同学，好施多瞋。高曰：卿明经好施，不在吾后，然多瞋恚，
命报如何。彼曰：物来相恼，诚难忍之，冀受报时，希垂拯
济。高然之。彼命终已，便于此土为邶亭湖神。威力所统，上
下千里。祈祷给福，分风沿溯。高历游中原，将往度之。寄
载至湖，舟人奉牲请福。神曰：船上沙门，可召来也。即召来
至。神曰：吾昔与君本惟同学，但以多瞋，故受神报，命在旦
夕，死入地狱，然此形骸，恐污江湖，当徙于西岸，有布绢千
匹并宝物，可用致福。高曰：故来相造，叙昔旧缘，报至难
免，长慨如何，可现真形，心愿尽矣。神曰：丑形可耻，如何
示人？高曰：但出无损。神乃从座后出身，乃是大蟒，伸颈至
高膝上。高见已，泪出如泉。蟒亦下泣。便作胡呗三契为除。
鳞内小虫又作胡语数百言已。蟒便渐隐。高命舟人尽取财宝，
载往豫章，举帆西引。蟒又登山，出身极望。夜宿江浦，有青
衣者上船曰：蒙为兴福，得免苦趣，极受安乐。高以其物为造
东寺。明日江西泽中有一死蟒，头尾相去极远，今浔阳蛇头蛇
尾村是也。高重往广州，问昔害身犹尚在，执手解仇为善知
识。又曰：小债未偿，须往会稽。至市乱斗，妄被打死云云。①

2. 唐道世《法苑珠林》卷六五《债负篇·感应缘》之"安世高"条：

汉洛阳有沙门安清，字世高，安息国王正后之太子也。幼

---

① 《大正藏》第 52 册，No. 2106，431a26—b24。

以孝行见称，加又志业聪敏，刻意好学，外国典籍及七曜、五行、医方异术，乃至鸟兽之声，无不综达。尝行见有群燕，忽谓伴曰：燕云应有送食者。顷之果有致焉。众咸奇之。故俊异之声，早被西域。高穷理尽性，自识宿缘业，多有神迹，世莫能量。初高自称先身已经出家，有一同学多瞋，分卫值施主不称，每辄怨恨。高屡加诃谏，终不悛改。如此二十余年，乃与同学辞诀云：我当往广州，毕宿世之对。卿明经精勤，不在吾后，而性多恚怒，命过当受恶形。我若有力，必当相度。既而遂适广州。值寇贼大乱，行路逢一年少，唾手拔刀曰：真得汝矣。高笑曰：我宿命负卿，故远相偿。卿之忿怒，故是前世时意也。遂申颈受刃，容无惧色。贼遂杀之。观者盈路，莫不骇其奇异。而此神识还为安息王太子，即今时世高身是也。高游化中国，宣经事毕。值灵帝之末，关洛扰乱，乃振锡江南。云：我当过庐山，度昔同学。行达䢼亭湖庙，此庙旧有灵威，商旅祈祷，乃分风上下，各无留滞。尝有乞神竹者，未许辄取，舫即覆没，竹还本处。自是舟人敬惮，莫不慑影。高同旅三十余人，船主奉牲请福，神乃降祝曰：舫有沙门，可更呼上。客咸惊愕，请高入庙。神告高曰：吾昔外国与子俱共出家学道，好行布施，而性多瞋怒。今为䢼亭庙神，周回千里，并吾所治。以布施故，珍玩甚丰。以瞋恚故，堕此神报。今见同学，悲欣可言。寿尽旦夕，而丑形长大，若于此舍命，秽污江湖，当度山西泽中。此身灭后，恐堕地狱，吾有绢千匹，并杂宝物，可为立法营塔，使生善处也。高曰：故来相度，何不出形？神曰：形甚丑异，众人必惧。高曰：但出，众不怪也。神从床后出头，乃是大蟒，不知尾之长短。至高膝边，高向之胡

语数番，赞呗数契，蟒悲泪如雨，须臾还隐。高即取绢物辞别
而去。舟侣扬帆，蟒复出身，登山而望。众人举手，然后乃
灭。倏忽之顷，便达豫章，即以庙物造东寺。高去后，神即命
过。暮有一少年上船，长跪高前。受其咒愿，忽然不见。高谓
船人曰：向之少年，即䢼亭庙神，得离恶形矣。于是庙神歇灭，
无复灵验。后人于山西泽中，见一死蟒，头尾数里，今浔阳郡
蛇村是也。高后复到广州，寻其前世害己少年，时少年尚在。
高径投其家，说昔日偿对之事，并叙宿缘，欢喜相向。云：吾
犹有余报，今当往会稽毕对。广州客寤高非凡，豁然意解，追
恨前愆，厚相资供，随高东游，遂达会稽。至便入市，正值市
中有乱相打者，误着高头，应时殒命。广州客频验二报，遂精
勤佛法，具说事缘。远近闻知，莫不悲叹。明三世之有征也。①

三、志怪系统

《太平广记》卷二九五引刘义庆《幽明录》"安世高"条：

安侯世高者，安息国王子。与大长者共出家，学道舍卫
城，值主不称，大长者子辄恚，世高恒呵戒之。周旋二十八
年，云当至广州。值乱，有一人逢高，唾手拔刀曰：真得汝
矣。高大笑曰：我宿命负对，故远来相偿。遂杀之。有一少
年云：此远国异人，而能作吾国言，受害无难色，将是神人
乎？众皆骇笑。世高神识还生安息国，复为王作子，名高。
安侯年二十，复辞王学道。十数年，语同学云：当诣会稽毕

---

① 〔唐〕释道世撰，周叔迦、苏晋仁校注：《法苑珠林》卷五七，中华书局 2003 年
版，第 1719—1720 页。

对。过庐山，访知识。遂过广州，见少年尚在。径投其家，与说昔事。大欣喜，便随至会稽。过稽山庙，呼神共语。庙神蟒形，身长数丈，泪出。世高向之语，蟒便去。世高亦还船。有一少年上船，长跪前受咒愿，因遂不见。世高曰：向少年即庙神，得离恶形矣。云庙神即是宿长者子。后庙祝闻有臭气，见大蟒死，庙从此神歇。前至会稽，入市门，值有相打者，误中世高头，即卒。广州客遂瘗之于佛舍。①

四、僧传系统

1. 佚名《安世高别传》：

> 晋太康末，有安侯道人来至桑垣，出经竟，封一函于寺云：后四年可开之。吴末行至杨州，使人货一箱物，以买一奴，名福善，云：是我善知识。仍将奴适豫章，度䢼亭庙神为立寺竟。福善以刀刺安侯胁，于是而终。桑垣人乃发其所封函，财理自成字云：尊吾道者，居士陈慧；传禅经者，比丘僧会。是日正四年也。②

2. 僧祐《出三藏记集》卷十三《安世高传》条③：

> 安清，字世高，安息国王政后之太子也。幼怀淳孝，敬

① ［宋］李昉等编：《太平广记》卷二九五，中华书局1961年版，第2346—2347页。
② 此段文字乃是慧皎《高僧传》中考证部分所引，题为"别传"，作者未知。参见［南朝梁］释慧皎撰，汤用彤校注《高僧传》卷一，第7页。
③ 僧祐《出三藏记集》撰作的时候，"僧传"作为一种文体尚没有完全从经录中独立出来（详见第一章分析）。这里，将此条归于此类，权为方便尔。

养竭诚，恻隐之仁，爱及蠢类，其动言立行，若践规矩焉。加以志业聪敏，刻意好学，外国典籍，莫不该贯。七曜五行之象，风角云物之占，推步盈缩，悉穷其变。兼洞晓医术，妙善针脉，睹色知病，投药必济。乃至鸟兽鸣呼，闻声知心。于是俊异之名，被于西域，远近邻国，咸敬而伟之。世高虽在居家，而奉戒精峻，讲集法施，与时相续。后王薨，将嗣国位，乃深惟苦空，厌离名器。行服既毕，遂让国与叔，出家修道。博综经藏，尤精阿毗昙学，讽持禅经，略尽其妙。既而游方弘化，遍历诸国，以汉桓帝之初，始到中夏。世高才悟几敏，一闻能达，至止未久，即通习华语。于是宣译众经，改胡为汉，出《安般守意》《阴持入经》、大小《十二门》及《百六十品》等。初外国三藏众护撰述经要为二十七章，世高乃剖析护所集七章，译为汉文，即《地道经》也。其先后所出经，凡三十五部，义理明析，文字允正，辩而不华，质而不野，凡在读者，皆亹亹而不倦焉。世高穷理尽性，自识宿缘，多有神迹，世莫能量。初，世高自称：先身已经为安息王子，与其国中长者子俱共出家。分卫之时，施主不称，同学辄怒，世高屡加呵责，同学悔谢，而犹不悛改。如此二十余年，乃与同学辞诀云：我当往广州毕宿世之对。卿明经精进，不在吾后，而性多恚怒，命过当受恶形。我若得道，必当相度。既而遂适广州，值寇贼大乱，行路逢一少年，唾手拔刀曰：真得汝矣。世高笑曰：我宿命负卿，故远来相偿，卿之忿怒，故是前世时意也。遂申颈受刃，容无惧色。贼遂杀之。观者填路，莫不骇其奇异。既而神识还为安息王太子，即今时世高身也。世高游化中国，宣经事毕，值灵帝之

末，关洛扰乱，乃杖锡江南。云：我当过庐山度昔同学。行
达䢼亭湖庙。此庙旧有灵验，商旅祈祷，乃分风上下，各无
留滞。尝有乞神竹者，未许辄取，舫即覆没，竹还本处。自
是舟人敬惮，莫不慑影。世高同旅三十余船，奉牲请福。神
乃降祝曰：舫有沙门，可更呼上。客咸共惊愕，请世高入庙。
神告世高曰：吾昔在外国，与子俱出家学道，好行布施，而
性多瞋怒，今为䢼亭湖神，周回千里，并吾所统。以布施故，
珍玩无数；以瞋恚故，堕此神中。今见同学，悲欣可言。寿
尽旦夕，而丑形长大，若于此舍命，秽污江湖，当度山西空
泽中也。此身灭，恐堕地狱，吾有绢千匹，并杂宝物，可为
我立塔营法，使生善处也。世高曰：故来相度，何不见形？
神曰：形甚丑异，众人必惧。世高曰：但出，众不怪也。神从
床后出头，乃是大蟒蛇，至世高膝边，泪落如雨，不知尾之长
短。世高向之胡语，傍人莫解，蟒便还隐。世高即取绢物，辞
别而去。舟侣扬帆。神复出蟒身，登山顶而望。众人举手，然
后乃灭。倏忽之顷，便达豫章，即以庙物造立东寺。世高去
后，神即命过。暮有一少年上船，长跪世高前，受其咒愿，忽
然不见。世高谓船人曰：向之少年，即䢼亭庙神，得离恶形
矣。于是庙神歇没，无复灵验。后人于西山泽中见一死蟒，头
尾相去数里，今寻阳郡蛇村是其处也。世高后复到广州，寻其
前世害己少年。时少年尚在，年已六十余。世高径投其家，共
说昔日偿对时事，并叙宿缘，欢善相向。云：吾犹有余报，今
当往会稽毕对。广州客深悟世高非凡，豁然意解，追悔前愆，
厚相资供。乃随世高东行，遂达会稽。至便入市，正值市有
斗者，乱相殴击，误中世高，应时命终。广州客频验二报，

遂精勤佛法，具说事缘。远近闻知，莫不悲叹，明三世之有
征也。世高本既王种，名高外国，所以西方宾旅犹呼安侯，
至今为号焉。天竺国自称书为天书，语为天语，音训诡蹇，
与汉殊异，先后传译，多致谬滥。唯世高出经，为群译之首。
安公以为若及面禀，不异见圣。列代明德，咸赞而思焉。①

3. 慧皎《高僧传》卷一"译经"上"汉洛阳安清"条（具体
内容详见下文）。

五、考古图像系统

敦煌莫高窟第454窟甬道顶部安世高感应画②，描绘了安世高
故事的两个情境——下部为安世高在庙中与郏亭湖神（蟒蛇）对
话情景，上部为郏亭湖神（蟒蛇）登山望送情景。③

由于本章的研究重点在于僧传，而在僧传系统中，慧皎《高
僧传》"汉洛阳安清"条的记载，从时间断限上说，属于最接近
"安世高"故事版本最后定型阶段，因此，我们可以把慧皎的书
写版本作为"坐标系"，通过与其他系统书写材料的比对，考察
不同书写系统之间乃至同一系统内部，在具体叙述要素上的变
化和发展。需要说明的是，这其实是一种"不得已而为之"的
做法，因为，鉴于有关安世高第一手材料的缺乏，现今的研究

① ［南朝梁］释僧祐撰，苏晋仁、萧鍊子点校：《出三藏记集》卷十三，第508—
510页。
② 具体介绍，见孙修身"莫高窟佛教史迹故事画介绍（三）"，《敦煌研究》1982
年第2期，第93—95页。
③ 张小刚认为此是俱睒弥国毒龙石窟传说图，而非孙修身所认定的安世高故事情
节，可备一说，参见张小刚《敦煌佛教感通画研究》，甘肃教育出版社2015年
版，第72—74页。

图一　安世高感应画

资料来源：孙修身主编：《佛教东传故事画卷》，敦煌研究院编：《敦煌石窟全集》，香港商务印书馆 1999 年版，第 131—133 页。

难免都会带着先天的"缺陷"，我们只能采取一种间接的手段——通过细分现存史料，根据其不同史源予以比勘，考察同一叙事要素在不同书写系统史料之间的差异，希望借此能够折射历史真实的不同面相以及背后的构建过程。

　　以下，我们将慧皎《高僧传》之《安世高传》部分的内容抄录①，并将之析解成若干叙事因素：

---

①　以下引文均出自〔南朝梁〕释慧皎撰，汤用彤校注《高僧传》卷一，第4—8页。

（1）出身

安清，字世高，安息国王正后之太子也。

（2）孝行

幼以孝行见称。

（3）学术多方

加又志业聪敏，克意好学，外国典籍及七曜五行、医方异术，乃至鸟兽之声，无不综达。

（4）解燕语

尝行见群燕，忽谓伴曰：燕云应有送食者。顷之果有致焉，众咸奇之。

（5）声被西域

故俊异之声，早被西域。

（6）奉戒精峻

高虽在居家，而奉戒精峻。

（7）让国与叔

王薨，便嗣大位。乃深惟苦空，厌离形器，行服既毕，遂让国与叔，出家修道。

（8）精阿毗昙

博晓经藏，尤精阿毗昙学，讽持禅经，略尽其妙。

（9）始到中夏

既而游方弘化，遍历诸国，以汉桓之初，始到中夏。

（10）通习华言

才悟机敏，一闻能达，至止未久，即通习华言。

（11）改胡为汉，宣译众经

于是宣译众经，改胡为汉，出《安般守意》《阴持入》、大小《十二门》及《百六十品》。初外国三藏众护撰述经要为二十七章，高乃剖析护所集七章，译为汉文，即《道地经》是也。其先后所出经论，凡三十九部。

（12）译品

义理明析，文字允正，辩而不华，质而不野，凡在读者，皆亹亹而不倦焉。

（13）引子：多有神迹

高穷理尽性，自识缘业，多有神迹，世莫能量。

（14）先身之事：预言瞋怒当受恶形＋广州毕对

初高自称先身已经出家，有一同学多瞋，分卫值施主不称，每辄恚恨。高屡加诃谏，终不悛改。如此二十余年，乃与同学辞诀云：我当往广州，毕宿世之对。卿明经精勤，不在吾后，而性多瞋怒，命过当受恶形。我若得道，必当相度。既而遂适广州。值寇贼大乱，行路逢一少年，唾手拔刃曰：真得汝矣！高笑曰：我宿命负卿，故远来相偿，卿之忿怒，故是前世时意也。遂申颈受刃，容无惧色，贼遂杀之。观者填陌，莫不骇其奇异。既而神识还为安息王太子，即今时世高身是也。

（15）振锡江南度昔同学

高游化中国，宣经事毕，值灵帝之末，关洛扰乱，乃振锡江南。云：我当过庐山，度昔同学。

（16）𣲷亭湖庙旧有灵威

行达𣲷亭湖庙。此庙旧有灵威，商旅祈祷，乃分风上下，各无留滞。尝有乞神竹者，未许辄取，舫即覆没，竹还本处。自是舟人敬惮，莫不慑影。

（17）高与郱亭庙神对话

　　高同旅三十余船，奉牲请福，神乃降祝曰：船有沙门，可便呼上。客咸惊愕，请高入庙。神告高曰：吾昔外国与子俱出家学道，好行布施，而性多瞋怒，今为郱亭庙神，周回千里，并吾所治，以布施故，珍玩甚丰，以瞋恚故，堕此神报。今见同学，悲欣可言。寿尽旦夕，而丑形长大，若于此舍命，秽污江湖，当度山西泽中。此身灭后，恐堕地狱，吾有绢千匹，并杂宝物，可为立法营塔，使生善处也。高曰：故来相度，何不出形？神曰：形甚丑异，众人必惧。高曰：但出，众人不怪也。神从床后出头，乃是大蟒，不知尾之长短，至高膝边，高向之梵语数番，赞呗数契，蟒悲泪如雨，须臾还隐。

（18）郱亭庙神登望送别

　　高即取绢物，辞别而去。舟侣扬帆，蟒复出身，登山而望，众人举手，然后乃灭。

（19）以庙物造东寺

　　倏忽之顷，便达豫章，即以庙物造东寺。

（20）得离恶形

　　高去后，神即命过。暮有一少年上船，长跪高前，受其咒愿，忽然不见。高谓船人曰：向之少年即郱亭庙神，得离恶形矣。于是庙神歇末，无复灵验。

（21）蛇村

　　后人于山西泽中，见一死蟒，头尾数里，今浔阳郡蛇村是也。

（22）广州寻前世害己少年

　　高后复到广州，寻其前世害己少年，时少年尚在，高径至其家，说昔日偿对之事，并叙宿缘，欢喜相向，云：吾犹有余报，今当往会稽毕对。广州客悟高非凡，豁然意解，追悔前愆，厚相资供，随高东游，遂达会稽。

（23）会稽市中殒命

至便入市，正值市中有乱相打者，误着高头，应时殒命。

（24）明三世之有征

广州客频验二报，遂精勤佛法，具说事缘，远近闻知，莫不悲恸，明三世之有征也。

（25）安侯之号

高既王种，西域宾旅皆呼为安侯，至今犹为号焉。

（26）群译之首

天竺国自称书为天书，语为天语，音训诡蹇，与汉殊异，先后传译，多致谬滥，唯高所出，为群译之首。

（27）安公及列代明德之评价

安公以为若及面禀，不异见圣，列代明德，咸赞而思焉。

（28）考证

余访寻众录，记载高公，互有出没。将以权迹隐显，应废多端，或由传者纰缪，致成乖角，辄备列众异，庶或可论。按释道安《经录》云：安世高以汉桓帝建和二年至灵帝建宁中二十余年，译出三十余部经。又《别传》云：晋太康末，有安侯道人，来至桑垣，出经竟，封一函于寺云：后四年可开之。吴末行至杨州，使人货一箱物，以买一奴，名福善，云是我善知识，仍将奴适豫章，度䢼亭庙神为立寺竟。福善以刀刺安侯胁，于是而终。桑垣人乃发其所封函，财理自成字云：尊吾道者，居士陈慧；传禅经者，比丘僧会。是日正四年也。又庾仲雍《荆州记》云：晋初有沙门安世高，度邾亭庙神，得财物立白马寺于荆城东南隅。宋临川康王《宣验记》云：蟒死于吴末。昙宗《塔寺记》云：丹阳瓦官寺，晋哀帝时沙门慧力所立。后有沙门安世高，以邾亭庙余物治之。然道安法师既校阅群经，诠录传译，必不应谬。从汉桓建和二年至晋太康末，凡经一百四十余年，若高公长寿，或能如此。而事不应然。何者？案如康僧会《注安般守意经序》云：此经世高所出，久之沉翳。会有南阳韩林、颍川文业、会稽陈慧，此三贤者，信道笃密，会共请受，乃陈慧义，余助斟酌。寻僧会以晋太康元年乃死，而已云：此经出后，久之沉翳。又世高封函之字云：尊吾道者，居士陈慧；传禅经者，比丘僧会。然《安般》所明，盛说禅业，是知封函之记，信非虚作。既云二人方传吾道，岂容与共同世？且《别传》自云：传禅经者，比丘僧会，会已太康初死，何容太康之末，方有安侯道人？首尾之言，自为矛盾。正当随有一书谬指晋初，于是后诸作者，或道太康，或言吴末，雷同奔竞，无以校焉。既晋初之说，尚已难安，而《昙宗记》云晋哀帝时，世高方复治寺。其为谬说，过乃悬矣。

如此，在从慧皎《高僧传》的安世高故事中解析出来的28个叙事因素基础上，我们可以通过图表的方式，对比安世高故事在各种不同书写系统以及不同书写时代，在构成因素上的差异（详具表四、表五）。

表四　安世高文献材料对照一览表（以文献书写系统为中心）

事项	序跋系统					事类系统		志怪系统	僧传系统			考古图像系统
	汉末严浮调《沙弥十慧章句序》	汉末魏初陈氏《阴持入经序》	吴康僧会《安般守意经序》	晋谢敷《安般守意经序》	晋道安《诸经序》	唐道宣《集神州三宝感通录》之"安世高"条	唐道世《法苑珠林》之"安世高"条	《太平广记》引刘义庆《幽明录》"安世高"条	佚名《安世高别传》	僧祐《出三藏记集》卷十三《安世高传》条	慧皎《高僧传》卷第一"汉洛阳安清"条	敦煌莫高窟第454窟甬道顶部安世高感应画
1	◎	◎	●	●	●			●	◎	●	○	
2							●			●	○	
3	◎		●				●			●	○	
4			◎				●				○	
5		▲					●			●	○	
6					◎					●	○	
7			●		◎	◎				●	○	
8					●					●	○	
9					◎					●	○	
10				◎	◎					●	○	
11	◎			◎	◎					●	○	
12				◎	◎					●	○	
13						●	●	◎		●	○	
14						●	●	●		●	○	
15						●	●		◎	●	○	
16						●	●	◎		●	○	
17										●	○	●

事项	序跋系统					事类系统		志怪系统	僧传系统			考古图像系统
	汉末严浮调《沙弥十慧章句序》	汉末魏初陈氏《阴持入经序》	吴康僧会《安般守意经序》	晋谢敷《安般守意经序》	晋道安诸经序	唐道宣《集神州三宝感通录》之"安世高"条	唐道世《法苑珠林》之"安世高"条	《太平广记》引刘义庆《幽明录》"安世高"条	佚名《安世高别传》	僧祐《出三藏记集》卷十三《安世高传》条	慧皎《高僧传》卷第一"汉洛阳安清"条	敦煌莫高窟第454窟甬道顶部安世高感应画
18						●	●			●	○	●
19						●	●		◎	●	○	
20						◎	●	◎		●	○	
21						●	●			●	○	
22						●	●	●		●	○	
23						●	●	●	▲	●	○	
24						●				●	○	
25									◎	●	○	
26										●	○	
27											○	
28											○	

示例

○	参照系
●	文字与参照系基本一致
◎	文字与参照系部分一致
▲	文字与参照系不一致

表五　安世高文献材料对照一览表（以文献时代为中心）

事项	汉代		三国	两晋			南北朝			唐宋		
	汉末严浮调《沙弥十慧章句序》	汉末魏初陈氏《阴持入经序》	吴康僧会《安般守意经序》	晋谢敷《安般守意经序》	晋道安《安般守意经序》	佚名《安世高别传》	《太平广记》引刘义庆《幽明录》"安世高"条	僧祐《出三藏记集》卷十三《安世高传》条	慧皎《高僧传》卷第一"汉洛阳安清"条	唐道宣《集神州三宝感通录》之"安世高"条	唐道世《法苑珠林》之"安世高"条	敦煌莫高窟第454窟甬道顶部安世高感应画
1	○	○	●	●	●	○	●	●	○	●	●	
2								●	○		●	
3	○		●					●	○		●	
4			○						○		●	
5		▲						●	○			
6			●					●	○			
7					○			●	○	○		
8					●			●	○			
9					○			●	○			
10				○	○			●	○			
11	○			○	○	○		●	○			
12				○	○			●	○			
13							○	●	○		●	
14						○	●	●	○	●	●	
15						○		●	○	●	●	
16							○	●	○	●	●	
17								●	○	●	●	●

事项	汉代		三国	两晋			南北朝			唐宋		
	汉末严浮调《沙弥十慧章句序》	汉末魏初陈慧《阴持入经序》	吴康僧会《安般守意经序》	晋谢敷《安般守意经序》	晋道安诸经序	佚名《安世高别传》	《太平广记》引刘义庆《幽明录》"安世高"条	僧祐《出三藏记集》卷十三《安世高传》条	慧皎《高僧传》第一卷"汉洛阳安清"条	唐道宣《集神州三宝感通录》之"安世高"条	唐道世《法苑珠林》之"安世高"条	敦煌莫高窟第454窟甬道顶部安世高感应画
18								●	○	●	●	●
19						◎		●	○	●	●	
20							◎	●	○	◎	●	
21								●	○	●	●	
22						▲	●	●	○	●	●	
23							●	●	○	●	●	
24						◎		●	○		●	
25								●	○			
26								●	○			
27									○			
28									○			

示例

	参照系
○	参照系
●	文字与参照系基本一致
◎	文字与参照系部分一致
▲	文字与参照系不一致

第二节　安世高故事之成立

按照上表直观的呈现，我们可以尝试从书写系统和书写时代两个角度分析安世高故事书写成立的过程。

一、书写系统

1. 序跋系统。从此系统的书写情况来看，叙事因素集中在"1—12"之间，也就是说，均没有涉及神异叙事，叙述较为平实。唯一的例外是康僧会《安般守意经序》略有神异之提示——"贯综神模，七正盈缩，风气吉凶，山崩地动，针脉诸术，睹色知病，鸟兽鸣啼，无音不照"，但这也可以完全归入因素 3"学术多方"中①。

2. 事类系统。从此系统的书写情况来看，其共同特点是，叙事因素集中在"14—23"之间，均着重于神异叙事。这与《三宝感通录》《法苑珠林》这两部书的性质有极大的关联，前者专门记录佛教感应之事，后者将其归入《债负篇·感应缘》篇，两者均是从"感应"的角度来选择叙述因素。

3. 志怪系统。《太平广记》所引刘义庆《幽明录》书中关于安世高的内容，在架构以及某些具体细节的处理上，与其他书写系统颇有不同。

---

① 事实上，在中国佛教发展的早期，僧人精于方术的现象比较普遍，汤用彤认为："最初佛教势力之推广，不能不谓因其为一种祭祀方术，而恰投一时风尚也。"（汤用彤：《汉魏两晋南北朝佛教史》，第 39 页）赵翼《廿二史札记》卷十五"诵经获报"条也说："盖一教之兴，能耸动天下后世者，其始亦必有异人异术，神奇灵验，如佛图澄、鸠摩罗什之类，能使人主信之，士大夫亦趋之，是以震耀遍天下，而流布于无穷，不然则何以起人皈依也。"（［清］赵翼著，王树民校证：《廿二史札记》卷十五，第 325 页。）

```
┌─────────────────────────────────────────┐
│          刘义庆《幽明录》                 │
│          "安世高"条构成                   │
│                                           │
│  （1）出身                                │
│  （14）先身之事：同学瞋怒＋广州           │
│  毕对（此处未预言今后同学当受恶形）       │
│  （22）广州寻前世害己少年                 │
│  （17）高与邺亭庙神（无具体对话）         │
│  （23）会稽市中殒命                       │
└─────────────────────────────────────────┘
```

从上面的这个故事结构安排中，我们一方面可以见出它与其他系统安世高故事在顺序上的不同——将安世高"广州寻前世害己少年"（广州客）的情节提前至度化邺亭庙神之前，广州客就成了度化邺亭庙神事件的见证者。如此，他所亲身经历的便不是如慧皎《高僧传》中所谓的"二报"，而应是三报。相应地，故事叙事结构也由两线平行式，变为交叉式（如图二、图三所示）。这样的叙事方式，如果单纯从志怪故事的角度来说，并没有什么问题，相反，更能让结构紧凑，不至于分散。[①] 但是，如果从宣扬"三世二报"的宗教理念角度来说，则显得不那么妥帖了。因此，在这一书写系统中，对宗教性的强调要让位于对志怪故事结构紧凑性的重视。[②]

---

① 这里仅就结构而言，至于对人物行为、对话的描述，相对而言，则较为简略。

② 刘义庆《幽明录》之"安世高故事"版本中有一其他故事版本皆所不具的细节，即安世高前身在广州被杀后，"有一少年云：此远国异人，而能作吾国言，受害无难色，将是神人乎？众皆骇笑"。这里借"少年"之口，暗示这一故事版本强调的只是"异"与"神"的特征，此与中古志怪故事的整体书写特征相一致。

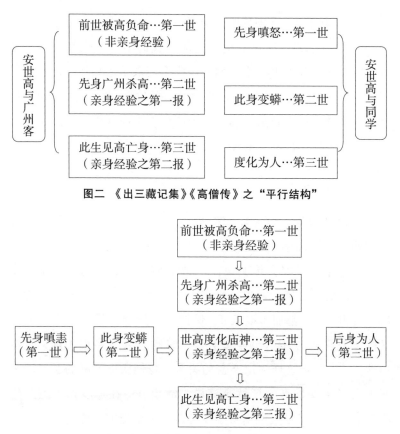

图二　《出三藏记集》《高僧传》之"平行结构"

图三　《幽明录》之"交叉结构"

4. 考古图像系统。敦煌洞窟"安世高"感应画，将安世高的故事凝练成"庙中与䢼亭湖神（蟒蛇）对话"和"䢼亭湖神登山望送"两个情节，叙事的重点只在于安世高度化䢼亭湖神（前身是"同学"）这一个事件。这样的安排，一方面固然是因为绘画语言的局限性（只能表现一种富于想象力的场景），另一方面大概也暗示了在这样一个书写系统中，其叙事的重点在于"安世高"与"同学"（蟒蛇）关系这一方面。至于在绘者当时所接受的安世高故事版本中，有无其他故事成分（比如"安世高"与

"广州客"联系等），则从图像中看不出任何端倪。

5. 僧传系统。通过之前的比对，我们不难看出慧皎《高僧传》所叙安世高故事版本显然几乎完全袭取了僧祐在《出三藏记集》中对于安世高的书写要素①，两者可以视为同一文本系统。这一文本系统的最大特点，即较之前诸种安世高故事，加入了有关安世高的诸种"神迹"事件（"因素14—24"）。

二、书写时代

1. 汉晋时期。这是距离安世高生活最近的时代。汉末（灵帝时期）的严佛调是安世高的弟子和助手（"笔受"），《出三藏记集》卷十三《安玄传》说："佛调，临淮人也。绮年颖悟，敏而好学，信慧自然，遂出家修道。通译经典，见重于时。世称安侯（安世高）、都尉（安玄）、佛调三人传译，号为难继。佛调又撰《十慧》，并传于世。安公称：'佛调出经，省而不烦，全本巧妙。'"②鉴于这样一层亲密的关系，我们所能推测的是，严佛调本人对于安世高的了解应该最为清楚。他在《沙弥十慧章句序》中陈述的只是安世出身于安息这样一个史实。然而，关于安世高出身的说法，到了再传弟子康僧会③那里，则成了"安息王

① 这并不意味着，《高僧传》是不假思索的照抄，因为，这一版本的叙述中除增加了"因素4"（解燕语）这一情节，还附录了"因素28"（考证），表明慧皎在借鉴僧祐故事版本之外，别有取材和辩证（"访寻众录""备列众异"）。
② ［南朝梁］释僧祐撰，苏晋仁、萧鍊子点校：《出三藏记集》卷十三，第512页。
③ ［三国］康僧会《安般守意经序》："余生末踪，始能负薪，考妣殂落，三师雕丧。仰瞻云日，悲无质受。眷言顾之，潸然出涕。宿祚未没，会见南阳韩林、颍川皮业、会稽陈慧。此三贤者，信道笃密，执德弘正。忞忞进进，志道不倦。余从之请问，规同矩合，义无乖异。陈慧注义，余助斟酌。非师不传，不敢自由也。"《安般守意经》为安世高所译，加之康僧会又说此经"非师不传"，故可由此推测，这里的韩林、皮业、陈慧大概是安世高的及门弟子，康僧会是再传弟子。

嫡后之子"，又"让国与叔"。这样一个身份的增加，虽则在署名"陈密"的《阴持入经序》已有表述，但是考虑到这篇序文的真伪不明，故而我们只能保守地说，至迟到三国孙吴时期，关于"安世高"故事的版本中，主人公的生平事迹已经具有了"王公""让国"这两个因素，以后两晋的谢敷《安般守意经序》、道安《道地经序》延续了这样的安世高形象定位。①

　　关于这样一种对于安世高身份的附会，李铁匠的解释是："当时的安息王国既不存在嫡后、王后之制，也不存在元子、太子之制。使人觉得其用意显然不在讲明世高真实身世，而在抬高其身价，自张其军，为释门增光。"② 这个解释只是一种推测，说得较为笼统，既不能解释为什么不是释门的谢敷也需要这样做，也不能解释为何道安只在某一部经的序言中这样说而在其他经序里却闭口不谈。然而，如果我们注意到诸经序作者身份特征的话，可能更能理解这种形象增饰用意之所在。从驻锡（或主要活动）之地域上看，康僧会、谢敷、道安三人皆在南方（建康、会稽、襄阳）。许理和的研究注意到了康僧会与南方孙吴政权，尤其是与皇室之间的联系，以及佛法对于最上层士大夫的渗透。③然而这种渗透并非一帆风顺，乃是借助很多策略性手段。《高僧

---

①　关于这些经录序跋材料，有一点需要说明，即从文体上说，经录序跋主要的叙述重点在于该经的翻译与流通等情况，对于翻译者的生平记本非其记述的重点，因此完全依赖序跋来考究翻译者的事迹，可能并不一定能反映实情。本章立论，即据序跋加以推测，可能也会面临这种"危险"，但鉴于有关安世高事迹材料极其有限，以及为了将问题放在一个更大的背景中加以展开，又不得不大胆为之。

②　李铁匠："安世高身世辨析"，第 64 页。

③　参见〔荷〕许理和《佛教征服中国：佛教在中国中古早期的传播与适应》，第53、71 页。

传》卷一《康僧会传》说"会在吴朝，亟说正法，以皓性兄粗，不及妙义，唯叙报应近事，以开其心"①，再联系到康僧会"舍利灵验"于孙权、"解秽佛事"于孙皓等事件②，均不难见出佛教在南方传播初期，一方面要借助"因果报应"的说辞，另一方面更要借助皇权的影响力。就将"王子"身份附会到安世高身上这一行为而言，一方面固然有将佛教高僧的行迹与佛祖释迦牟尼本生故事（前身亦是王子）相比附的意图，另一方面，更重要的，这种对于本非安息国所有而为中国政治文化所特有的"嫡后之子""让国与叔"的强调，很有可能就是试图将儒家典教与佛教加以策略性"绾合"，以此化解来自皇权层面对于佛教的文化排斥，进而达到借助皇权以宣扬佛教的最终目的。这一点，可以从一次吴主孙皓与康僧会之间关于"善恶报应"的对话中见出端倪：

> 　　会既坐，皓问曰："佛教所明，善恶报应，何者是耶？"会对曰："夫明主以孝慈训世，则赤乌翔而老人见；仁德育物，则醴泉涌而嘉苗出。善既有瑞，恶亦如之。故为恶于隐，鬼得而诛之；为恶于显，人得而诛之。《易》称：'积善余庆'，《诗》咏：'求福不回'。虽儒典之格言，即佛教之明训。"皓曰："若然，则周孔已明，何用佛教？"会曰："周孔所言，略示近迹，至于释教，则备极幽微。故行恶则有地狱长苦，修善则有天宫永乐。举兹以明劝沮，不亦大哉。"皓当时无以折其言。③

---

① ［南朝梁］释慧皎撰，汤用彤校注：《高僧传》卷一，第18页。
② 均见《高僧传》卷一《康僧会传》。
③ ［南朝梁］释慧皎撰，汤用彤校注：《高僧传》卷一，第17页。

这里，孙皓带有"敌意"的发问，得到的却是康僧会旁征博引、极富辩才的回应。"善恶报应"与"孝慈""仁德"关联起来。更重要的是，这些又全都统摄在"明主"的权力范围内。所以，在康僧会的解释体系中，"儒典之格言"与"佛教之明训"之间，并不存在着决然的矛盾，它们只是言说的方式不同罢了（"周孔所言，略示近迹。至于释教，则备极幽微"）。如此，"善恶报应"之说便不至于让皇权感到不安，孙皓也便"无以折其言"。

这样，再来看安世高形象的增饰，其背后的动机，如果说得更准确一点，可能就是一种对于皇权压力的策略性折中。[①] 非在释门的谢敷，在《安般守意经序》中虽也主"太子"之说，但从文字上看，似乎也只是"审荣辱之浮寄，齐死生乎一贯，遂脱屣于万乘，抱玄德而游化，演道教以发蒙"中"万乘""玄德""道教"等带有玄学色彩又间接指示着皇权威严词句的注脚而已。而一向号称严谨的道安（"校阅群经，诠录传译，必不应谬"），在

[①]　米歇尔·德·塞尔托（Michel de Certeau）在讨论圣徒传记的叙述结构时，关于圣人的崇高出身，认为"形象的构造是基于语义元素进行的。因此，为了表明英雄人物的英勇行为和高尚情操的神圣来源，圣人生平通常会赋予英雄人物以崇高的出身。血缘暗喻的是圣宠，所出身的家系便显得重要起来。在文本与文本间，王子的圣化和圣人的封爵要一一对应：这些呼应的操作的目的是仿照社会等级来创立一个宗教典范，并将一个已建立的功勋进行神化（圣人查理曼和圣人拿破仑的例子即是如此）。这类操作同样也符合一种末世学图解，该图解颠覆了政治秩序，它以上天来替代这种政治秩序，并把穷人都变成国王。事实上，这里有一种循环：每一个秩序延续直至另一种秩序的开始。丰功伟绩（Gesta principum）和使徒生平（vitae sanctorum）的模糊性在于：君主和圣人总是英雄相惜，所见略同，这表明虽然表象各异，但却'万变不离其宗'"。这种说法虽然是基于基督圣徒传论证，与僧传有所差异，但是其所指出的这种赋予圣徒（或高僧）以高贵出身的做法，实际上与君主和政治秩序，有着莫大的联系，则是颇富启发性的。详见〔法〕米歇尔·德·塞尔托《历史书写》，倪复生译，中国人民大学出版社 2012 年版，第 258 页。

三篇经序中，只有一处明确指称安世高为"安息王元子"，虽然其他两处言之简略，未必与此条相抵牾，但似乎也能从中推测，或许严谨的道安看出了增饰成分之所在，在照实记录与沿承既有说法之间，他的态度可能是有所犹疑的。

2. 南北朝时期。通过表五，可以直观见出南北朝以后，安世高故事的叙事因素扩展至"因素13"以后，也即"神迹"书写成分大大地增加了。① 这些"神迹"包括：佚名《安世高别传》② 中的"度化湖神（豫章）""买奴被刺""封函预言"；刘义庆《幽明录》中的"广州毕对""广州寻旧""度化湖神（会稽）""误中丧命（会稽）"；僧祐《出三藏记集》中的"广州毕对""度化湖神（庐山）""广州寻旧""误中丧命（会稽）"；慧皎《高僧传》同《出三藏记集》。③

表六 安世高"神迹"故事情节比照

	买奴被刺	封函预言	广州毕对	度化湖神	广州寻旧	误中丧命
《安世高别传》	●	●				
《幽明录》			●	●	●	●
《出三藏记集》			●	●	●	●
《高僧传》			●	●	●	●

注：●表示"有"。

---

① 晋谢敷《安般守意经序》说安世高"表神变以谅之"。大概在晋时，就有关于安世高的种种神迹故事流传于世。
② 汤用彤认为该书名即为《安世高别传》，魏斌以为这一判定并无证据，鉴于安世高的传闻颇多，且该"别传"内容与祐录出入较大，故而"别传"可能只是"别的传记"的意思，并不一定实指一部书的书名。参见汤用彤"慧皎《高僧传》所据史料"，《汤用彤学术论文集》，中华书局1983年版，第28—34页；魏斌"安世高的江南行迹——早期神僧事迹的叙事与传承"，第40页注5。
③ 略有不同的是《高僧传》将《出三藏记集》中"鸟兽鸣呼，闻声知心"一句，敷衍成了一个对话情境。

　　对比如上不同时期、不同文献中的神迹故事（见表六），我们可以发现：首先，"度化湖神"是这些材料所共同具有的故事情节；其次，从《幽明录》到《高僧传》，安世高的"神迹"情节相对稳定地保持为"广州毕对""度化湖神""广州寻旧""误中丧命"四个相同的模块（只在具体故事发生地点上存在差异）。据此，我们大致可以做出这样的判断，即：一方面，至迟到刘宋编撰《幽明录》之时，"度化湖神"就已经成为安世高的"神迹"故事情节之一；另一方面，大约同样在刘宋时期，安世高的"神迹"故事就开始逐渐定型为四个故事情节（"广州毕对"+"度化湖神"+"广州寻旧"+"误中丧命"）。慧皎《高僧传》所引《安世高别传》，虽然不清楚其编撰的具体时间，但鉴于其所构成的"神迹"故事情节模块，除"度化湖神"外，其余均与其他版本不同，我们大致也可以推测，《安世高别传》的编撰可能要早于刘宋，其时安世高的"神迹"故事情节尚没有定型，存在多种故事情节模块和组合版本，比如"买奴被刺""封函预言"，或其他。

　　这里有两个问题需要加以解释：其一，为什么"度化湖神"故事情节产生并保留在定型版本的安世高"神迹"故事中？其二，为什么安世高"神迹"故事的定型版本是"广州毕对+度化湖神+广州寻旧+误中丧命"这样的模块组合？

　　魏斌详细考察了"安世高度化宫（邾）亭湖神"故事的原型及背景[1]，认为这个故事情节体现了一种"佛教与民间信仰的调适关系，一方面表明佛教在江南民间的传播不具备类似于儒家官僚教化背后拥有的权力支持，另一方面，江南地区民间信仰的势力

---

[1]　考察该传说在古典文学中的演变，参见卞东波"宫亭庙神及其在古典文学中的演变"，《古典文学知识》2008 年第 4 期。

可能相当强大，选择调适方式更为实际。佛教徒结合民间神祇传说而制作出的辅教故事，其主旨思想也就往往呈现出调和或'度化'的面貌"。① 这个观点是值得关注的，因为它注意到了故事背后诸种信仰之间的互涉。顺着这一思路来看"度化湖神"这一故事情节在安世高"神迹"故事诸种版本沿承保留，实际上也可以反映出，在安世高"神迹"逐步塑造和定型的时代（东晋到齐梁），佛教的民间流布，曾经在相当一段时间内，存在着同一地方土著信仰（包括道教）之间，在信仰空间、信仰语汇等方面纠缠暧昧的关系。②

前文从书写系统的角度分析《幽明录》叙事结构时，我们曾将它与《出三藏记集》和《高僧传》的叙事结构做了一番对比，发现前者呈现一种"交叉"式的叙事结构，后者则是一种"平行"式的叙事结构；前者重视故事叙述的紧凑性，后者则侧重于

---

① 参见魏斌"安世高的江南行迹——早期神僧事迹的叙事与传承"，第47页；魏斌"宫亭庙传说：中古早期庐山的信仰空间"，《历史研究》2010年第2期，第57—58页。

② 这点尤其以诸种信仰在某一名山空间内的交涉为突出表现。这方面的研究，较为著名的成果有：三浦国雄关于洞庭湖与洞庭山的研究（〔日〕三浦国雄："洞庭湖与洞庭山——中国人的洞窟观念"，《不老不死的欲求：三浦国雄道教论集》，王标译，四川人民出版社2017年版）；吉川忠夫关于五岳祭祀的研究（吉川忠夫：「五岳と祭祀」，『六朝隋唐文史哲論集Ⅱ：宗教の諸相』，法藏館，2020年）；蜂屋邦夫关于茅山信仰的研究（蜂屋邦夫：「茅山——江南の道教聖地」，『日中文化研究』4特集『海と山の文化』，勉誠社，1993年）；施舟人（Kristofer Schipper）关于霍童山的研究（施舟人："第一洞天：闽东宁德霍童山初考"，《中国文化基因库》，北京大学出版社2002年版）；罗柏松（James Robson）关于南岳衡山信仰的研究（James Robson, *Power of Place: The Religious Landscape of the Southern Sacred Peak (Nanyue* 南嶽*) in Medieval China*, Cambridge: Harvard University Asia Center, 2009）；林韵柔关于五台山佛教信仰的研究（林韵柔：《五台山与文殊道场——中古佛教名山信仰的形成与发展》，台湾大学历史系博士学位论文，2009年）；姜生关于"千真洞"的研究（姜生："千真洞的变迁：槎山全真道迁佛史迹考"，《历史研究》2013年第6期）。

对于"三世二报"观念的传达。在《幽明录》的叙事中，"广州客"除了自己历经了"三世"的因果报应，而且又作为直接的旁观者，闻知（部分"见证"）了安世高前身"同学"的"三世"因果报应。而在《出三藏记集》《高僧传》的叙事中，线索分为两条，即"安世高与广州客"和"安世高与同学"。"广州客"经历了"三世二报"，而"安世高与同学"这另一个"三世"报应的故事模块，则似乎像一颗"珠子"滚动在"安世高与广州客"故事的盘面上，显得有些"游离"。此外，上述两条线索之间的联系仅仅是"安世高"这同一位传主而已——如果要从叙事"求实"的角度来看，这样的叙事逻辑就是用传主来证明传主自身存在的真实，这样的逻辑显然是有问题的。相反，在《幽明录》的叙事中，证明"安世高"诸种事迹存在的不是他自己，而是"广州客"。这样，从叙事结构的分析中，不难了解在越往后的安世高故事版本（尤其是僧传书写系统）中，叙事结构的架设其实是服务于宗教因果报应观念（"三世二报"）传达的。

因果报应之说对于佛教早期传布的作用，研究者多有关注，汤用彤将之解释为"佛法起信之要端""大法之所以兴起于魏晋，原因之一也"[①]。但是，因果报应之说的宣扬，绝非空无依傍的观念阐释，它需要借助一个个具体的故事，才能为上至君王下到普通民众所接受。安世高故事的最终定型，正可视为一个因果报应说宣扬的实例。《出三藏记集》中的安世高故事精彩纷呈，但是通观全文，不难发现，其最终的落脚地乃在一句"广州客频验二报，遂精勤佛法，具说事缘，远近闻知，莫不悲叹，明三世之有

---

① 汤用彤：《汉魏两晋南北朝佛教史》，第134页。

征也"——由此可见，定型版本的安世高故事，对于安世高生平事迹的叙述也许只是一种背景（或者说依托），其最终想要达成的目的，乃是通过"广州客频验二报"，传达出一种因果报应的思想（"明三世之有征"）。

这样，我们再去看安世高故事版本逐步定型的过程（从刘宋时期的《幽明录》到齐梁时期的《出三藏记集》），就会发现"广州毕对 + 度化湖神 + 广州寻旧 + 误中丧命"这样的模块组合，就不是一种安世高各种传说故事的随机偶然拼合。首先，如前所述，"度化湖神"的故事情节乃是一种安世高神迹故事之前诸多版本"淘洗"下来的遗存，本质上反映的是与地方土著信仰之间的互涉关系；就故事的结构来说，它同时也指示着"安世高"与"先身同学"三世因果报应之关系。其次，如果剔除"度化湖神"故事情节，"广州毕对 + 广州寻旧 + 误中丧命"这样一个故事情节组合，也构成了一个"三世两报"的叙述结构。这样的叙事模块组合，也许从叙事逻辑上说，的确存在一点问题，但若从对于因果报应观念传达的角度来看，却是问题不大的。

3. 唐宋时期。据表五所示，至少在唐代以后的佛教文献中，关于安世高的故事，在情节结构上，基本上没有多大变化。唯一存在差异的地方，仅仅在于不同的类书在收录安世高事迹时，会根据该类书的性质及对安世高本人的具体定位，省略一些具体的情节，如：道宣《集神州三宝感通录》将其放在下卷《神僧感通录》中，侧重于表现其"感通"的一面，省去了很多关于安世高译经等与"感通"主题无关的成分，只保留了"王子出身""先身之事：预言有命报 + 广州毕对""度化湖神""广州寻旧""误中丧命"等叙述因素；而道世《法苑珠林》则将之置于卷六五《债负篇·感应缘下》，亦是强调一种"感通"的思想，叙述几乎全同《高僧传》。

需要特别提出讨论的是敦煌莫高窟第454窟甬道顶部的这幅安世高感应画（见图一）。学界已有对于莫高窟第454窟的研究，一般认定该窟乃是曹延恭在担任瓜州防御使期间（974—976）主持开凿的。[①]事实上，这样一幅画面，在莫高窟佛窟艺术中，是一个常见的题材——在一些中晚唐、五代，乃至宋代开凿的佛窟甬道的顶部，常常可见这样的画面。[②]为什么这样的画

---

① 这方面的研究，大致有贺世哲"从供养人题记看莫高窟部分洞窟的营建年代"，敦煌研究院编《敦煌莫高窟供养人题记》，文物出版社1986年版，第194—236页；马德"曹氏三大窟营建的社会背景"，《敦煌研究》1991年第1期，第19—24页；贺世哲"再谈曹元深功德窟"，《敦煌研究》1994年第3期，第33—36页；王惠民"曹元德功德窟考"，《敦煌研究》1995年第4期，第163—170页；荣新江《归义军史研究——唐宋时代敦煌历史考察》，上海古籍出版社1996年版；郭俊叶"莫高窟第454窟窟主再议"，《敦煌研究》1999年第2期，第21—24页；沙武田、段小强"莫高窟第454窟窟主的一点补充意见"，《敦煌研究》2003年第3期，第7—9页；郭俊叶《敦煌莫高窟第454窟研究》，兰州大学博士学位论文，2010年。又，郑怡楠考释出P.3542号文书实际上就是敦煌曹氏归义军时期曹延恭开凿第454窟的修功德记，参见郑怡楠"敦煌归义军节度使曹延恭造窟功德记考释"，《敦煌学辑刊》2013年第3期，第104—112页。

② 此画面还可以见之于莫高窟第9窟、第39窟、第45窟、第98窟、第108窟、第126窟、第146窟、第334窟、第340窟、第397窟、第401窟、第454窟，榆林窟第33窟。从中唐到宋初，敦煌感通画的各种题材多成群出现。在中唐至晚唐初时位于主室西壁龛内，分格绘制，题材多是瑞像图与少量传说图，作为主尊宗教内涵的延伸，龛内——这里是神的世界，瑞像们与主尊一样受世人供奉。晚唐前期时开始移到甬道顶两披，分格绘制，题材多是瑞像图与少量传说图。晚唐后期开始，在甬道顶两披分格绘制瑞像图，在甬道顶中央平顶绘传说图、圣迹图、神僧图及少量瑞像图。甬道两壁是绘制供养人像的位置，瑞像则多侧身朝向窟门方向，那里是观者进入某一个窟即某一处宗教世界最先接触的位置，所以甬道是一个优先关注俗人的位置。到宋代时，在一些洞窟中将晚唐后期开始的形式——以类似经变画布局的形式来表现，以原来甬道平顶所绘内容为中心，在上方或下方成行列瑞像群，绘制在洞窟主室的壁面上，或正（西）壁或右（南）壁，这可能是"经变"化的结果。此承张小刚先生赐教，专此致谢！

面常常出现在甬道顶部的位置？对于这个问题，目前学界尚没有较为合理的解释。我们以为或许可以从甬道在整个洞窟所力图营造出的"神圣空间"（Sacred Space）中的具体作用来加以解释。甬道是通往"神圣空间"的必经之路，也是通往佛法觉悟的必由之途。在甬道之上，绘制这样的表示三世因果报应的图像，可能正是想让后来俗世的瞻仰者，通过这条实体和心理上的道路，进入窟中龛内的神圣世界。[①] 我们看 P. 3542 号文书所载的第 454 窟造窟功德记中有"报恩寻因，获果法华。诱化童蒙，金光明□"文句，说的正是在因果的循环中，启发蒙昧，证得佛智的意思。

无论如何，即便撇开上面对于该画具体细节的争论，起码可以做出这样一个推论，即：这幅感应画或许可以代表唐宋时期人们对于安世高故事接受的某种状况 [②]——从图像所反映的情节来说，这种接受的焦点在于安世高"度化湖神"的故事本身。

接下来的问题是：为什么南北朝时期业已基本稳定下来的安世高故事，到了这里，就只剩下安世高与前世同学之间关系这一条线索了？我们以为，可能的解释大概在于，相对于安世高与广州客这一条线索及其所派生的几个故事情节（"广州毕对""广

---

① 巫鸿"建筑和图像程序"（architectural and pictorial program）的提法，颇富启发性。他认为强调对于单独图像的研究，必须要兼顾"图像程序"，即留意画面间的联系而非孤立的画面。这样，发现的便不是孤立的艺术语汇，而是一件具有历史意义的完整作品。参见巫鸿"敦煌 323 窟与道宣"，《礼仪中的美术——巫鸿中国古代美术史文编》，郑岩等译，生活·读书·新知三联书店 2005 年版，第 418—430 页。

② 这里的表述并未对具体地域做出限定，原因在于：一方面，莫高窟一地对于安世高故事的接受情况或许只能代表西北地区的情况；另一方面，鉴于唐五代敦煌地区先进的社会文化生态，又不能简单地将之同整个帝国的"大传统"割裂开来。

州寻旧""误中丧命"），安世高与前世同学之间所发生的"度化湖神"的故事情节，也许更适合用图像加以表现，尤其是对于"蟒蛇"（前世同学）的表现[①]——从宗教观念传达的心理效应上讲，这一形象在观者心中所引发的畏惧感受，以及由此进一步促成的威慑和崇信等情绪反应，大概是前几个故事情节所难以具备的。

第三节 作为"事件"和"神话"的安世高形塑

以上分别从书写系统和书写时代两个角度尝试分析了安世高故事书写成立的过程。在这一节中，需要讨论的问题是：在僧传书写体系中，作为"事件"的安世高形象塑造与作为"神话"的安世高形象塑造两者之间的区别与联系及其成因。[②]

我们的分析重点将放在慧皎《高僧传·安世高传》的本文上，因为在上面分析安世高文献材料中"僧传系统"的前两者——《安世高别传》与《出三藏记集》之《安世高传》，前者正见引于《高僧传》，而后者通过之前的比勘，可以发现它与《高僧传》乃属同一文本系统。

---

① 动物在中古政治史、佛教史上的重要意义，近年来为学界所关注，参见陈怀宇《动物与中古政治宗教秩序》（增订本），上海古籍出版社 2020 年版。

② 这里借鉴的是保罗·柯文（Paul A. Cohen）关于义和团研究的思路。他认为了解过去的途径，按照观点和视角的不同，大体可以分为：经历（experience）、事件（event）和神话（myth）。"事件"是对过去的一种特殊的解读，"神话"是以过去为载体而对现在进行的一种特殊的解读。这两条路径都是在过去与现在之间建立一种互动关系。在这个过程中，现在的人们经常按照自己不断变化的多样的见解，有意无意地重塑着过去。参见〔美〕柯文《历史三调：作为事件、经历和神话的义和团》，杜继东译，江苏人民出版社 2000 年版，第 1—6 页。

一、作为"事件"的安世高形象塑造

慧皎所作的《安世高传》，里面所记述的有关安世高的诸多事件，已经备列于前（"因素1—27"）。但是，如果进一步细绎这些事件，我们会发现一个很有意思的现象，即作者在每一个"事件"的叙述中，总是试图安插一个或多个"前事件"，把它或它们作为"事件"叙述的"落脚点"或"支撑点"，例如：

（1）"因素1"（出身）+"因素7"（让国与叔）的叙述→"因素25"（安侯之号）——交待其"王子"的出身以及"让国与叔"的事迹，落脚点在于说明"安侯"名号的来源。

（2）"因素10"（通习华言）→"因素11"（宣译众经）——交待其能够精通汉语，是为了解释安世高为何能翻译如此众多的经典。

（3）"因素13—23"（"安世高与广州客""安世高与先身同学"两条线索）←"因素15"（灵帝之末，关洛扰乱）+"因素16"（䢼亭湖庙旧有灵威）+"因素19"（造东寺）+"因素21"（蛇村）——交待汉灵帝时大的政治背景和䢼亭湖庙原有的传说，以及东寺、蛇村的由来，是为了给"安世高与广州客""安世高与先身同学"两条线索故事提供叙述的时间和地点等必要的背景信息，保证神异叙事的有效展开。

这些"落脚点"和"支撑点"都是先前独立于《高僧传》叙事的"前叙事"（安侯、译经、灵帝、关洛、䢼亭湖、东寺、蛇村），这样的"前叙事"，显得比较零碎分散，甚至其具体指向是否与安世高本人重合都值得怀疑，如"安侯"的称谓在《安世高别传》中，指的是"晋太康末"的"安侯道人"，与道安经录里指称"汉桓建和二年"的人，明显难符——这一点已经被慧皎看出来，因此他才会在最后的考证部分加以推测和弥缝。

　　但是，如果非要从这些"前叙事"因素中理出一点关于安世高形象的线索的话，恐怕只能是：安世高翻译过一些佛经，大概在汉代曾从关洛地区去过南方，并留下一些事迹。这样作为"事件"的安世高形象，坦白地说，无疑是单调且富于种种不确定性的。

二、作为"神话"的安世高形象塑造

　　作为"事件"的安世高形象好像一棵有待"嫁接"的树，横生着很多枝条。很显然，僧传书写者并不满足它光秃秃的状态，他尝试着挂一些叶子和果实上去，使其显得更加枝繁叶茂，更加符合自己心中的理想。僧传书写者首先得将所有的"前叙事"因素撮合起来，编制成一条以安世高为中心的"树干"，然后再以那些因素为"枝条"，将其催生出一些富于情节、神态和对话的"绿叶"。正如上面所揭示的那样，书写者很成功地将"前叙事"因素拼合在一起，并把它们作为情节、神态、对话等方面敷衍的"落脚点"和"支撑点"。试看安世高"广州毕对"以及"度化湖神"情节中角色之间传神的对话以及细致的神态描绘（"观者填陌""悲泪如雨"等），它们均是在一个个"事件"所编制的具体时空中才能得以呈现。

　　这样，经由上述过程，与作为"事件"的安世高形象塑造比较起来，这时得到的安世高形象显得有所不同，看起来更加立体、丰满——首先，他语言才华特别突出，因此译经众多且译品高超；其次，他富于神迹，无论是懂得燕语，还是能度化湖神，都显示着他的不凡；最后，他安于因果报应，从容毕对。

下面的问题是，僧传作者如此塑造形象的意图何在？

前文在分析南北朝时期安世高"神迹"故事叙述模块的时候，曾详细考察过《高僧传》安世高传记书写中具体的情节组合方式，以及为什么会有这样的组合。我们已经发现"广州毕对＋度化湖神＋广州寻旧＋误中丧命"这样的情节模块组合，主要体现了对于三世因果报应思想的宣扬。但这还只是就故事叙述结构而言，它是否具有某种现实意义呢？

如本书首章所揭，慧皎《高僧传》中很多僧人传记材料借鉴了僧祐的《出三藏记集》，安世高传记也是如此（通过上列表四、五不难直观见出这点）。但是，是否可以说慧皎完全照抄了僧祐的成果，他自己并未有所损益，只是简单地编订了之前有关安世高的那些材料呢？[①]

答案当然是否定的，慧皎并没有简单地因袭，他对于安世高事迹的书写，实在有着比较明确的现实指向性。历来研究《高僧传》的学者，往往都能注意到慧皎在书写体例上的创新——"十科"的分类法以及"论赞"的引入。且不妨就从《安世高传》在"十科"中的具体定位以及"论赞"中的具体评述入手，来究明这种现实指向性。

在慧皎《高僧传》"十科"架构体系中，安世高传的位置居于首科（"译经"）之三，排在他前面的是摄摩腾和竺法兰，这只是一种时间线性的安排，但是考虑到摄摩腾、竺法兰在慧皎当时及后来均没有确切的文献记载，故而安世高可谓是有可靠记载、真正在汉地系统翻译佛经的第一人。因此，实在来说，安世

---

① 除了"因素4"（解燕语）部分的敷衍，和"因素28"（考证）部分对于安世高活动年代的考证。这两处对于说明本问题构成的影响微乎其微。

高也可谓是《高僧传》中地位最重要、最费尽笔墨的人物之一，是慧皎所着力表彰的人物。

此外，在"译经"科的"论赞"中，慧皎在评述安世高事迹的时候，有如下议论：

> 又世高……理思淹通，仁泽成雾（务），而皆不得其死，将由业有传感，义无违避，故罗汉虽诸漏已尽，尚贻贯脑之厄，比干虽忠謇竭诚，犹招赐剑之祸，匪其然乎。[①]

这段话提出了一个尖锐的难题，任何一个安世高故事的读者都可能会面对，即：为什么像安世高这样一位高僧，却"不得其死"（在《高僧传》的故事版本中，安世高之"前身"死于广州市中少年之手，"此身"死于会稽市中乱斗）？为什么富于"仁泽"之人，却不得好报？

这样一个难题，涉及佛教的轮回报应思想与中土既有思想的冲突，又关乎佛教的起信，意义不容小觑。我们今天还能在《弘明集》中看到当时人关于这个难题的疑问与各种解释。其中，最著名的，当数东晋慧远法师的《三报论》。这篇论辩文字诸版本的标题注释，均作"因俗人疑善恶无现验作"，即明白地提示着当时僧俗两界关于善恶报应的验证问题（其中最焦点的问题就是人们在现世看不到善恶及时的报应），存在着比较严重的分歧。试看慧远是如何加以解释的：

> 经说："业有三报，一曰现报，二曰生报，三曰后报。"

---

① ［南朝梁］释慧皎撰，汤用彤校注：《高僧传》卷三，第 142 页。

现报者，善恶始于此身，即此身受；生报者，来生便受；后报者，或经二生、三生、百生、千生，然后乃受。受之无主，必由于心；心无定司，感事而应；应有迟速，故报有先后。先后虽异，咸随所遇而为对；对有强弱，故轻重不同。斯乃自然之赏罚，三报之大略也。非夫通才达识，入要之明，罕得其门。降兹已还，或有始涉大方，以先悟为蓍龟；博综内籍，反三隅于未闻。师友仁匠，习以移性者，差可得而言。请试论之。

夫善恶之兴，由其有渐，渐以之极，则有九品之论。凡在九品，非其现报之所摄；然则现报，绝夫常类可知；类非九品，则非三报之所摄。何者？若利害交于目前，而顿相倾夺，神机自运，不待虑而发；发不待虑，则报不旋踵而应，此现报之一隅，绝夫九品者也。又三业殊体，自同有定报，定则时来必受，非祈祷之所移，智力之所免也。将推而极之，则义深数广，不可详究，故略而言之；想参怀佛教者，以有得之。

世或有积善而殃集，或有凶邪而致庆，此皆现业未就，而前行始应。故曰：祯祥遇祸，妖孽见福，疑似之嫌，于是乎在。何以谓之然？或有欲匡主救时，道济生民，拟步高迹，志在立功，而大业中倾，天殃顿集；或有栖迟衡门，无闷于世，以安步为舆，优游卒岁，而时来无妄，运非所遇。道世交沦，于其闲习；或有名冠四科，道在入室，全爱体仁，慕上善以进德，若斯人也，含冲和而纳疾，履信顺而夭年。此皆立功、立德之舛变，疑嫌之所以生也。大义既明，宜寻其对；对各有本，待感而发；逆顺虽殊，其揆一耳。何者？倚伏之势，定于在昔；冥符告命，潜相回换。故令祸福之气，交谢于六府；善恶之报，舛互而两行。是使事应之际，愚智同惑，谓积善之无庆，积恶之无殃；感神明而悲所遇，慨天殃之于善人。咸谓名教之书，无宗于上，遂使大道翳于小成，以正言为善诱，应心求实，必至理之无此。

原其所由，由世典以一生为限，不明其外；其外未明，故寻理者，自毕于视听之内。此先王即民心而通其分，以耳目为关键者也。如今合内外之道，以求弘教之情，则知理会之必同，不惑众涂而骇其异。若能览三报以观穷通之分，则尼父之不答仲由，颜、冉对圣匠而如愚，皆可知矣。亦有缘起，而缘生法虽预入谛之明，而遗爱未忘，犹以三报为华苑，或跃而未离于渊者也。

推此以观，则知有方外之宾，服膺妙法，洗心玄门，一诣之感，超登上位。如斯伦匹，宿殃虽积，功不在治，理自安消，非三报之所及。因兹而言，佛经所以越名教绝九流者，岂不以疏神达要，陶铸灵府，穷原尽化，镜万象于无象者也。①

在慧远的解释体系中，人们之所以会对佛教的报应学说产生"疑嫌"：一方面是因为善恶有个累积的过程（"渐""九品"），如果此时还在渐变的过程，则不会产生"现报"的效应；另一方面，即便有了"现报"，也与人们通常意义上的理解有区别（"现报""绝夫常类可知"）。总之，俗众对于诸如"积善而殃集""凶邪而致庆"等的疑惑，归根结蒂，乃是由于他们

① ［南朝梁］释僧祐撰，李小荣校笺：《弘明集校笺》，上海古籍出版社 2013 年版，第 288—291 页。

的眼光只放在"此身"一世，不能意识到在"现报"之外，还有"生报""后报"，在"此生"之外，尚有"来生""二生""三生""百生""千生"（"世典以一生为限，不明其外。其外未明，故寻理者，自毕于视听之内"）。也正因为这样，佛教显得要比"名教""九流"更有深远的关怀，正如前文所引孙皓与康僧会对话中，康僧会所云的那样，"周孔所言，略示近迹。至于释教，则备极幽微"。

回到慧皎对于安世高形象塑造的本题上，我们能够发现他对于上述"难题"的解释，与慧远的逻辑几乎一致——"将由业有传感，义无违避。故罗汉虽诸漏已尽，尚贻贯脑之厄，比干虽忠謇竭诚，犹招赐剑之祸"，即安世高之所以"不得其死"，主要是由于其"业有传感"，有着前世诸多的业因——在故事中，就是"毕宿世之对""宿缘""余报"等语所暗示的那样，诸多的业因不是在此身所能找到。

但更为重要的，我们也能进一步发现，他对于这一具有极强现实意义难题的回答，却没有停留在慧远理论层面的往复论辩。相反，他意图通过对于安世高这样一个具有历史原型形象的塑造，一方面具体而形象地向读者展示轮回报应究竟是什么样子（"安世高与广州客"和"安世高与同学"两条"三世两报"的线索），另一方面又告诉读者，像安世高这样的高僧在面对轮回报应时所秉持的是何等从容的姿态（传记的叙述中，安世高在处理每一次将要或正在面对的报应时，显得是那么的从容，丝毫不见迟疑犹豫[①]）——而鉴于《高僧传》的宗旨乃是为人们树立懿言范

---

① 在"广州毕对"的情节中，安世高从容之态（"遂申颈受刃，容无惧色"）与俗众的态度（"观者填陌，莫不骇其奇异"）形成了十分鲜明的对比。

行①，故而，其最终的目的，则又在于指导读者如何看待上面所谓的"难题"，以及在日常的宗教修行中所应当秉持的态度。

如此，大概可以理解作为"神话"的安世高形象塑造，实则有着现实的意义指向。具体说来，便在于对现实佛教传播过程中轮回报应思想所引发的诸种疑惑的解答。安世高事迹的书写，只是这一意义阐释的起点和基础，其最终需要达成的阐释成果是：一方面既要由此彰显轮回报应思想本身，另一方面又要示范面对这一思想，实践者所应具备的正当态度。

第四节　多维的书写及意义

以下，回到《高僧传》书写本身，考察安世高传记书写中存在着哪些书写维度，分析这些维度之间的关系，弄清它们是怎样配合以达成一种佛教史学书写范式。

一、历史的维度

安世高传记中涉及史实的部分，如前文所述，较为零碎分散，主要涉及传主的出身、才能、行迹等。考虑到之前所论述的，安世高的故事其实是一个逐步累积、动态建构的过程，因此这种零碎分散的史实势必存在着种种龃龉矛盾之处，甚至有张冠李戴的现象，诚如慧皎在他自己的考证部分所云："寻访众录，记载高公，互有出没"。

---

① 慧皎《与王曼卿书》说："顾惟道借人弘，理由教显，而弘道释教，莫尚高僧。故渐染以来，昭明遗法，殊功异行，列代而兴。敦厉后生，理宜综缀。"（［南朝梁］释慧皎撰，汤用彤校注：《高僧传》卷十四，第553页。）

从历史书写求真、求信的角度来说，面对上面所说的这种状况，书写者首先要做的可能应是对相关史实有所辩证厘定。事实上，慧皎在《安世高传》最后的考证部分，关于安世高诸行迹日期的考证，正是基于历史求信的原则。但是，相较于围绕在书写对象周围有那么多的不清楚或者不确定，考证的态度其实并不能处处适用，因为考证需要有相对充分的史实证据作为基础。但在慧皎之前，关于安世高某方面事迹有大量历史证据的现象，其实并不那么常见。更多的情况是，往往只有那么一些零散的材料，而它们只能独自说明安世高事迹的某些方面。因此，慧皎在对待安世高事迹史实材料处理上的态度是，在承认他之前许多记录存在龃龉的前提下，主张一种"求同存异"的史实材料处理原则，即"将以权迹隐显，应废多端，或由传者纰缪，致成乖角，辄备列众异，庶或可论"。这样一种将各种异闻并置的做法，表面上似乎显得繁乱不整，但实际上，却正可以由此见出慧皎在处理安世高事迹史实材料时的审慎态度。

如果说，"求同存异"的原则主要针对的还是不同来源或类型的事迹材料，那么接下去的问题就在于，怎样组织这些按照"求同存异"原则网罗来的事迹材料。

这里，可以看到慧皎的书写境遇，其实与司马迁《史记》对于远古"三皇五帝"等事迹的记述有着很大的相似性——它们皆面临着很多莫衷一是的记载与传闻。司马迁说："学者多称五帝，尚矣。然《尚书》独载尧以来；而百家言黄帝，其文不雅驯，荐绅先生难言之。孔子所传《宰予问》《五帝德》及《帝系姓》，儒者或不传。余尝西至空桐，北过涿鹿，东渐于海，南浮江淮矣，至长老皆各往往称黄帝、尧、舜之处，风教固殊焉，总之不离古文者近是。予观《春秋》《国语》，其发明《五帝德》《帝系姓》章矣，顾弟弗深考，其所表见皆不虚。书缺有间矣，其轶乃时时见于他说。非好学深思，心知其意，固难为浅见寡闻道也。余并论次，择其言尤雅者，故著为本纪书首。"①这段话表明了司马迁面对这种书写"困境"时的态度是：首先，尽量采集各种异辞传闻，求同存异，因此他不辞劳苦，"西至空桐，北过涿鹿，东渐于海，南浮江淮"，四处搜集事迹材料，包括百家言、各处长老的传说等。其次，处理这些采集来的事迹材料时，是把所有的材料放在一起考量，选择其中"雅驯"的（"余并论次，择其言尤雅者"），但是"雅驯"的标准则不太容易把握，司马迁的看法是，首先须是官守典籍（如《春秋》《国语》）载明的，其次必须借此传达出一定的道义（这需要"好学深思，心知其意"）——这就体现出司马迁本人的褒贬精神了，即他要通过对于相关材料的组织，传达出一种对于真、善的褒扬态度，表现在具体的记述中，就是对古来"仁圣贤人"（如尧、舜、禹、伯夷、叔齐等）举贤让能精神的赞扬。

事实上，按照什么样的框架组织历史材料，关乎历史意义的生成。柯林武德在讨论历史学家处理历史证据时，提出一种"剪刀加浆糊"的方式，他认为这种方式是"一位历史学家搜集证词（口头的或书写的），对于其可靠性使用他自己的判断，并把它放在一起出版；他对它所做的工作部分是文学的——他的材料表现为一种有联系的、一致的和令人信服的叙述——而部分则是修辞学的，如果我可以用这个词来指明下述事实的话，即大多数古代

① ［汉］司马迁：《史记》卷一《五帝本纪》，中华书局1959年版，第46页。

的和中世纪的历史学家们的目的就在于证明一个论题，特别是某种哲学的或政治的或神学的论题"①。历史学家在用剪刀和浆糊，一点点地把相关历史证据拼贴在一起的时候，那些历史证据的可靠性以及充分与否并不重要，重要的是如此拼贴的目的是什么。按照柯林武德的理解，那种拼贴不过是为了证明某个论题而已。也就是说，那种方式是理念先行的，材料处于相对从属地位。对于历史研究来说，那样的做法固然不足取。但若是将其拿来与慧皎对于安世高事迹材料的处理方法相类比，则显得很有启发意义。前文我们在分析《高僧传》安世高故事的结构时，已经明确了其叙事结构的架构乃是服务于因果报应观念（"三世二报"）的传达，而这种对于因果报应观念的宣扬，则又有着极其明确的现实指向性，因此，从最终关怀的角度来讲，慧皎关于安世高事迹史实材料的处理，有着十分明确的现实意义。

总之，通过慧皎在处理安世高事迹材料上所体现出来的考据态度和"求同存异"的原则，以及在事迹材料组织之外所力图传达理念的现实指向性，大致可以把握安世高形象塑造背后的历史维度。

二、宗教的维度

如前所分析，在定型版本的安世高故事中，除去因素"1—12"，剩下"广州毕对＋度化湖神＋广州寻旧＋误中丧命"这样的模块组合，不是各种安世高传说故事的随机拼合，它包含着"安世高与广州客""安世高与同学"两条叙述线索，也对应地

① 〔英〕柯林武德:《历史的观念》(增补版)，何兆武、张文杰、陈新译，北京大学出版社 2010 年版，第 255 页。

隐藏着两个"三世二报"的叙述结构。这样，仅就安世高故事的叙述结构而言，它服务于并收束于对于宗教理念（"三世二报"）的传达。围绕在安世高周围的事迹，既说明了现实中"轮回报应"的体现，又宣扬了实践中人们应该以怎样的态度来面对这种"轮回报应"。

正如前举司马迁《史记》对于"五帝"等远古事迹书写的例子所展示的，中国传统史家汇集组织各种历史事迹材料，其真正意图乃在于借此传达史家本人的褒贬态度。这种史学精神，类似于柯林武德所说的，历史学家"拼贴"历史证据的目的在于证明某种哲学的或政治的或神学的论题。可以看到慧皎对于安世高种种事迹材料的处理，乃是意图通过一种对于具体历史背景的建构，来形象地展示"轮回报应"的宗教理念。这种做法，较之于简单抽象地说教，显然要生动得多。

因此，叙述结构，再加上最终的意义指向，就构成了安世高形象塑造的宗教维度。

三、文学的维度

从传记的文体特征来说，自然是以塑造人物为重点。陆扬在解读《鸠摩罗什传》时提示，慧皎在处理像鸠摩罗什这样的域外高僧与像道安这样的中土高僧时，在叙事上分别采用了"一开始就充满不凡"和"在平凡中见出神圣"的模式[①]——这是一个比较有意思的发现，就《安世高传》而言，定型的版本处处彰显着传主从一开始就充满着不平凡，如王子的出身、解燕语、让国与

[①] 陆扬："解读《鸠摩罗什传》：兼谈中国中古早期的佛教文化与史学"，第88页。

叔、通习华言以及后来"多有神迹"部分所列的种种事迹,传主的性格也似乎从始至终就具有稳定的宗教神圣性。如果按照福斯特的说法,这一定程度上符合"扁平人物"性格塑造的特征——漫画化、夸张化,使得其似乎远离实际生活;典型性、抽象性,又使得其具备对于现实生活的高度凝练。①

《安世高传》中我们看不到传主在性情、思想等方面存在的矛盾,安世高面对报应的态度自始至终都是一致的。一个最为明显的特征,就是在即将转入报应叙事的"关口",安世高总是会有一番带有"预言"性质的发言,如:在"广州毕对"前说:"我当往广州,毕宿世之对,卿明经精勤,不在吾后,而性多瞋怒,命过当受恶形,我若得道,必当相度";在"广州市中被杀"之前说:"我宿命负卿,故远来相偿,卿之忿怒,故是前世时意也";在"度化湖神"之前说:"我当过庐山,度昔同学";在"会稽市中殒命"之前说:"吾犹有余报,今当往会稽毕对"。言辞中"当"字频频出现,所透露的完全是一种安于报应的从容态度。

如此终始一贯的态度,乍一看来,使人觉着与世俗人情难以相符,也抹煞了传主的个性特征,呈现给人们的是一种夸张印象。但是,在另一方面,正是这种有意的使其高于凡常的"陌生化"②区隔效果,才可能使预设的《安世高传》的读者充分地在

---

① 〔英〕爱·摩·福斯特:《小说面面观》,苏炳文译,花城出版社 1984 年版,第 59—68 页。

② "陌生化"(defamiliarization)是俄国形式主义诗学的重要概念,它强调一种对常规的偏离,造成语言理解与感受上的陌生感,从而使观照对象获得一种习以为常之外的新感知、新兴味。参见〔俄〕维克多·什克洛夫斯基"作为手法的艺术",〔俄〕维克多·什克洛夫斯基等《俄国形式主义文论选》,方珊等译,生活·读书·新知三联书店 1989 年版,第 1—10 页。

合适的观照距离中，树立起一个值得崇拜的"高僧"形象。需要
注意的是，这里强调的是"合适的关照距离"。这意味着如果这
种距离太远，则容易使对象变为一种遥不可及且无关利害的"景
观"；相反，如果太近，则易因太过庸俗琐碎而难生榜样崇敬的
效应。"合适的关照距离"应该是介于两者之间，一方面使得对
象高于凡常，其性格特征集合了众多的优秀品质，另一方面又须
使对象的言谈举止切近预设读者的日常生活。如果说前者的达成
需要借助"陌生化"的修辞手段的话，那么后者则需要借助对具
体生活情境的想象和细节化描绘了。试以安世高故事定型版本中
"广州毕对"这一情节为例说明此点——

> 既而遂适广州。值寇贼大乱，行路逢一少年，唾手拔刃
> 曰：真得汝矣！高笑曰：我宿命负卿，故远来相偿，卿之忿
> 怒，故是前世时意也。遂申颈受刃，容无惧色，贼遂杀之。
> 观者填陌，莫不骇其奇异。

在这一场景中，出现三个不同的描写对象："少年""（安世）
高"和"观者"。整段叙述，既有动作神态描摹，又有语言渲染。
"少年"之"唾手拔刃"动作，以及"真得汝矣"这句话，俨然
寻仇良久，忿怒之态脱然而出。而在对安世高神态描写时，则用
了一个"笑"字；刻画其动作，则用了"申颈受刃"，从容之态
显然。至于旁边的"观者"，"填陌"一词足见集市观众之多，也
可推知安世高的举动是多么地与众不同。总之，三个描写对象，
一"忿"、一"笑"、一"骇"，合在一起，构成强烈的神情对
比。这种细节化的描写，让人印象深刻。

总之，"陌生化"的修辞手段以及经由想象改造的细腻细节描写，构成了安世高形塑过程中的文学维度。

四、维度的交叉

以上分别解析了安世高形象塑造背后所存在的历史、宗教和文学三个维度。可以发现，这三个维度实则各自指向安世高形象塑造的某一方面：历史维度→事迹史实材料＋现实关怀；宗教维度→叙述结构＋意义指向；文学维度→修辞手段＋想象。

鉴于这三个维度代表了安世高形象塑造的三个重要组成部分，因此在实际书写中，三者呈现一种立体交叉的状态。一个完整的故事叙述，既需要有一定的事迹材料作为"骨架"，又需要按照一定的叙述结构加以合理排布，还须搭配有适合的修辞手段；同样，对于一个故事的书写，既是由于现实的感发而生成某种意义，又须将意义落实到实践中去。换言之，历史要照顾到意义（宗教），宗教要依托于背景（历史），文学则是填补背景与意义之间的想象。

接下去，需要评估在安世高形象塑造这一案例中，历史、宗教和文学三个维度交叉的效果。

如前文对于三个书写维度的具体分析所示，历史维度要求的是一种"考据"和"求同存异"的求真态度，而宗教维度则要求一种对于佛教轮回报应思想阐述的求善态度，文学维度介于两者之间，诉求一种形象生动叙述的求美态度。于是，在安世高事迹书写中，"求真""求善""求美"三者之间呈现出一种张力关系。然而，坦白地说，书写者对这三者之间的张力协调得并不理想。可以看到，书写者在处理安世高事迹材料和阐释"三世二报"宗教思想时，存在着无法被忽视的矛盾——历史的态度要求表现一种变迁演进，因此在处理事迹材料时，须得展示这种变迁；而宗教的态度，则要求一种教义理念的稳定恒久，因此在书写时容不得歧义的出现。在安世高事迹的书写中，可以看到僧传作者的态度，其实是用前者来迁就后者，即为了更好地阐述"三世二报"思想，书写者有意整饬那些事迹材料，使其在叙述层面显得更一致、更连贯，其间甚至故意舍弃很多有碍阐述上述思想的材料（《出三藏记集》《高僧传》在结构上与《幽明录》的差异即可说明这一点，具如前论）。① 这样的矛盾，体现在文学的维度中，就变成"扁平人物"的性格与具体情节的细腻化描绘之间的对立——性格的脸谱化势必要抹煞个性的多样性和复杂性。因此，就安世高故事本身而言，安世高形象的鲜活性甚至不及"少年"和"蟒蛇"。

　　钱穆在讨论《高僧传》这部书的史学价值时，曾颇有见地地指出了源自印度的宗教观念与来自中土的历史书写传统两者所可能存在的龃龉。②

① 海登·怀特（Hayden White）认为："历史故事的解释效果来自它赋予事件的连贯性，而这种连贯性是通过将特别的情节结构强加给故事而实现的。"（〔美〕海登·怀特：《后现代历史叙事学》，陈永国、张万娟译，中国社会科学出版社2003年版，第354页。）

② 钱穆说："宗教家不看重历史；特别是佛教，它本身就没有历史，连印度也没有历史，但佛教传达中国，中国僧人就把中国文化传统看重历史的眼光，来记载佛教史。即论世界各大宗教，有精详的历史记载的，也就是中国佛教了。但把历史来记载宗教，这情形就会和原来的宗教发生很大差异。宗教本身不看重历史，今把一代的教主，和下面很多其他传教的人，分着年代，再分着门类，详细把事情记下；把历史意义加进去，至少其本身的宗教观念，会因此而开明得多，就会变成一种新观念，不啻在宗教里开辟了一个新天地。因此下面才有所谓中国佛学之产生。此即佛教之'中国化'，乃是说在宗教里边加进了中国文化传统中的人文历史观点。那是一件了不起的事。"（钱穆：《中国史学名著》，

对于中古僧传的书写者而言，如何协调这两者之间的关系，这是一个颇值得考究的问题。就本章所讨论的案例而言，很显然，一方面书写者注意到了中国的历史书写传统对于传达佛教轮回报应思想所应发挥的作用，他试图将两者加以结合，使宗教的意义在历史的维度中加以定位，但另一方面他在面对两者由于文化传统差异所导致的书写矛盾时，则有倾向性地将"砝码"加在了宣扬宗教教义的一方，理想的平衡状态遂很难达成。

陆扬在研究中曾揭出僧祐和慧皎在书写《鸠摩罗什传》的时候，"以鸠摩罗什的智慧以及由智慧所引发的人物内心和外部世界的反应为贯穿全传的主要线索，以他和西域中土的佛教群体之间的复杂关系为背景，来说明这位重要人物的生平以及他在佛教历史传统中的定位。他们用精心安排的叙述结构，揭示出鸠摩罗什既天才又软弱的个性，并以此来微妙地揭示宗教上知行之间的紧张关系。尤其了不起的是他们能从中土僧人的立场来把握一个

（接上页）第 158 页）关于古代印度是否具有历史这个问题，笔者 2013 年 8 月曾借杭州研修班的机会当面请教过日本创价大学的辛岛静志教授，辛岛教授以为钱穆先生的论断大致不错，惟印度西北部犍陀罗地区现今可见一些关于庙宇建设方面的历史记录材料，但从严格意义上的史传标准来看，大概是可以忽略的。又，纪赟从中印思维的角度，有这样一个推论，比较富有兴味："印度本土时间观念极为特殊，在中国人的经验世界里时间是单维度线性发展的态势，这一种思维定式中国人在很古的时候就已经形成了。而印度古代社会则不同，其时间观念呈现出可以重叠、具有循环性、并且可以共生同时的复杂面貌。我们可以以佛教时间观念为例，在佛教的教义里，时态有过去、现在和未来三时，这看起来和中土的时间观没有区别，但是这三时却非线性展开，而是呈平面铺开。这两种观念的区别，打个比方，在中土时间观念里，人是处在当下的由过去转化而来的现在的人，并且一刻不停地成为过去；而在印度的时间观念里，人是既可以活在过去，又可以同时存在于现在和未来的人，他可以在各个时间段里跳跃，而不会受到线性时间法则的制约。再加上与此相应的多层次的空间观，使得印度人的思想观念更加复杂。"（纪赟：《慧皎〈高僧传〉研究》，第 49—50 页。）

域外杰出僧人所可能面临的精神困境，以一种批评却又不失同情的态度来对待这位宗教人物的瑕疵"①。我们如果将《鸠摩罗什传》与《安世高传》放在一起加以比较的话，同样是对于域外高僧的书写，却很明显感觉出前者在处理上述矛盾时，相对而言更加地成熟——固然可以说僧祐和慧皎当时所见鸠摩罗什的事迹材料要多于安世高的，因而书写起来要更加从容。但要从传主的宗教理念（或神圣性）必须经由具体的历史过程才体现出来这一点来讲，则可以发现书写者此时实则已经将历史意识贯注到了宗教维度里。

为什么从《安世高传》到《鸠摩罗什传》会有如此巨大的变化？我们以为可能的解释大概在于：两者代表了中古僧传书写典范形成的两个阶段——《安世高传》代表了初期僧传书写试图绾合佛教教义与中国史传传统的努力，而《鸠摩罗什传》则显示了僧传书写典范确立后，僧传书写者在对书写原则的把握上所具有的高度②。但无论如何，《安世高传》的书写正可作为一个"视窗"，借此可以窥见中古僧传书写典范确立初始阶段，书写者所面对的"困境"以及解决此"困境"的向度。

---

① 陆扬："解读《鸠摩罗什传》：兼谈中国中古早期的佛教文化与史学"，第 87 页。

② 《高僧传》并非成于一时一地，甚至一人，今日所见的文本，也是经由一段时间的积累汇集而成。目前学界已有学者关注到《高僧传》的文本增补等问题， 如 Ding Yuan (Zhaoguo WANG), "Newly Discovered Japanese Manuscript Copies of the Liang Biographies of Eminent Monks 梁高僧传: An Examination of the Problem of the Text's Development based on a Comparison with Printed Editions"，国際仏教学大学院大学研究紀要，Vol. 16, 2012, pp. 129-142.

第四章

空间·想象·认同:《高僧传》
对于"太武灭佛"事件的书写与建构

　　学界目前对于《高僧传》有一个基本的评价,即认为由于慧皎本人属于南方人(会稽上虞),终生未曾涉足北方,故其书详于南朝高僧事迹书写,却略于北朝僧人记述。也正因此,后来唐代道宣在编撰《续高僧传》的时候,才试图有所改变。[①]大家所持这样的意见,可能都是接受了道宣《续高僧传·序言》中的说法:"昔梁沙门金陵释宝唱撰《名僧传》,会稽释惠(慧)皎撰《高僧传》,创发异部,品藻恒流,详核可观,华质有据。而缉裒吴、越,叙略魏、燕,良以博观未周,故得随闻成彩。加以有梁之盛,明德云繁,薄传三五,数非通敏。斯则同世相侮,事积由来,中原隐括,未传简录,时无雅赡,谁为补之? 致使历代高风,飒焉终古。"[②]事实上,

---

①　如陈垣谓慧皎《高僧传》之撰作"惜为时地多限,详于江左诸僧,所谓'伪魏僧'仅得四人,此固有待于统一后之续作也"。见陈垣《中国佛教史籍概论》,第 19 页。

②　[唐]道宣撰,郭绍林点校:《续高僧传》,第 1—2 页。

检查《高僧传》全文，也的确能发现慧皎所记北朝僧人为数极少，总计只有五人。① 纵使考虑到《高僧传》文本可能存在增删的情况，这样的数字，相较于整部书所记僧人的总数来说，依然显得微不足道。

尽管如此，我们还是存有一个疑问：这种数量上的稀少，是否一定意味着慧皎"博观未周""同世相侮"，或真的"中原隐括""未传简录"？现在我们无从得知道宣所谓"同世相侮"所指为何，或因梁朝佛教隆盛，慧皎以南方文化为本位，所以有点看不起同一个时代但政治阵营对立的北方，因此只记载了寥寥几位北方高僧。此外，考虑到现存关于慧皎的记录未有表明他曾去过北方，故而"博观未周"或许也能说得通，但若说是因为中原高僧的事迹没有写下来并传到南方，从而导致记载的北朝僧人数量较少的话，恐未必属实，因为就慧皎撰作材料的来源来说，他已明确自言："搜捡杂录数十余家，及晋、宋、齐、梁春秋书史，秦、赵、燕、凉荒朝伪历，地理杂篇，孤文片记。并博咨古（故）老，广访先达，校其有无，取其同异。"② 这表明他在撰作《高僧传》时，一方面利用"书史""伪历"之类的"简录"文献，另一方面也借助于故老先达们的口述文献。仅就慧皎对于北方的了解而言，他已明言自己是看过北朝相关文献材料的（"秦、赵、燕、凉荒朝伪历""地理杂篇"），更何况就情理上说，在当时北人南流的背景

---

① 这是按照各条传记的标目来界定传主是否为北朝僧人。事实上，《高僧传》中还有相当多的僧人其实也是北方人（出生或者出家学法在北方），只是他们后来的驻锡地在南方，因此慧皎便在标目上将他们归入南方。又，道宣《续高僧传序》批评慧皎"薄传三五"，而"三五"若按偏正结构加以语义落实的话，则似乎明确指示《高僧传》记录了五位北方僧人。陈垣《中国佛教史籍概论》仅说有"伪魏僧"四人，实则还有卷十二《宋伪秦蒲坂释法羽》，合之是为五人。

② ［南朝梁］释慧皎撰，汤用彤校注：《高僧传》卷十四，第 524 页。

下，他不会没有可能从流寓南方的北人口中，听到关于北方高僧的掌故传说。① 因此，谓慧皎因为地理空间等限制，对于北地的了解不如南方谙熟则可，但若说其对于北方一无了解，则不符情理。

本章试图以一个实例来展示慧皎对于北方了解的途径、方式，以及其对于北方的书写是如何突破空间上局限，在政治认同和信仰立场的配合作用下，建构起对于北朝涉佛政治事件的认知。

第一节　两条重要的记载

慧皎在《高僧传》中，对于同时期北朝僧人的记载共有五则，分别为：卷八《齐伪魏济州释僧渊》《齐伪魏释昙度》；卷十《宋伪魏长安释昙始》②；卷十一《宋伪魏平城释玄高》；卷十二《宋伪秦蒲坂释法羽》③。这五则传记，以《昙始》《玄高》两传较为详细，余则极其简略，仅著明传主一生大致行迹和撰著情况而已，几乎不涉及对北朝政治事件的记述。检查《昙始》《玄高》两传，可发现两者有一共同点，即均有相对大量的文字涉及"太武灭佛"事件。④ 如果上述《高僧传》中仅有的五条传记能够

---

① 胡阿祥曾详细考察过东晋南朝南方侨居人口的情况，见胡阿祥《东晋南朝侨州郡县与侨流人口研究》，江苏教育出版社 2008 年版。蔡宗宪曾经以南北朝交聘为重点，检讨了这一时期南北的互动问题，作者指出南北政治上的交聘固然只是代表上层权利层面的情况，但民间大众层面的互动正可由此加以带动，见蔡宗宪《中古前期的交聘与南北互动》，台湾稻乡出版社 2008 年版。

② "昙始"一名，在其他地方又称"惠始"（如《魏书》），均指"白足道人"。

③ 《玄高传》附有慧崇、昙曜二人，《法羽传》附慧始一人。此三人均极其微略，甚可忽之。

④ 《高僧传》中尚有卷十《法朗传》、卷十三《慧芬传》，也提到"魏虏毁灭佛法"，但它们的标目分别为"宋高昌释法朗""齐兴福寺释慧芬"，因此在慧皎的心目中，可能是据最后的驻锡地来定位这两位传主，并没有把他们算作北魏僧人。此外，这两条传记对于灭佛事件只是一语带过，并未有具体记述。

代表慧皎对于北朝佛教之认知的话（此认知或许未必符合历史实情）[①]，那么，在他的这种印象中，"太武灭佛"事件无疑是最为突出的。

众所周知，在中国佛教发展史上，有所谓的"三武一宗"毁佛之厄，其中"太武灭佛"事件居其首，十分引人注目。[②]我们今天了解这桩北魏毁佛事件，除去根据正史《魏书》《北史》等传世文献记载外，还有很多陆陆续续被发掘出来的北朝石刻材料。正史等材料的记载往往是回溯性的事件整合，属于"后见之明"，而石刻碑铭材料，虽属与事件发生时期大致相当的即时反映，但又多持北方地域立场，可能存在时人情感因素的干扰，未必符合当时的情境。[③]如果能够突破上述的"后见之明"，且能跳出北方地域视角局限，来看这个事件，或许会有新的发现。

[①] 从史源上讲，未有任何材料可以证明慧皎的这五条传记是抄自僧祐的《出三藏记集》。日本沙门宗性迻录的宝唱《名僧传》目录卷六有《伪魏释玄高》，卷十七有《齐新安寺昙度》，卷二一有《宋洛阳释昙始》，可见《高僧传》于此这五条传记可能借鉴过《名僧传》，但是究竟有何异同，鉴于《名僧传》原本不存，故只能存疑。至于慧皎是否有可能参考了其他传记作品，也限于材料，难以遽下定论。

[②] 近现代以来，关于"太武灭佛"事件的研究，较为突出的成果大致有塚本善隆「北魏太武帝の廃佛毀釈」，『北朝仏教史研究』，大東出版社，1975 年，37—66 頁；汤用彤《汉魏两晋南北朝佛教史》，第 354—357 页；向燕南"北魏太武灭佛原因考辨"，《北京师范大学学报》（哲学社会科学版）1984 年第 2 期，第 50—59 页；韩府"太武灭佛新考"，《佛学研究》2003 年刊，第 152—161 页；刘淑芬"从民族史的角度看太武灭佛"，《中古的佛教与社会》，上海古籍出版社 2008 年版，第 3—45 页。

[③] 由于该类材料较为分散，绝大多数是侧面反映，目前尚未见对于"太武灭佛"事件的集中记述，为避免枝蔓，本章暂不拟专门讨论。又，清人胡聘之《山右石刻丛编》卷二载《昙始行状记》，塚本善隆对此有过留意，后纪赟考证这块立于北齐后主武平元年（570）的碑，其中所记昙始事迹与《高僧传》记载属于同一系列，"二者史料应当有同源的关系"。参见纪赟《慧皎〈高僧传〉研究》，第 194—198 页。

因此，从这个意义上说，作为同时期南人撰作的《高僧传》，其对于"太武灭佛"事件的记述，虽然极少，却极为珍贵，前辈学者也往往给予十分的重视。

以下，兹先请迻录《高僧传》中对于"太武灭佛"事件的记述，以便下文分析：

（一）卷十《宋伪魏长安释昙始》：

> 晋末朔方凶奴赫连勃勃破获关中，斩戮无数。时始亦遇害，而刀不能伤，勃勃嗟之，普赦沙门，悉皆不杀。始于是潜遁山泽，修头陀之行。后拓跋焘复克长安，擅威关洛。时有博陵崔皓，少习左道，猜嫉释教。既位居伪辅，焘所仗信，乃与天师寇氏说焘以佛教无益，有伤民利，劝令废之。焘既惑其言，以伪太平七年，遂毁灭佛法。分遣军兵，烧掠寺舍，统内僧尼，悉令罢道。其有窜逸者，皆遣人追捕，得必枭斩。一境之内，无复沙门。始唯闭绝幽深，军兵所不能至。
>
> 至太平之末，始知焘化时将及，以元会之日，忽杖锡到宫门。有司奏云：有一道人足白于面，从门而入。焘令依军法，屡斩不伤。遽以白焘，焘大怒，自以所佩剑斫之，体无余异，唯剑所着处有痕如布线焉。时北园养虎于槛，焘令以始馁之，虎皆潜伏，终不敢近。试以天师近槛，虎辄鸣吼。焘始知佛化尊高，黄老所不能及。即延始上殿，顶礼足下，悔其愆失。始为说法，明辩因果。焘大生愧惧，遂感疠疾。崔、寇二人次发恶病，焘以过由于彼，于是诛剪二家，门族都尽。宣下国中，兴复正教。俄而焘卒，孙濬袭位，方大弘

佛法，盛迄于今。始后不知所终。①

（二）卷十一《宋伪魏平城释玄高》：

　　时魏虏拓跋焘僭据平城，军侵凉境。焘舅阳平王杜超，请高同还伪都。既达平城，大流禅化。伪太子拓跋晃事高为师，晃一时被谗，为父所疑，乃告高曰：空罗枉苦，何由得脱？高令作金光明斋，七日恳忏。焘乃梦见其祖及父，皆执剑烈威，问：汝何故信谗言，枉疑太子？焘惊觉，大集群臣，告以所梦。诸臣咸言，太子无过，实如皇灵降诰。焘于太子无复疑焉，盖高诚感之力也。焘因下书曰：朕承祖宗重光之绪，思阐洪基，恢隆万代。武功虽昭，而文教未畅，非所以崇太平之治也。今者域内安逸，百姓富昌，宜定制度，为万世之法。夫阴阳有往复，四时有代序。授子任贤，安全相付，所以休息疲劳，式固长久，古今不易之令典也。朕诸功臣，勤劳日久。当致仕归第，雍容高爵，颐神养寿，论道陈谟而已。不须复亲有司苦剧之职。其令皇太子副理万机，总统百揆，更举良贤，以备列职。择人授任，而黜陟之。故孔子曰，后生可畏。焉知来者之不如今？于是朝士庶民皆称臣于太子。上书如表，以白纸为别。

　　时崔皓、寇天师先得宠于焘，恐晃篡承之日夺其威柄，乃谮云：太子前事，实有谋心。但结高公道术，故令先帝降梦。如此物论，事迹稍形，若不诛除，必为巨害。焘遂纳

---

① ［南朝梁］释慧皎撰，汤用彤校注：《高僧传》卷十，第386页。

之，勃然大怒，即敕收高。高先时尝密语弟子云：佛法应衰，吾与崇公首当其祸乎？于时闻者，莫不慨然。时有凉州沙门释慧崇，是伪魏尚书韩万德之门师。既德次于高，亦被疑阻。至伪太平五年九月，高与崇公俱被幽絷。其月十五日就祸，卒于平城之东隅，春秋四十有三。是岁宋元嘉二十一年也。当尔之夕，门人莫知。是夜三更，忽见光绕高先所住处塔三匝，还入禅窟中。因闻光中有声云：吾已逝矣。诸弟子方知已化，哀号痛绝。既而迎尸于城南旷野，沐浴迁殡。兼营理崇公，别在异处。一都道俗，无不嗟骇。

弟子玄畅时在云中，去魏都六百里，旦忽见一人告云以变，仍给六百里马。于是扬鞭而返，晚间至都，见师已亡，悲恸断绝。因与同学共泣曰：法今既灭，颇复兴不？如脱更兴，请和上起坐。和上德匪常人，必当照之矣。言毕，高两眼稍开，光色还悦。体通汗出，其汗香甚。须臾起坐，谓弟子曰：大法应化，随缘盛衰。盛衰在迹，理恒湛然。但念汝等不久复应如我耳，唯有玄畅当得南度。汝等死后，法当更兴。善自修心，无令中悔。言已便卧而绝也。明日迁柩，欲阇维之，国制不许，于是营坟即窆。道俗悲哀，号泣望断。

有沙门法达，为伪国僧正，钦高日久，未获受业。忽闻恒化，因而哭曰：圣人去世，当复何依？累日不食，常呼：高上圣人自在，何能不一现？应声见高飞空而至，达顶礼求哀，愿见救护。高曰：君业重难救，当可如何。自今以后，依方等苦悔，当得轻受。达曰：脱得苦报，愿见矜救。高曰：不忘一切，宁独在君。达又曰：法师与崇公并生何处？高曰：吾愿生恶世，救护众生，即已还生阎浮。

崇公常祈安养，已果心矣。达又问：不审法师已阶何地？
高曰：我诸弟子自有知者。言讫奄然不见。达密访高诸弟
子，咸云是得忍菩萨。至伪太平七年，拓跋焘果毁灭佛法，
悉如高言。①

这两条传记材料，虽然从属于不同的传主，但是，从叙
述的要点来看，并不构成冲突，相反，它们完全可以相互重叠
（overlapping），共同支撑起慧皎对于"太武灭佛"事件的认知
（详具下文）。

第二节　诸史料的对比

如果单一地来观察《高僧传》的这样两则材料，也许并不觉
着有什么新奇。看上去，它们不过是按顺序记述了传主的生平经
历，其中不过有一些想象成分存在而已。但正如前文所分析的，
我们不能忽视这样一点，即此两则关于北方的材料乃是出自一位
南方僧人的手笔。这种南与北的差异，也许不仅仅只是空间地域
上的分别，它极有可能加载了其他方面的东西，而这一切或多或
少都会施加影响于实际的书写面貌。

近现代以来，很多学者在研究北朝佛教史时，对于慧皎《高
僧传》（以及道宣的《续高僧传》）的态度，往往是矛盾的，即
一方面依赖它来建构北朝的佛教历史，另一方面却又对它始终持
不太信任的态度。如上面移录的材料，汤用彤在叙述惠始（即
《高僧传》中的"昙始"）卒亡时，说："《高僧传》谓为太武所

---

① ［南朝梁］释慧皎撰，汤用彤校注：《高僧传》卷十一，第411—413页。

杀，并著神异，所载与《志》(《魏书·释老志》) 所言均不合，
当是讹传"。① 这种以一种文献简单否定另一种文献的态度，往往
容易先入为主，不去思考各种文献产生的历史背景，更不去考虑
"伪材料"背后可能存在的"真问题"，结果则极有可能"遮蔽"
一些本来委婉曲折表达出来的历史实相。

那么，上述的南北差异，对于历史书写带来的影响，又该怎
么来界定? 有没有一些具体的体现呢?

在事实上已经无法完全还原当时历史实境的情况下，谨慎一
点的做法，只能是尽可能将所有的史料 (不同时期、不同书写体
系) 放在一起，加以比较分析，发见它们之间的异同处，解释这
种差异，进而间接地透视上述影响的体现。

目前所见记载"太武灭佛"事件的传世典籍文献②，大体有如
下三类:

1. 正史类:《魏书》《宋书》《南齐书》《北史》等;

2. 佛典类:《高僧传》《历代三宝记》《续高僧传》《集古今佛
道论衡》《释迦方志》《法苑珠林》《广弘明集》《北山录》《大唐
内典录》《开元释教录》等;

3. 其他类:《冥报记》等。

以下，我们采用表格的形式，按照"太武灭佛"事件前奏、
过程、后续的框架，将以上诸种文献加以条列排比，俾使不同文
献记载之差异看起来更加明显 (详具表七)。③

---

① 汤用彤:《汉魏两晋南北朝佛教史》，第 351 页。
② 这里主要指中古时期的文献，唐以后的诸种记载基本是蹈袭前人的记载。
③ 需要说明以下表格中所录诸文献的版本情况:正史文献均依中华书局"二十四史"
点校本，佛典文献有点校本的，依点校本，无点校本的，则均依《大正藏》本。
为方便排版编辑，恕不一一详细注明页码。其中如有明显讹误处，则径直校改。

表七　诸种史料关于太武灭佛事件记述之比较

《魏书·释老志》	其他正史	《高僧传》	其他佛典	志怪小说（《冥报记》）
太武灭佛之前奏 • 寇谦先王之业，礼敬佛法（世祖初即位，亦遵太祖、太宗之业，每引高德沙门，与其宗论。于四月八日，舆诸佛像，行于广衢，帝亲御门楼，临观散花，以致礼敬） • 惠始有神迹（惠始……始身被白刃，而体不伤，众大怪异，言于屈丐。屈丐大怒，召惠始于前，以所持宝剑击之，又不能害，乃惧而谢罪） • 寇深信寇谦之（虽归信佛法，敬重沙门，而未存览经教，深求缘报之意。及得寇谦之道，帝以清静无为，有仙化之证，遂行其术） • 崔浩非毁佛法（时司徒崔浩，博学多闻，帝每访以大事，……崔浩非毁佛法，与帝言，尤不信佛，奉谦之道，与浩……）	• 晃与崔、寇不睦，崔、寇谮之（《南齐书·魏虏传》：宋元嘉中，伪太子晃与大臣崔氏、寇氏不睦，崔、寇谮之） • 玄高以法术助晃解蒸疑（《南齐书·魏虏传》：玄高祈梦慧崇祖父梦之，慧梦祖父七日七夜，遂使祈福父母训，向之曰：汝何故信谗觉？……） • 崔浩非毁佛法（《北史·崔浩传》：浩非毁佛法，时时读诵，……而妻郭氏敬好释氏，取诵而毁之，捐诸厕中）	• 景始有神迹（晋末朔方凶奴赫连勃勃破获关中，斩戮无数。时始亦遇害，而刀不能伤，勃勃嗟之，普赦沙门，悉皆不杀） • 崔、寇惑蒸（时有博陵崔皓，少习左道，猜嫉释教。既位居伪辅，蒸所信任，乃与天师寇氏说蒸以佛教不益，有伤民利，劝以废之。蒸既惑之，遂毁灭佛法） • 太子晃师事玄高（伪太子拓跋晃事高为师） • 玄高以法术助晃解蒸疑（晃一时被谮，为父所疑，乃告玄高。高曰：……可作金光明斋，七日恳忏。蒸乃梦见其祖及父，皆执剑烈威，问：汝何故信谗言，枉疑太子？蒸惊觉，召太子，无复疑焉） • 崔、寇恐失宠而谮晃，蒸杀太子（《高僧传》）	• 蒸遵先王之业，礼敬佛法（《集古今佛道论衡》卷甲，《北山录》《法苑珠林》卷——）——内容亦同《魏书·释老志》，略有小异 • 崔、寇非毁佛法（《集古今佛道论衡》卷五，……今同《魏书·释老志》——内容几乎全同《高僧传》——《北山录》卷五只见师事玄高，未记神力相助事 • 玄高以法术助晃解蒸疑（见一衡》卷甲）——内容同《高僧传》 • 崔、寇恐失宠而谮晃，蒸杀太子（《集古今佛道论衡》卷甲）——内容同《高僧传》	• 崔浩不信佛（后魏司徒崔浩，博学有才略，事太武，言行计从，国人以为模楷。浩不信佛，常谤毁佛，……见其妻读经典，尝而投之于井中）

	《魏书·释老志》	其他正史	《高僧传》	其他佛典	志怪小说(《冥报记》)
大武灭佛之前奏	言，数加非毁，为世费害，帝以其辩博，颇信之）——《崔浩传》：浩非毁佛法，而妻郭氏敬好释典，时时诵读。浩怒，取而焚之，捐灰于厕中……浩后所疾，道，僳深所归，每玄梦素土之中，礼拜形象。浩大笑之，云：持此头颅不净处跪拜胡神也		之日夺其威柄，乃谮云：太子前事，实有谋心，但结高公道术，令先帝降梦。如此物论，事迹稍形。若不诛除，必为巨患。焘遂纳之，勃然大怒，即欲收害。 •焘杀崔高（至内太平五年九月，高与崔公俱被幽禁。其月十五日就祸，卒于平城之东偶。春秋四十有二。是岁宋元嘉二十一年也）		
大武灭佛之过程	•平盖吴乱，疑与沙门有关（会盖吴反杏城，关中骚动，帝乃西伐，至于长安。先是，长安沙门种麦寺内，御驺牧马于麦中，从官入观马，沙门饮从官酒，见官中有弓矢矛盾，出以奏闻。帝怒曰：此非沙门所用，当与盖吴通谋，规害人耳。命有司案诛一寺，阅其财产，大得酿酒具及州郡牧守富人所寄藏物，盖以万计。又为窟室，与贵室女私行淫乱。 •崔浩进言，诏诛长安沙门（帝既忿沙门非法，浩时从行，	•佛图有谋证（《北史·魏本纪》：夏四月甲申，车驾至自长安。戊子，驱邺城五层佛图，于泥像中得玉玺二，其文皆曰：受命于天，既寿永昌。其一刻其旁曰：魏所受汉传国玺。 •杀长安道人（《魏书传》：初，佛狸讨羯胡于长安，杀道人且尽（人且尽）道人目曰 •获道人，以铁笼盛之（《南齐书·魏虏传》：	•遣军分遣沙门（分遣军兵，烧掠寺舍。统内僧尼，悉令罢道。其有窜逸者，皆遣人追捕，得必枭斩，一境之内，无复沙门。 •焘毁佛法果如玄高预言（至内太平七年，拓跋焘果毁灭佛法，悉如高言）	•崔浩诣谤，残害佛法（《历代三宝记》卷九：宋文帝元嘉二十三年丙戌，是北魏太平真君七年。太武皇帝信纳崔皓邪佞谄诬谤，号为天师。残害释种，焚经毁像，败破浮图）——《北山录》卷五、《大唐内典录》卷三、《开元释教录》卷四、《开元释教录》卷六亦大致相同 •崔浩诣宰武器藏为乱，诏诛四方沙门（《集古今佛	•崔浩进言，诏尽诛沙门（从太武，至长安，入，见人弓矢刀眉，帝怒诛寺僧。浩因进谏，尽杀沙门，焚经像，救留台下，四方依长安行事） •崔、寇有争议（寇谦之与浩有争，浩不从。谦之谓浩曰：卿从今僧，受戮，灭门矣）

	《魏书·释老志》	其他正史	《高僧传》	其他佛典	志怪小说（《冥报记》）
太武灭佛之过程	因进其说。诏诛长安沙门，焚破佛像，敕留台下四方，令一依长安行事 •太子晃上表求恕沙门（时恭宗为太子监国，素敬佛道。频上表，陈刑杀沙门之滥，又非图像之罪。今罢其道，杜诸寺门，世不修奉，自然毁灭。如是再三，不许） •诏坑杀四方沙门（乃下诏曰：……自今以后，敢有事胡神及造形像泥人、铜人者，门诛。虽言胡神，问今胡人，共云无有。皆是前世汉人无赖子弟刘元真、吕伯强之徒，接乞胡之诞言，用老庄之虚假，附而益之，皆非真实。至使王法废而不行，盖大奸之魁也。有非常之人，然后能行非常之事，非朕孰能去此历代之伪物。有司宣告征镇诸军、刺史，诸有佛图形像及胡经，尽皆击破焚烧	及元嘉南寇，获道人，以铁笼盛之） •诏坑杀四方沙门（《北史·魏本纪》：三月，诏诸州坑沙门，毁诸佛像，徙长安城内工巧二千家于京师）		道论衡》卷五）—同（《北山录·释老志》卷甲）—同（《魏书·释老志》，略有小异） •崔、寇有争议（《集古今佛道论衡》卷甲、《北山录·释老志》卷五）—同（《魏书·释老志》，略有小异）	

	《魏书·释老志》	其他正史	《高僧传》	其他佛典	志怪小说(《冥报记》)
大武灭佛之过程	恭,沙门无少长悉坑之(始谋之与浩同从车驾,苦与浩争,浩不肯,浩曰:卿今坐是受殃,灭门户矣) ·崔、寇有争议		·晃始神迹感化焘(以元会之日,有司奏云:有道人足白面,从门而入。焘令杀之。依军法,屡斩不伤,遽以白焘。焘大怒,自以所佩剑剑之,体无余异。时北园有虎于槛,焘令以剑内所着处有痕如布线焉。以天师近槛,虎皆慑伏,终不敢近。焘始知佛尊高,黄老所不能及。即延佛像及沙门于上殿,顶礼足下,悔其愆失,始为说法,明辩因果) ·蒸感厉疾(焘至心生愧惧,遂感大生愧惧,遂感厉疾) ·崔、寇发恶病,门族被诛(崔、寇二人次发恶病,焘以过由于彼,于是诛剪二家,门族都尽)		
大武灭佛之后续	·四方沙门[?]缓宣诏得免(恭言虽不用,然犹缓宣诏书,远近皆豫闻知,得各为计。四方沙门,多亡匿获免,在京邑者,亦蒙全济。金银宝像及诸经论,大得秘藏,而土木宫塔,声教所及,莫不毕毁矣) ·崔、状 死 状 极 惨(后四年,浩诛,备五刑,时年七十一)——《崔浩传》 ·晃谋乱见杀(《宋书·索虏传》:焘南征还,至汝南瓜步,晃私遣取诸奴婢,焘知之,大加搜检。晃惧,谋杀死,焘乃诈病,召晃侍疾,晃至,执之,置之毡内,使卫士数十人坐其上,呼声闻于外。自宫门十余里,门子路之,世皆披靡毁辱之,未有如浩者,以为报应之验也) ·崔死,蒸悔灭佛事(浩既诛死,帝颇悔之。业已行,难中修复)			·沙门昙曜宣诏得免(《北山录》卷五:宗蒸言虽不用,犹缓宣诏命,远近得秘藏,逃匿为计) ·蒸遭病感悟,昙始使悟(《历代三宝记》卷九:至魏黄年,太武遭病,方始感悟,兼有白足禅师来相启发,生愧悔心,即诛崔皓)——《大唐内典录》卷四、《开元释教录》卷六 ·蒸感厉疾(《集古今佛道论衡》卷甲、《法苑珠林》卷三一)——内容同,略有小异 ·昙始神迹感化蒸(《集古	·蒸枉杀晃,自亦被杀(帝亦枉诛太子,又寻为阉人宗爱所杀,时人以为毁佛法之报验) ·崔诛,死 状 极 惨(后四年,浩被诛。将刑,载于露车,官使十人,在车上,更尿其口。行数里,号叫求哀,堪困苦,备五刑,自古戮辱未之前有)

《魏书·释老志》	其他正史	《高僧传》	其他佛典	志怪小说（《冥报记》）
大武灭佛之后续 · 中修复 •昙清兴佛法（恭宗潜欲兴兴之，未敢言也。佛沦废终帝世，积七八年，然禁稍宽弛，笃信之家，得密奉事，沙门专至者，犹窃法服诵习焉）	昙迎误，于道杌之，反迎国，冒以铁笼，寻杀之——《南齐书·魏虏传》：见后魏虏房杀谋杀佛狸见杀 •崔死状极惨（《宋书·柳元景传》：虏主拓跋焘南寇汝颍，浩密有异图，光世要河北义士为浩应。浩谋泄，连坐诛夷者甚众）——《北史·崔浩传》：及浩幽执，置槛内，送于城南，使卫士数十人溲其上，呼声嗷嗷，闻于行路。自宰司之被戮辱，未有如浩者，世皆以为报应之验	•蒸宣诏兴复佛法（宣下国中，兴复正教。彼复素华，孙潘袭位，方大弘佛法，盛迄于今） •玄高死后显神预言（须臾起坐，谓弟子曰：大法应化，随缘盛衰。盛衰在迹，理恒湛然。但念汝等不久复应如我耳，唯有玄畅当得南度。汝等死后，法当更兴。善自修心，无令中悔。言已便卧而绝也） •与国法的"对立"（有沙门法达，为伪国僧正。敦信日久，因而哭泣。达未获受业。忽闻惆化，因而哭日：圣人去世，当复何依。累日不食，常呼：何能不一见？应声见高飞空而至。高曰：圣人去世，高上至人自在，何为复致哀，当可如何，自今以后，依无等等，愿见救护。高日：脱得苦报，愿见救。高日：不忘一切，宁独在君）	•今佛道论衡》卷甲，《法苑珠林》卷三一）——内容同《高僧传》，略有小异 •崔，感发恶病，门族被诛（《集古今佛道论衡》卷甲、《法苑珠林》卷三一）——内容同《高僧传》，略有小异 •崔死状极惨（《集古今佛道论衡》卷甲，《魏书·释老志》），略有小异（以大平十一年乃载浩于露车上，官使十人于车上更尿其口，行数里，不堪困苦，又埋谓出口而尿之）《北山录》卷五载崔浩死于车裂（崔皓被戮尸） •蒸宣诏兴复佛法（今佛道论衡》卷甲）——内容同《高僧传》，略有小异	

《魏书·释老志》	其他正史	《高僧传》	其他佛典	志怪小说(《冥报记》)
			• 蔡孙潜复兴佛法(《历代三宝记》卷九:到正平辰岁，大武帝崩，子文成立。即起浮图毁经。七年还兴三宝)(注：文成，即拓跋濬，是燕孙也)——《续高僧传·释昙曜》传、《法苑珠林》卷二一、《大唐内典录》卷四、《开元释教录》卷六同	

太武灭佛之后综

第三节　慧皎对"太武灭佛"事件的认知

一、多面的"太武灭佛"

通过上面的表格，不难见出不同时期、不同类别文献在对于"太武灭佛"事件的书写上，存在着值得注意的差异，它们各自的信息侧重点并不相同。我们可以试着逐个解析每一种文献书写背后所蕴含的信息：

（一）《魏书·释老志》

魏收所撰的《魏书》，专记北魏史事，虽然有很多"曲笔"，被人目之为"秽史"，但是毕竟其取材多来自北魏时人所撰之纪传史、起居注等，加之又属国家修史，因此，相对来说，它应该是较近事实的，可以用来作为比较的参照。[①] 其中，《释老志》集中记载了"太武灭佛"事件。[②]

仔细分析《魏书·释老志》对于"太武灭佛"事件的记述，可以发现拓跋焘、太子晃、崔浩、寇谦之四人之间的关系是记述的重点，而"太武灭佛"事件，则俨然成了这四方关系的"博弈场"：

1. 拓跋焘——因为拓跋氏素有礼佛传统，其本人虽然未必敬

---

① 赵翼《廿二史札记》卷十三"北史魏书多以魏收书为本"条有论及，参见［清］赵翼著，王树民校证《廿二史札记校证》（订补本），第 269—270 页。

② 关于《魏书·释老志》的研究，参见塚本善隆『魏書釈老志の研究』，大東出版社，1974 年；Leon Hurvitz（霍维茨），"Wei Shou, Treatise on Buddhism and Taoism, An English Translation of the Original Chinese Text of Wei-shu CXIV and the Japanese Annotation of Tsukamoto Zenryu", *Harvard Journal of Asiatic Studies*, Vol,20, No.182 1957, pp. 362—382；葛兆光《魏书·释老志》与初期中国佛教史的研究方法"，《世界宗教研究》2009 年第 1 期，第 25—38 页。

信，但对于佛教必非绝对排斥（"焘遵先王之业，礼敬佛法""惠始有神迹，焘礼敬之"），但是，如果从信仰上来说，拓跋焘则是与崔浩、寇谦之站在了同列（"焘深信寇谦之"）；

2. 太子晃——在信仰上，似乎坚定地站在维护佛法的立场（"太子晃上表求恕沙门""四方沙门赖晃缓宣诏得免"）；

3. 崔浩——政治决策上，他深得拓跋焘信任；在信仰上，他亲近寇谦之的天师道而排斥佛教，数番进言毁佛（"崔浩非毁佛法""崔浩进言，诏诛长安沙门"）；

4. 寇谦之——他所主张的教法，虽然得到崔浩的支持，但似乎他与崔之间也存在隔阂（"崔、寇有争议"）。

在《魏书》的书写框架内，如果将表格中所列的讯息连缀起来，所能获得的关于"太武灭佛"这一事件本身的信息是：

1. "太武灭佛"事件的近端成因是拓跋焘面对盖吴叛乱，在亲自征伐途中，发现沙门藏有武器，疑其与叛贼有关联，遂下诏毁佛。[1]

2. 就"太武灭佛"的远端动因而言，则是以崔浩为代表的新天师道群体与佛教群体长久的积怨[2]，但鉴于崔、寇二人之间存有争议，则似乎这一信仰内部，在反佛的策略上，也是存在分歧的。

3. 就灭佛这一决策而言，帝王与储君之间明显存在分歧，这种分歧最显著的体现便是拓跋焘灭佛诏书下达的时候，太子晃"频上表"求恕沙门，而焘再三不许。值得关注的是，拓跋焘所下诏书中有这样一段内容："虽言胡神，问今胡人，共云无有。

---

[1] 向燕南《北魏太武灭佛原因考辨》一文与刘淑芬《从民族史的角度看太武灭佛》一文，即据此加以立论，见前文。

[2] 汤用彤《汉魏两晋南北朝佛教史》论"太武帝毁法"，即据此立论，见前文。

皆是前世汉人无赖子弟刘元真、吕伯强之徒，接乞胡之诞言，用老庄之虚假，附而益之，皆非真实。至使王法废而不行，盖大奸之魁也。有非常之人，然后能行非常之事，非朕孰能去此历代之伪物。"如果这份诏书的内容不是后人有意捏造的话[①]，则里面实在包含了灭佛事件背后的重大隐情，惜乎目前已有研究成果似于此未加注意——首先，须知拓跋氏本是胡族出身，而诏书却数言"胡神""胡人""胡经"，俨然站在汉人文化正统的立场上说话；其次，其视佛教为"无赖子弟"附益"老庄"而成的"非真实"之说，透露出来的意思是，佛教成了老庄学说的附丽，地位自然悬殊；复次，视佛教为"大奸之魁"，其意是将佛法与王法对立起来；最后，也是最为关键的，其自比"非常之人"行"非常之事"，表明其在意识中已经将自己塑造成一个"改革者"角色。如此，根据这封诏书所宣示的内容，我们可以惊奇地发现，竟然完全可以据此将此前罗列的《魏书·释老志》关于"太武灭佛"事件记述的诸信息点贯通起来，即：太武灭佛的本意，不是因为佛教与新天师道处于敌对的位置[②]，更不仅仅只是试图消除佛教的影响，而是在于佛法与王权之间的对立，以及背后更深层的胡化保守势力与汉化改革势力之间的矛盾。[③]

4. 就"太武灭佛"的后续来说，一方面，此次灭佛运动大概也并没有全然消除佛教势力（赖太子晃的努力而得以保全），因此，事件过后若干年，佛教才有可能在如此短暂的时间内成功复

---

① 当然不能排除这样一种可能，即该诏书的内容是崔浩当时替拓跋焘所拟，但即使是这样，也不能否认这封诏书是经过拓跋焘授意或许可的。

② 这点通过崔、寇之间的争议可以推测。

③ 这恰恰与陈寅恪的推论相一致，见陈寅恪"崔浩与寇谦之"，《金明馆丛稿初编》，生活·读书·新知三联书店2001年版，第120—158页。

兴；另一方面，即便不全是因为主张灭佛而得咎（《魏书·崔浩传》谓其因刊国史而受诛），但崔浩最终确是死在了"太武灭佛"之后，这极容易让人认为崔浩的死完全是一种毁佛的报应。

（二）其他正史

这一类文献，依时间先后，有《宋书》《南齐书》《北史》三种。此三部正史的侧重点不同——前两史侧重于南朝史事，《北史》则侧重于北朝史事。但另一方面，《宋书》《南齐书》无论从撰作的时间，还是所记录历史发生的时间，都距离"太武灭佛"事件相对更近，《北史》则是在删节众家史书的基础上编撰而成，因此与之前诸作多有重复处。

1.《宋书》涉及"太武灭佛"事件内容极少，这自然与该书专记刘宋史事的性质有关，但鉴于刘宋与北魏并世且不可能没有任何关涉，所以势必有所述及。遍检全书，有关记载可见之于：《宋书·索虏传》中所载太子晃谋乱见杀事，以及《宋书·柳元景传》中所载崔浩因谋反而致死事。关于太子晃之死，《魏书》的记载是以疾薨；关于崔浩之死，《魏书》的记载是因刊行国史触犯帝王而受诛。由此可见《宋书》与《魏书》的记载彼此差别极大。《通鉴考异》（卷五）处理这种差异的态度是从《魏书》而不采《宋书》。① 撇开《魏书》是否可以全然采信不谈，仅就《宋书》来说，其对于北朝事迹的书写，从史家求信角度而言，应该不会无中生有地杜撰，极可能的情况是，它是基于某种传闻而加以发挥的结果。而这种传闻，又往往是基于某种对于政治情势的判断和演绎。如《宋书·索虏传》说太子晃因谋乱而见杀，也

---

① 赵翼《廿二史札记》卷九"宋书纪魏事多误"条的意见同此，参见［清］赵翼著，王树民校证《廿二史札记校证》（订补本），第185—186页。

许是基于传闻中拓跋焘与太子晃之间存在矛盾的事实而加以拟构①——拓跋焘与太子晃之间存在矛盾这一点，正与《魏书》的相关记载相一致。

2.《南齐书》关于"太武灭佛"事件的记述，有很多因袭的地方，比如，说"晃与崔、寇不睦，崔、寇谮之"，大概也是基于传闻中拓跋焘与太子晃的矛盾；说"晃谋乱见杀"，虽然表述得很简单，只有寥寥数字，但意思跟《宋书·索虏传》却是一样的。但是，除了上述因袭性记述内容外，《南齐书》中也有很多"新"的东西增添进来：一方面，其中多了"玄高"这一重要的僧人形象，他用道术来缓释拓跋焘与太子晃之间的矛盾，并借此让拓跋焘下诏树立太子的权威；另一方面，又说拓跋焘因"杀长安道人""获道人，以铁笼盛之"而"感恶疾，遂敬畏佛教"。这样的历史叙述情节增加，透露出来的一点，就是佛教因素的渗入。为什么会这样呢？向燕南在考辨"太武灭佛"原因时，比较了《魏书》《高僧传》和《南齐书》各自的记述，得出的判断是："以《魏书》和《高僧传》《南齐书》的记载比较，显然后二者所记不合情理……《高僧传》《南齐书》所记，肯定系灭佛后南逃的僧众附会穿凿之辞"。②文献来源上的附会穿凿，也许是可能的，但若全部归结于此，则稍显片面。事实上，大家都注意到齐梁兰陵萧氏与佛教有着极其密切的关联。③那么，《南齐书》作者

① 《通鉴》元嘉二十九年"六月，魏太子晃以忧卒"条，《考异》引《宋略》曰："焘既南侵，晃淫于内，谋欲杀焘。焘知之，归而诈死，召晃迎丧。晃至，执之，罩以铁笼，捶之三百，曳于丛棘以杀焉。"（［宋］司马光：《资治通鉴考异》卷五，《景印文渊阁四库全书》第311册，台湾商务印书馆1986年版，第54页。）
② 向燕南："北魏太武灭佛原因考辨"，第52页。
③ 参见〔日〕镰田茂雄《中国佛教通史》，关世谦译，佛光出版社1986年版，第124—187页；童岭《南齐时代的文学与思想》，中华书局2013年版，第30—33页。

萧子显乃至萧氏家族的佛教立场是否会有意无意地促使他把佛教因素贯注到他的历史写作中去呢？这是一个可以进一步探讨的问题。

3.《北史》对于"太武灭佛"事件的记述相对来说较为简略，仅在《魏本纪》提及："三月，诏诸州坑沙门，毁诸佛像，徙长安城内工巧二千家于京师"。而对于"灭佛"事件的相关参与人员，只提到了崔浩一人，但叙述的事迹（"崔浩非毁佛法""崔死状极惨"）却几乎完全袭自《魏书·释老志》。

（三）《高僧传》

慧皎《高僧传》关于"太武灭佛"事件的记述，集中在"昙始""玄高"两传，两者之间构成一种互文（intertextuality）关系，可以相互补充，共同构建起慧皎对于"太武灭佛"事件的认知。从时间上看，它的撰作大体与沈约《宋书》、萧子显《南齐书》同时期，因此无论在作者寓目的文献材料上，还是民众对于北方的各种传闻上，都应该有可供"分享"的地方。比如"玄高"这一僧人形象，即为《南齐书》和《高僧传》所共有，而"玄高以神力助晃解焘疑"这一情节，《高僧传》的描述相对更为细致（如太子晃貌似无辜的询问、焘梦见其祖先"执剑烈威"的神态等）。

概括地说，从《高僧传》对"太武灭佛"事件的记述中，可以把握到的信息大致有如下几点：

1. 就灭佛的动因上说，《高僧传》与《魏书》之外的其他正史一样，均无"平盖吴乱，疑与沙门有关"这一关乎时势背景的情节，只是把"灭佛"的原因归结为"崔、寇恐失宠而谮晃、高"，从而引发拓跋焘的震怒。

2. 在《高僧传》的记述中，崔浩、寇谦之俨然成了一个整体，慧皎删除了"崔、寇有争议"的情节，这一情节也不见于

《魏书》之外的其他正史。

3. 关于"灭佛"之后，责任人遭受报应的记述，《高僧传》显著不同的地方在于：一是拓跋焘"感恶疾"，这点同《南齐书·魏虏传》，却异于《魏书·释老志》，可能是为帝王讳的缘故；二是崔浩的报应也是"发恶病"，但这与正史所记述的崔浩槛车受溲身之辱情节绝然有异。

4.《高僧传》增加了一个僧正"法达"的角色，这个角色虽然处在权位，但是却得不到玄高的重视，两者之间呈现一种"对立"。

（四）其他佛典

通过表格中的罗列和对比，可以发现《高僧传》以后，唐代诸佛教典籍在记录"太武灭佛"事件时，均沿袭前人，没有任何新增情节，这大概是由这些佛教类书乃汇集前代事迹的性质所决定。

（五）志怪小说

这里是以《冥报记》为例，其中对于"太武灭佛"的记述，汇集了前代记述中的某些情节，构成了一个志怪小说中常见的"因果报应"叙事模式，并无创新之处。略有不同的是，《冥报记》在记述崔浩"死状极惨"的时候，将《魏书·崔浩传》《北史·崔浩传》中崔浩槛车受溲身之辱的情节，改造成了"尿其口"（《集古今佛道论衡》亦同），显得更加的激烈，这大概是后来佛教信众因为崔浩口舌非毁佛教而杜撰出来的情节。

二、慧皎的认知

以上，我们解析了各类文献有关"太武灭佛"事件各自所传达的重要信息点，可以发现不同时期、不同类型文献对于该事件的记述，均存在着不同程度上的差异。每一种叙事版本，都呈现出关于该事件的某一种特定面貌。一个多面"太武灭佛"印象，由此被凸显出来。接下来，让我们回到《高僧传》本身，看看慧皎眼中的"太武灭佛"究竟是什么样子的？

前文在分析《高僧传》记述"太武灭佛"事件前奏、过程及后续所蕴含的诸信息时，已经明确在慧皎所记述该事件的前奏阶段：首先，"平盖吴乱，疑与沙门有关"这一关乎当时时势背景又置沙门于被嫌疑处境事件的记载或传闻，无论是慧皎在撰作这些传记时的确没有接触到，还是他已然知晓却有意"删节"，总之，除了《魏书·释老志》，在《高僧传》中实在看不到任何关于"太武灭佛"事件之时势背景的记述；其次，相较于《魏书·释老志》，慧皎的记述又显然抹去了崔、寇之间的分歧，使得他俩看起来是新天师道中富于同质性的两个代表。此两点共同作用而产生的结果是，成功地"遮蔽"了"太武灭佛"事件的政治背景，而凸显出以崔浩、寇谦之为代表的新天师道是"太武灭佛"事件的直接动因，"太武灭佛"完全是新天师道教徒崔浩、寇谦之的猜嫉非毁所致。在记述"太武灭佛"事件的过程阶段，慧皎的叙述颇为简略，仅以"一境之内，无复沙门"一笔带过。很显然，慧皎记述的重点，不在此过程阶段。在记述该事件的后续阶段，慧皎侧重于显示"灭佛"的相关责任人（拓跋焘、崔浩、寇谦之）所遭受的严厉报应（"感疬疾""发恶病""门族被诛"）。

这样，就慧皎《高僧传》对于"太武灭佛"事件的书写而言，无论是基于其所见到的"晋、宋、齐、梁春秋书史""秦、赵、燕、凉荒朝伪历""地理杂篇""孤文片记"之类的书面文献，还是从"故老""先达"处所听到的口述文献，最终，慧皎得到的（或者说书写出来的）"太武灭佛"印象是与众不同的。起码相比于《魏书》等正史所记述"太武灭佛"事件的线索交错、原因复杂，《高僧传》的叙事则显得更为简单和直接。用一句话来概括，即新天师道代表人物崔浩、寇谦之蛊惑帝王拓跋焘，直接导致"太武灭佛"事件的发生，最终相关责任人付出惨重代价，收获恶报。

第四节　慧皎的立场问题

慧皎在编撰《高僧传》有关北方诸僧人传记时，存在一个棘手的问题，即他与记述对象之间，始终存在时空上的隔断，永远处于"缺席"的状态。可奇怪的是，在具体传文的记述中，却看不到由这种隔断和"缺席"所带来的叙述上劣势（贫乏、呆板等）。相反，它们有的叙写得极尽细致，甚至超过了对某些南方高僧的叙写。何以会如此呢？哪些因素参与作用了呢？本部分将重点探讨上述慧皎对于"太武灭佛"事件印象与态度的由来，说明慧皎是在怎样的立场上来建构他的史学认知。

一、南人的视角

在前文分析诸种传世典籍文献关于"太武灭佛"事件的记述时，我们已经明确了作为南人的慧皎，在撰作《高僧传》北方僧人的传记时，显然已经寓目过有关北方的书面文献，或耳闻过北方的人物事迹。从现存有限的史料中，尚无法具体勘明慧皎究竟寓目哪些文献材料，或具体了解北方僧人事迹的途径。但是，当时南北人员频繁流动的形势，尤其是北方高僧流寓南方的情况，无疑是十分重要的考量因素。①《高僧传》中常常可见北方僧侣因时局动乱而迁徙南方的记录，例如，《高僧传》卷十二《释超辩传》说超辩"闻京师盛于佛法，乃越自西河，路由巴楚，达于建康。顷之东适吴越"②，卷十三《释慧芬传》说慧芬"及魏虏毁灭佛法，乃南归京师"③。严耕望曾以《高僧传》为基础，详细调查过东晋南北朝时期高僧流寓南方的情况，其结论为："北方高僧日少，尤其古豫州之地空无人迹。长江流域及浙东会稽之地日盛。此主要由于政治是否稳定，影响经济盛衰，致僧徒之散聚……而驻锡南方者亦绝大多数为北僧之南徙。余尝就慧皎《高僧传》标目统计驻锡建康者，凡八十五人。其籍生地可知者，外国十一人，陇山以西今甘肃省境十人，淮汉以北三十人，淮南五人，四川湘赣各一人，建康十人，建康以外之江左十六人。可见建康高僧虽极多，但本地人则极少，江左全数（包括建康本地）亦仅二十六人，且多北人流寓江左者，长江中上游人亦极少，而淮汉以北至陇山以西者乃居三分之二，占绝大多数。可见高僧流寓南国之情况。"④

如果说上述北人南流所带来的文献或传闻给慧皎书写北方僧

---

① 吉川忠夫曾经以《宋书·索虏传》《魏书·岛夷传》为中心讨论过此时期南北两方书籍信息的流动情况，参见〔日〕吉川忠夫「島夷と索虜のあいだ——典籍の流傳をした南北朝文化交流史」，『東方學報』72 冊，2000 年，133—158 頁。

② ［南朝梁］释慧皎撰，汤用彤校注：《高僧传》卷十二，第 471 页。

③ ［南朝梁］释慧皎撰，汤用彤校注：《高僧传》卷十三，第 514 页。

④ 严耕望：《魏晋南北朝佛教地理稿》，上海古籍出版社 2007 年版，第 58 页。另有日本学者山崎宏的研究，也值得参考，参见〔日〕山崎宏『支那中世佛教の展開』，清水書房，1947 年。

人传记提供了原始材料，那么接下来的问题是，慧皎这样一位南方僧人[①]，他是带着什么样的眼光来看待并处理这些材料的？这就涉及慧皎的南人视角问题。

在《高僧传》有关北朝僧人的传记中，可以发现这样一个特殊的现象，即凡涉及北魏国名、年号时，均一律称为"伪魏""魏虏""伪秦"，有时甚至在北朝纪年之后，又"不厌其烦"地郑重书上南朝相应的年号，如《高僧传》卷八《齐伪魏济州释僧渊》记述僧渊卒亡的时间，表述为："渊以伪太和五年卒，春秋六十有八，即齐建元三年也"；卷十一《宋伪魏平城释玄高》记述玄高被杀的时间，表述为："至伪太平五年九月，高与崇公俱被幽絷。其月十五日就祸，卒于平城之东隅。春秋四十有三。是岁宋元嘉二十一年也"。这样的书写方法，在唐代天下一统的局面下是见不到的，目前所见版本的道宣《续高僧传》[②] 即无一例这样的写法。它显然透露出慧皎在传记书写时所秉持的南方正朔观念[③]。

---

① 这里的"南人"是相对于北朝人而言，仅指身处南方区域且文化心理认同南朝政权的人。史籍中"南人"一词可能意义别有不同，参见〔日〕川本芳昭『魏晋南北朝時代の民族問題』，汲古書院，1998 年，341—360 頁。

② 《续高僧传》也存在一个作者本人或者其他人不断增删的情况，目前已有学者根据日本古写经对此加以比对考证，参见〔日〕前川隆司「道宣の後集高僧伝について：続高僧伝との関連」，『龍谷史壇』46 號，1960 年，20—37 頁；〔日〕藤善真澄「『続高僧伝』玄奘伝の成立：新発現の興聖寺本をめぐって」，『鷹陵史学』1979 年第 5 號，58—74 頁；〔日〕伊吹敦『続高僧伝』に見る達摩系習禅者の諸相——道宣の認識の変化が意味するもの，『東洋学論叢』1996 年第 58 集，106—136 頁；〔日〕藤善真澄『道宣伝の研究』，京都大学学術出版会，2002 年；池麗梅「『続高僧伝』研究序説——刊本大蔵経本を中心として」，《鶴見大學仏教文化研究所紀要》2013 年 18 號，203—258 頁。

③ 纪赟在讨论《高僧传》撰写的史学背景时，也曾留意到这个问题，惜点到即止。参见纪赟《慧皎〈高僧传〉研究》，第 59 页。

道宣《续高僧传》卷六《释法贞传》记载了一段很有意思的对话，大致可以反映同时期北人的想法，不妨拿来作为参照——法贞等人"会魏德衰陵，女人居上，毁论日兴，猜忌逾积，嫉德过常，难免今世。贞谓建曰：'大梁正朝，礼义之国，又有菩萨应行风教，宣流道法，相与去乎？今年过六十，朝闻夕死，吾无恨矣。'建曰：'时不可失，亦先有此怀。'以梁普通二年相率南迈"①。这番北朝僧人之间的对话，透露出南方政局的相对稳定以及佛法的兴盛，促使他们产生一种强烈的南北方赫然有差的心理对比。这种对比结穴于一个"德"字，它既指王朝的正朔所在（"正朝礼义之国"），又指南方佛法的盛行（"菩萨应行风教"）。那么，很显然，处于南方的萧梁王朝自然成了北方动乱时局下僧侣们的向往之所。

对于这一时期南北方差异的讨论，学界已有很多成果。目前大家比较一致的意见是，当时无论南方人还是北方人，无论汉人，甚至还有相当一部分胡人，也不管他们愿不愿意承认，鉴于南方经济、政局的相对稳定，以及由此带来的文化心理上的优越性，他们还是倾向于承认南朝在政治文化上的正统性②。我们可以举出一个较有代表性的例子——《高僧传》卷五《道安传》载道安考虑到南方政权的稳定，劝苻坚放弃南侵计划，但苻坚的回复却是："非为地不广，民不足治。将简天心，明大运之所在耳。"③

---

① ［唐］道宣撰，郭绍林点校：《续高僧传》卷六，第 207 页。
② 在由西晋向东晋的过渡中，其实在汉族士人内部，关于东晋政权的正统性，正如川本芳昭所说"胡族政权下的华北汉族士大夫多心系晋家皇族司马睿在江南建立的东晋政权，这也是实情"（［日］川本芳昭《中华的崩溃与扩大》，余晓潮译，广西师范大学出版社 2014 年版，第 69 页）。
③ ［南朝梁］释慧皎撰，汤用彤校注：《高僧传》卷五，第 182 页。

这句话可以表明苻坚这位北朝胡族政权的统治者，对自己政权正统性（"大运"）的渴求，同时也可以间接证明其时南朝政治正统的强大影响力。

我们以为慧皎的这种以南朝为正朔所在，站在南人立场观察北方的做法，正是当时人较为正常的一种实践姿态。前文也提到道宣在《续高僧传序》中批评慧皎"同世相侮"。道宣当时是否确有所指，虽然不甚清楚，但若从此角度来思考，则庶几近之。

二、信仰的立场

《高僧传》关于"太武灭佛"事件的记述，有一点值得特别注意——我们以为这正是《高僧传》对于"太武灭佛"事件书写的精心所在，也正可由此透视慧皎在看待"太武灭佛"事件时的信仰立场。

如前文分析所示，《南齐书·魏虏传》与《高僧传》有一共同之处，即都有一个颇具神异色彩的"玄高"角色的介入。但如果进一步仔细考察的话，则发现在两者相似的外表下，其实隐藏着很大的不同——在《南齐书》中，"玄高"的角色不过是用来说明他以法术来缓释拓跋焘与太子晃之间的矛盾，但《高僧传》显然在这个基础上，又做了进一步的"加工"[①]——我们注意到在慧皎的记述中，重点突出了玄高的两次预言：第一次在他生前，他向弟子预言"佛法应衰"，首当其冲的就是自己和"崇公"（"高先时尝密语弟子云：佛法应衰，吾与崇公首当其祸乎"）；

---

① 这并不是说《高僧传》一定参考了《南齐书》记述。这一点并不能得到进一步的材料证实，但两书显然都同样分享过某一种关于"太武灭佛"事件的文献记录或传闻。

第二次在他死后，他应弟子玄畅的祈请，死而复生并开示弟子们均被祸诛后（除了玄畅可以因南度得免）佛法会再次兴起（"须臾起坐，谓弟子曰：大法应化，随缘盛衰。盛衰在迹，理恒湛然。但念汝等不久复应如我耳，唯有玄畅当得南度。汝等死后，法当更兴。善自修心，无令中悔"）。事实上，通观《高僧传》，不难发现正是玄高的这两次预言，架构起了慧皎对于"太武灭佛"事件的书写——正是基于玄高本人距离皇室成员较近，看到了崔浩、寇谦之猜嫉佛教、蛊惑拓跋焘（"崔、寇惑焘"）的现状，又以自己的实际行动帮助太子晃解除拓跋焘的怀疑（"玄高以法术助晃解焘疑"）获得进一步的权威，而这又不为崔、寇二人所容（"崔、寇恐失宠而谮晃、高"），自己也将被害，大规模的灭佛事件很快上演，所以才有了玄高的第一次预言"佛法应衰"；而当玄高果真被害，弟子感叹"法今既灭"并祈请回神开示后，他又提出了第二次预言"法当更兴"——他预言自己的弟子也会如他一样被害，除了弟子玄畅会因南度得免。后"至伪太平七年，拓跋焘果毁灭佛法，悉如高言"，但最终北魏佛法得以复兴（"俄而焘卒，孙濬袭位，方大弘佛法，盛迄于今"）[①]。

　　慧皎为什么要以玄高的两次预言来架构其对"太武灭佛"事件的记述呢？这个问题需要做进一步的推测。以两次预言来架构自己对于"太武灭佛"事件的书写，可见在慧皎的意识中，

---

① 这里的意思，并非意图以《玄高传》来涵括《昙始传》。事实上，我们已经指出，这两则传记作为《高僧传》对于"太武灭佛"事件的记述，虽然形式上各自独立（属于不同的"科目"），但是，从对于同一事件（太武灭佛）的记述上来说，他们又是可以互相补充的。说玄高的架构作用，只是就《高僧传》对于"太武灭佛"事件的记述整体而言。

玄高预言的有效性是极为重要的。而如果这个推断不误的话，那么慧皎对于"太武灭佛"事件如是这般的书写，极有可能就是为了突出玄高预言的有效性。那接下来的问题便是，为什么要突出玄高预言的有效性呢？我们知道在《高僧传》的记述中，玄高的这两次预言均发生在玄高被杀前后不久，他既预见到了自己的死，又预言了死后的情势。在《高僧传》的书写中，我们既可以把玄高之死看成是"太武灭佛"事件的前兆，又完全可以将玄高这样一位高僧视为即将遭受毁灭之厄佛法的代表。而在慧皎的笔下，玄高之死因，端在于崔、寇二人的潛毁。如此，似乎形成了这样一层逻辑关系，即：玄高之死因在于崔、寇二人的潛毁，但由于一方面玄高可以视为佛法的代表，另一方面崔、寇本身又是新天师道的代表，因此，佛法的毁灭就完全是由于以崔、寇为代表的新天师道的非毁。

透过这样一层逻辑关系，《高僧传》对于"太武灭佛"事件记述的观点和态度就显现出来——即慧皎是从佛教与新天师道对立的角度来看待"太武灭佛"事件。于是也就不难理解上文所揭慧皎笔下的"太武灭佛"事件为何会那么与众不同，这是因为相较于《魏书·释老志》而言，《高僧传》仅关注到佛教与新天师道处于敌对关系的一面，而忽略了事件背后佛法与王法、胡化保守势力与汉化改革势力错综复杂关系的一面。

第五节　慧皎的书写背景

上面，我们将慧皎对于"太武灭佛"事件书写所持的态度或立场，概括为"南人的视角"和"信仰的立场"两点，但是若以此来解释慧皎对于这样一桩北朝灭佛史事的认知，则似乎仍显较为表相。应该再进一步考虑的问题是：慧皎这样的视角和立场，是完全出于个人独特的理解，还是代表了某一特定群体的理解？是就事论事的见解，还是基于某种现实的考虑？

一、胡汉的问题

前文我们从正朔观念一端透视了慧皎在"太武灭佛"事件书写时所带着的南方视角。事实上，如果进一步考察这种南方视角，则会发现这种南人观照北方人事的视角定位，又远非地域空间这一因素所能简单解释，其背后还有更为深刻的原因。

就"太武灭佛"事件本身而言，如学界已有成果所揭示的那样，其背后存在着深层的胡汉问题——这也是研究北朝史乃至整个南北朝史事所难以抹去的"背景色"。[①]慧皎书写背后所秉持的正朔观念，其实也正可追溯至胡汉问题这一根本上。

我们看慧皎在具体的传文中，一律地将北朝冠之曰"伪"或"虏"，并不厌其烦地在北朝纪年之后郑重书上相应的南朝年号，显然是将自己放在了记述对象的"对立面"。前引道宣《续高僧传·释法贞传》作为一个极具参照价值的例子，也说明了在同时

---

① 这一点，日本学者如川胜义雄等人的研究虽然背后潜藏着浓厚的日本意识，但他们提出胡汉民族问题是北朝政治文化史的潜在脉络，则是富于启发性的。国内最近翻译出版的相关研究，请见广西师范大学出版社近年译介《讲谈社·中国的历史》系列的魏晋南北朝卷。讲谈社"中国の歴史"系列 1974 年初版，此次中译本依据的是 2005 年的新版。旧版魏晋南北朝卷由川胜义雄执笔，新版撰写者是越智重明的学生川本芳昭。该书虽然是面向大众的历史普及读本，但简洁明快、要言不烦，颇能反映日本学界新近的研究动向。参见〔日〕川本芳昭《中华的崩溃与扩大》，第 51—106 页。

期北方人的心里，也显然存在一个南北方的对立。然而，无论是慧皎笔下，还是法贞口中，他们所谓的南北"对立"，讲得明白一点，也就是法贞所说的"大梁正朝礼义"与北方"魏德衰陵"的对比，也即南方汉族文化正统与北方胡族文化的对比，焦点在于"礼义"二字。因此，慧皎的南方视角，说到底就是一种立足于"礼义"的南方汉族相对于北方胡族的政治文化优越感。

如之前所分析的那样，实际上，慧皎的南方视角所能带给他的对于北方的想象，也仅止于此。在关于"太武灭佛"事件原因的解释上，他并没有从胡汉博弈的角度追问下去——在《高僧传》的叙述中，我们看不到像正史（如《魏书》）所反映出来的以拓跋焘为首的主张汉化势力与以太子晃为代表的胡化保守势力之间的摩擦，也看不到崔浩作为北朝汉族豪族在北魏汉化改革中的推进作用。当然，我们不能站在今人的角度来苛求慧皎不能如实地再现"太武灭佛"的真实历史图景，毕竟作者所能掌握的一手材料极其有限，又受制于这样那样的局限，其间充满了许多重构之想象。然而，正是这种"有限"与"重构之想象"，却为我们打开了一个察觉另外一些事实的"窗口"——对于正朔在南方的强调，恰恰揭示了慧皎的现实政治立场。

中古佛教发展过程中，僧权与王权之间互动，一直是一个比较重要的问题，它关涉到佛教向精英权贵阶层的渗透，以及争夺底层信众社会和经济资源等关键问题，所以诸如沙门应不应该礼敬王者等问题，一直围绕在佛教中国化发展的各个历史阶段。[①]这个问题关涉较大，此处不拟深论，但就本章主题而论，我们认

---

① 这方面的讨论，可参考许理和的相关研究成果，参见〔荷〕许理和《佛教征服中国——佛教在中国中古早期的传播与适应》，第326—372页。

为慧皎在《高僧传》书写时，实际上已经自觉地反映出当时僧人群体对于王权的态度。

慧皎在《高僧传·序言》中，批评了之前很多僧传作者在编撰僧传时所存在的种种缺陷，其中有这样几句话："逮乎即时，亦继有作者。然或褒赞之下，过相揄扬；或叙事之中，空列辞费。求之实理，无的可称。或复嫌以繁广，删减其事，而抗迹之奇，多所遗削，谓出家之士，处国宾王，不应励然自远，高蹈独绝。寻辞荣弃爱，本以异俗为贤。若此而不论，竟何所纪？"①它们所透露出来的信息有两点：一是慧皎之前的很多僧传作者采取的是一种僧权依傍王权的态度，具体体现便在于故意删除一些能够表现高僧"励然自远""高蹈独绝"精神的材料；二是慧皎本人对这种做法所持的态度是坚决地反对，也正因此他才将自己的传记作品命名为"高僧传"（而不是"名僧传"）。此外，还有一点需要注意，即这样一段批评，其针砭的对象也许是那种对于僧传材料任意去取的草率态度，未必表明慧皎蓄意记录那些"异俗"事迹。但我们从中可以看出，当时的僧传作者就"出家之士，处国宾王，不应励然自远，高蹈独绝"这一点上，似乎有着某种程度上的共识。而"处国宾王"这个词所能反映出来的，则一种国家的观念、王权的意识，它们是处于优先地位的，而与此同时，这种国家的观念、王权的意识又天然地具有排他性。

这样，我们再回过头来看看慧皎对于"太武灭佛"事件书写所持的南方视角和以南方为正朔所在的态度，也许这样的疑惑就会释然，即为什么一个"辞荣弃爱""以异俗为贤"的出家之

---

① ［南朝梁］释慧皎撰，汤用彤校注：《高僧传》卷十四，第 524 页。

士、一个从起源上本与胡族文化有着天然亲近性的佛教人士，对于政治文化的正统性，竟然那么地在意与强调？原因只在于，慧皎在对于异域的书写时，自然而然地带上了南朝当时僧人群体所共同具有的国家观念和王权意识。这种国家观念和王权意识压过了其他一切：一方面要求以政权的正统性为坐标定位自己对具体事件的书写，另一方面又要求对此正统性之外事件的书写要加以限定和区别（比如"伪""虏"这样一类可以显示正统与否的提示语词）。这并不是一桩个案，事实上，相同的书写体例，在同时期梁宝唱的《名僧传》中也可以看出——据日本沙门宗性抄录的《名僧传》原本三十卷目录，其中以"伪"冠题的传记条目总计三十三条。[①]

　　还有一些问题值得进一步考虑，即慧皎所持的这种以南方为正朔所在、强调国家观念和王权意识，是否从某种程度上构成一种北方胡族政权与南方汉族国家之间在对待佛法态度方面的对比呢？是否意在通过这种对比，进而给南方之士人信众（尤其是帝王）树立一种反面的"警诫"呢？这些问题都直接关涉到慧皎《高僧传》编撰时的阅读对象定位问题，值得进一步研究。

二、佛道的问题

　　《高僧传》"昙始""玄高"两传分属"神异""习禅"两科，按照慧皎的书写惯例，每一"科"后的论赞一般都是慧皎概括性的总结，以及基于诸条传记生发出来的议论（见本书第二章相关论述）。如果说《高僧传》中具体的传记材料有可能因袭自其他

---

① 《名僧传》久已亡佚，今人赖日僧宗性摘抄（《名僧传抄》）而得窥原本面貌于一斑，详见《卍续藏》第 77 册，No. 1523，346b5—362c21。

地方的话，那么这些论赞则往往都是慧皎自己的意见，且往往蕴含着僧传书写的现实指向，因此值得特别重视。

让我们先看看上述两"科"论赞关于"昙始""玄高"传记材料的具体评述。

1. "神异"科——"昙始"：

> 论曰：神道之为化也，盖以抑夸强，摧侮慢，挫凶锐，解尘纷。至若飞轮御宝，则善信归降，竦石参烟，则力士潜伏。当知至治无心，刚柔在化。自晋惠失政，怀愍播迁，中州寇荡，群羯乱交①，渊曜纂虐于前，勒虎潜凶于后。郡国分崩，民遭屠炭。澄公悯锋镝之方始，痛刑害之未央。遂彰神化于葛陂，骋悬记于襄邺。借秘咒而济将尽，拟香气而拔临危。瞻铃映掌，坐定吉凶。终令二石稽首，荒裔子来。泽润苍萠，固无以校也。其后佛调、耆域、涉公、杯度等，或韬光晦影，俯同迷俗；或显现神奇，遥记方兆；或死而更生，或空后空墩。灵迹怪诡，莫测其然。但典章不同，祛取亦异。至如刘安、李脱，书史则以为谋僭妖荡，仙录则以为羽化云翔。夫理之所贵者合道也，事之所贵者济物也。故权者反常而合道，利用以成务。然前传所纪，其详莫究。或由法身应感，或是遁仙高逸。但使一分兼人，便足矣。至如慧则之感香瓮，能致痼疾消疗；史宗之过渔梁，乃令潜鳞得命。白足临刃不伤，遗法为之更始。保志分身圆户，帝王以之加信。光虽和而弗污其体，尘虽同而弗渝其真。故先代文

---

① 此句亦可证慧皎对于胡汉问题、正朔立场的态度。

纪，并见宗录。若其夸炫方伎，左道乱时。因神药而高飞，借芳芝而寿考。与夫鸡鸣云中，狗吠天上，蛇鹊不死，龟灵千年，曾是为异乎。①

2. "习禅"科——"玄高"：

论曰：禅也者，妙万物而为言。故能无法不缘，无境不察。然缘法察境，唯寂乃明。其犹渊池息浪，则彻见鱼石；心水既澄，则凝照无隐。《老子》云：重为轻根，静为躁君。故轻必以重为本，躁必以静为基。《大智论》云：譬如服药将身，权息务务。气力平健，则还修家业。如是以禅定力，服智慧药。得其力已，还化众生。是以四等六通，由禅而起；八除十入，借定方成。故知禅定为用大矣哉。自遗教东移，禅道亦授。先是世高、法护译出《禅经》，僧先、昙猷等，并依教修心，终成胜业。故能内逾喜乐，外折妖祥。摈鬼魅于重岩，睹神僧于绝石。及沙门智严躬履西域，请罽宾禅师佛驮跋陀更传业东土。玄高、玄绍等，亦并亲受仪则。出入尽于数随，往返穷乎还净。其后僧周、净度、法期、慧明等，亦雁行其次。然禅用为显，属在神通。故使三千宅乎毛孔，四海结为凝酥。过石壁而无壅，擎大众而弗遗。及夫悠悠世道，碌碌仙术。尚能停波止雨，咒火烧国。正复玄高逝而更起，道法坐而从化，焉足异哉。若如郁头蓝弗，竟为禽兽所恼；独角仙人，终为扇陀所乱。皆由心道虽摄，而与

---

① ［南朝梁］释慧皎撰，汤用彤校注：《高僧传》卷十，第 398—399 页。

爱见相应。比夫萤烛之于日月，曾是为匹乎。[①]

细绎这两段论语，在慧皎总体论述"神道""习禅"之含义及作用外[②]，又明显发现两者具备一个共同之处，即慧皎在论述"白足临刃不伤"的神异，以及"玄高"由于习禅而具备的"逝而更起"的神通时，均设定了一个比照的对象，也就是所谓的"左道""世道""仙术"。而根据慧皎的描述，"因神药而高飞，借芳芝而寿考""能停波止雨，咒火烧国"，也不难理解其所指当是道教。[③]在慧皎的论述中，他将神异（"禅定"的显性表现也是神异）区分为两种，一种是合于"道"或"禅道"的，且以"抑夸强、摧侮慢、挫凶锐、解尘纷"为目标的神异，另一种是道教方术那种以"夸炫方伎"、于"道"无补的神异。很显然，慧皎的态度是认为前者更高一筹。这样的比照方式，仔细想来，其实

---

① ［南朝梁］释慧皎撰，汤用彤校注：《高僧传》卷十一，第 426—427 页。

② "神道"与"习禅"两者又有可通处，"禅用为显，属在神通"，说明禅定的外在显性功效是具备神通。

③ "因神药而高飞，借芳芝而寿考"讲的是道教的传统方术"服饵"，早有渊源（参见蒙文通"晚周仙道分三派考"，《图书集刊》1949 年第 8 期），六朝道教葛洪一派的教法也主要主张服食丹药、芝草，可以说这是六朝南方神仙道教的普遍修法。"能停波止雨，咒火烧国"可能是道教的"炁禁术"，例如《抱朴子内篇》卷五称："吴越有禁咒之法，甚有明验，多炁耳。知之者可以入大疫之中，与病人同床而己不染。又与群从行数十人，皆使无所畏，此是炁可以禳天灾也。或有邪魅山精，侵犯人家，以瓦石掷人，以火烧人屋舍。或形现往来，或但闻其声音言语，而善禁者以炁禁之，皆即绝，此是炁可以禁鬼神也。入山林多溪毒蝮蛇之地，凡人暂经过，无不中伤，而善禁者以炁禁之，能辟方数十里上，伴侣皆使无为害者。又能禁虎豹及蛇蜂，皆悉令伏不能起。以无禁金疮，血即登止。又能续骨连筋。以炁禁白刃，则可蹈之不伤，刺之不入。若人为蛇虺所中，以炁禁之，则立愈。近世左慈、赵明等，以炁禁水，水为之逆流一二丈。又于茅屋上然火，煮食食之，而茅屋不焦……"总而言之，慧皎描述的主要还是传统的"神仙道教"的修法，而不是天师道的修法。此承山东大学《文史哲》编辑部孙齐先生指教，专此致谢！

透露的正是一种佛道争衡的意味。

关于魏晋南北朝佛道论衡的话题，学界前贤多有论述，其中以汤用彤和许理和两家说法最为切情。汤用彤仔细分析了汉魏以至六朝南北佛道争衡的整体情势，谓："魏晋以来虽因玄佛二家合流，而华戎之界不严。然自汉以后，又因佛道二教分流，而夷夏之争以起。晋宋之际，道教之势力逐渐确立，教会之组织、经典之造作整理均已具有规模。北朝道教势力由寇天师而光大，遂有太武世之法难。南方佛道之争亦渐烈……北朝道佛之争根据在权利，故其抗斗之结果，往往为无力之毁灭。南方道佛之争根据为理论，而其净论至急切，则有学理谋根本之推翻。南朝人士所持可以根本推翻佛法之学说有二：一为神灭，一为夷夏。因二者均可以根本倾覆释教，故双方均辩之至急，而论之至多也。"[1] 许理和的研究，在汤用彤的基础上，注意到佛道争衡中"民族主义和排外的特质"，以及在研究早期佛道冲突时，另有两个因素须加考虑，即：首先，佛教在农村人口中的逐渐扩张势必会削弱道教教团的力量，同时也必然会激化道教领袖及其朝廷代言人的排佛态度；其次，大约在公元300年，佛教开始在士大夫及上层社会中、在朝廷权臣和王室成员中产生了影响，而这必然导致两个集团之间冷酷的竞争——佛道间此后的冲突主要发生在朝廷内部。[2] 应该说，两位学者的结论均点出了此时期佛道争衡的核心特质，上文所检讨的慧皎对"太武灭佛"事件中"胡汉问题"的表达，也正与许理和所

---

[1]　汤用彤：《汉魏两晋南北朝佛教史》，第331—332页。
[2]　〔荷〕许理和：《佛教征服中国——佛教在中国中古早期的传播与适应》，李四龙、裴勇等译，第391页。

指出的"民族主义和排外的特质"不谋而合。

　　除此之外，我们以为最富于启发性的，便是汤用彤对于南北方佛道争衡特点的区分，特别是他指出了南朝的特点是将佛道之间的争衡文本化、理论化。今天我们已经无法确然了解当时南朝佛道之间（乃至俗士与佛教之间），在底层信众与上层精英两个层面上，具体的争衡情形究竟如何，但我们完全可以通过《弘明集》中收录的论衡文章加以窥视（这其实是一个反推的过程）。①另外，从我们上引两段《高僧传》"论"语来看，其实也可以借此证实慧皎当时所处历史背景下佛道争衡的事实。

　　明悉了这些，再回过头来检视慧皎对于"太武灭佛"事件的书写，起码可以发现两点重要事实：首先，以玄高的两次预言作为架构来统摄对"太武灭佛"事件的书写，意在重点突出以玄高为代表的佛教与以崔浩、寇谦之为代表的新天师道之间的敌对关系——这提示了慧皎书写乃是从佛道争衡角度立意的；其次，正如昙始事迹所显示的，"（始）以元会之日，忽杖锡到宫门。有司奏云：有一道人足白于面，从门而入。焘令依军法，屡斩不伤，遽以白焘。焘大怒，自以所佩剑斫之，体无余异。唯剑所着处，有痕如布线焉。时北园养虎于槛，焘令以始馁之，虎皆潜伏，终不敢近。试以天师近槛，虎辄鸣吼。焘始知佛化尊高，黄老所不能及。即延始上殿，顶礼足下，悔其愆失"——这里的事迹书写，重点只在"焘始知佛化尊高，黄老所不能及"这一句，正提示出慧皎在佛道争衡中所持守的信仰立场。

　　要之，慧皎从信仰的立场对"太武灭佛"事件的书写，正是

---

① 吉川忠夫也曾以僧祐《弘明论后序》、颜之推《颜氏家训·归心》为中心检讨过这种争论，参见〔日〕吉川忠夫《六朝精神史研究》，第396—409页。

以当时佛道争衡的现实作为背景。又由于南方佛道争衡呈现文本化、理论化特征，所以导致慧皎在书写时也仅仅停留在佛道斗法性质事迹的编撰上，而故意"遮蔽"一些其他关乎政治权力斗争等方面的信息。

第六节 慧皎的书写意味

前面在分析《高僧传》对于"太武灭佛"事件书写的立场和态度时，我们曾指出存在一个书写"遮蔽"的现象，即慧皎有意把"太武灭佛"事件的全景简化压缩为一个单向的佛道争衡维度。

不能将这种现象简单地视作慧皎信息上的不对称导致他只能在这个维度上加以发挥。事实上，正如前文所指出的那样，无论是从情理上推测（南北方人员交流所带来各种讯息交换的可能性），还是从实际的文本反映（《高僧传》中也有涉及对政治势力博弈双方的记述），都可以发现慧皎其实完全有能力、有条件获得对于"太武灭佛"事件相对全面的信息掌握（起码不至于一个单向维度），横亘在南北方之间的时空"阻隔"也并非真的难以突破。

那么，问题就由此产生：为什么慧皎在本可以把这桩"灭佛"事件记述得更完整、更符合实际的情况下，却有意选择透过佛道争衡这唯一的途径来予以阐释呢？这种选择一种阐释路径而"遮蔽"其他的做法，透露出慧皎在实际的僧传书写中，所遭遇到的是什么样的"困境"呢？

我们认为慧皎的多种身份，实际上造成了他在实际的书写中呈现立场的多样性以及背景的多重性。首先，与慧皎的南人身份特征对应着的是"南人视角"（以"伪""虏"等语词来确认作者自身在政权上的正统性）和"胡汉问题"（基于"礼义"来确定汉民族文化的优越感）；其次，与慧皎的僧人身份特征对应着的是他所继承的佛教信仰群体的集体意识（将佛道争衡的立场文本化），因此他的信仰立场和佛道争衡意识便如同一柄"放大镜"，将读者的眼光聚焦到这一事件所涉北魏朝廷佛道势力间的交锋面相上。

　　这里就存在一个慧皎在书写中难以回避的"悖论"，即如果以南人汉族身份书写则要求一种"汉族文化本位"的态度，而如果以僧人的身份书写则要求一种"非汉族文化本位"[①]的态度。这两种姿态同时出现在具体的书写中，构成一种有趣的关系，即政治上的正统性与信仰上的合法性之间存在一种显见的"张力"。具体地说，即如果从"汉族文化本位"的立场看，北朝拓跋氏政权无疑属于非正统性质的，自然应是被贬斥的对象，可是我们看作为慧皎所赞扬的佛法代表玄高，却与此政权有着某种程度上的"合谋"（玄高与太子晃之间的关系）。慧皎无法在书写中弥缝这个"破绽"，却正无意间透露出了其书写的"困境"，即以佛道争衡这个单维度阐释模式是难以妥帖地处理其所面对的关于"太武灭佛"事件的材料，他需要用其他更为多元的维度来解释事件背后佛法与王法、胡化保守势力与汉化改革势力错综复杂的关

---

① 晋宋的佛道之争其实具有如许理和所说的"民族主义和排外的特质"，我们看《弘明集》中无论道教中人还是俗士，他们的排佛言论无不从这个角度立论（比如中心与边地之争等）。因此，佛道的争论，一定程度上，也完全可以视为"汉族文化本位"与"非汉族文化本位"的争论。

系，而这却是慧皎所力图"遮蔽"掉的方面。

总之，我们看到慧皎在僧传撰作中将政治的正统性、史实的复杂性置于信仰的合法性之下，形成了他书写上的"困境"。体现在文本上，便是很多叙事逻辑上的"不服帖"。如果要解释这种"困境"，我们以为可能的原因在于其书写目的并不在于还原一桩历史事件，相反，他是借着这个事件来试图表达其对于佛道争衡问题的见解。

本章我们以慧皎《高僧传》对于北魏"太武灭佛"事件的书写为例，展示了慧皎如何突破南北时空上的"阻隔"，作为一个"旁观者"，他从南人的视角以及佛教信仰的立场出发，建构起他对"太武灭佛"事件的认知。

这种"建构"，不是无来由的想象，而是基于六朝政治文化背景中的胡汉问题和佛道争衡问题所做出的积极建构。慧皎在书写中所暴露出来的"困境"，则反映出《高僧传》在历史事件（特别是涉佛历史事件）书写时，追求政治上的正统性与信仰上的合法性之间存在着的"张力"。

第五章

学术·僧制·王权：佛陀跋陀罗 "被摈"事件的多面书写

　　中古佛教史上有一桩著名的公案，因其涉及的人物均是当时南北著名高僧，故而历来为关心这段历史的人所重视——这便是东晋佛陀跋陀罗[①]"被摈"事件。事件中所涉及的人物有鸠摩罗什、慧远，以及他们各自的弟子门生，甚至还有姚秦、刘宋等政权人物。这个事件在僧祐《出三藏记集》和慧皎《高僧传》中均有记述。目前，学界基于这些材料，对该事件已经有了一定程度的研究[②]，为我们进一步探究这桩公案奠定了坚实的基础。但重新

[①] 佛陀跋陀罗（359—429），梵文作 Buddhabhadra，祐录作"佛驮跋陀"，《弘教》本、《碛砂藏》作"佛驮跋陀"，《名僧传抄》作"佛驮跋陀"并注"或云浮头婆驮，梁言觉贤"，《高僧传》作"佛陀跋陀罗"并云"此云觉贤"——《出三藏记集》作"齐言佛贤"，《大唐内典录》与《开元释教录》均作"晋云觉贤"。本书称谓且从《高僧传》。

[②] 较为重要的研究成果大致有〔日〕孤峰智灿《中印禅宗史》，释印海译，中国佛学院刊印，第84—85页；汤用彤《汉魏两晋南北朝佛教史》，第216—220页；吕澂《中国佛学源流略讲》，中华书局1979年版，第66—85页；洪修平《禅宗思想的形成与发展》（修订版），江苏古籍出版社2000年版，第15—71页；

思考这桩公案本身以及既往之研究，我们却又发现：一方面，前人的研究在材料使用上的"大前提"，仍有值得反思的地方；另一方面，似应在更大的历史背景中去定位这桩公案，捕捉更多的历史讯息，进而获得更加丰富的历史印象。

本章拟在详细考察慧皎《高僧传》对于佛陀跋陀罗"被摈"事件书写的基础上，重新检讨前人的研究理路及结论，尝试在一个新的视域下去透视慧皎对于该事件的多面书写，并借此来把握慧皎是如何在一个多重关系背景下展现与思考僧人个人命运的波折。

第一节　佛陀跋陀罗"被摈"事件再检讨

一、基本事迹材料

目前所见对佛陀跋陀罗"被摈"事件记述最早也最详备的文献，是僧祐《出三藏记集》和慧皎《高僧传》。[①] 以下，先移录《出三藏记集》和《高僧传》中记述佛陀跋陀罗"被摈"事部分，便于下文具体分析。

1.《出三藏记集》卷十四《佛驮跋陀传》：

（接上页）曹虹《慧远评传》，第299—307页；陆扬"解读《鸠摩罗什传》：兼谈中国中古早期的佛教文化与史学"，第81—86页；宗性"佛陀跋陀罗在长安僧团被摈原因考索"，《问学散论》，宗教文化出版社2008年版，第29—50页；马宗洁《佛陀跋陀罗研究》，中国社会科学院研究生院博士学位论文，2010年。

① 日本沙门宗性所抄录的梁宝唱《名僧传》卷十九亦有佛陀跋陀罗传记，只是今天残存《名僧传抄》中的文本内容仅是记述佛陀跋陀罗与同学僧伽达多禅定神迹而已，至于原本是否有对于"被摈"事件的记述，则不得而知。

（佛驮跋陀）少以禅律驰名……顷之，至青州东莱郡。闻鸠摩罗什在长安，即往从之。什大欣悦，共论法相，振发玄绪，多有妙旨。因谓什曰：君所释不出人意，而致高名何耶？什曰：吾年老故尔，何必能称美谈。什每有疑义，必共咨决。时伪秦主姚兴专志经法，供养三千余僧，并往来宫阙，盛修人事。唯佛贤守静，不与众同。后语弟子云：我昨见本乡有五舶俱发。既而弟子传告外人，关中旧僧道恒等以为显异惑众，乃与三千僧摈遣佛贤，驱逼令去。门徒数百，并惊惧奔散。乃与弟子慧观等四十余人俱发，神志从容，初无异色。识真者咸共叹惜，白黑送者数千人。兴寻怅恨，遣使追之。佛贤谢而不还。

先是庐山释慧远久服其风，乃遣使入关致书祈请。后闻其被斥，乃致书与姚主解其摈事，欲迎出禅法。顷之，佛贤至庐山，远公相见欣然，倾盖若旧。自夏迄冬，译出禅数诸经。

佛贤志在游化，居无求安。以义熙八年，遂适荆州。遇外国舶主，既而讯访，果是天竺五舶，先所见者也。倾境士庶，竞来礼事，其有奉施，悉皆不受，持钵分卫，不问豪贱。时陈郡袁豹为宋武帝太尉长史，在荆州。佛贤将弟子慧观诣豹乞食。豹素不敬信，待之甚薄。未饱辞退，豹曰：似未足，且复小留。佛贤曰：檀越施心有限，故今所设已罄。豹即呼左右益饭，饭果尽。豹大惭。既而问慧观曰：此沙门何如人？观答曰：德量高邈，非凡人所测。豹深叹异，以启太尉。太尉请与相见，甚崇敬之，资供备至。俄而太尉还都，请与俱归，安止道场寺。佛贤仪轨率素，不同华俗，而志韵清远，雅有渊致。京都法师僧弼与名德沙门宝林书曰：

斗场禅师甚有大心，便是天竺王、何，风流人也。其见称如此。[①]

2.《高僧传》卷二《晋京师道场寺佛驮跋陀罗传》：

（佛驮跋陀罗）少以禅律驰名……顷之，至青州东莱郡，闻鸠摩罗什在长安，即往从之。什大欣悦，共论法相，振发玄微，多所悟益。因谓什曰：君所释，不出人意，而致高名，何耶？什曰：吾年老故尔，何必能称美谈。什每有疑义，必共咨决。时秦太子泓，欲闻贤说法，乃要命群僧，集论东宫。罗什与贤数番往复，什问曰：法云何空？答曰：众微成色，色无自性，故虽色常空。又问：既以极微破色空，复云何破微？答曰：群师或破析一微，我意谓不尔。又问：微是常耶？答曰：以一微故众微空，以众微故一微空。时宝云译出此语，不解其意，道俗咸谓贤之所计，微尘是常。余日长安学僧复请更释，贤曰：夫法不自生，缘会故生。缘一微故有众微，微无自性，则为空矣。宁可言不破一微，常而不空乎。此是问答之大意也。秦主姚兴专志佛法，供养三千余僧，并往来宫阙，盛修人事，唯贤守静，不与众同。后语弟子云：我昨见本乡，有五舶俱发。既而弟子传告外人，关中旧僧咸以为显异惑众。

又贤在长安，大弘禅业，四方乐靖者，并闻风而至。但染学有浅深，得法有浓淡，浇伪之徒，因而诡滑。有一弟子

---

① ［南朝梁］释僧祐撰，苏晋仁、萧錬子点校:《出三藏记集》卷十四，第541—542页。

因少观行，自言得阿那含果，贤未即检问，遂致流言，大被谤读（黩），将有不测之祸。于是徒众，或藏名潜去，或逾墙夜走，半日之中，众散殆尽，贤乃夷然不以介意。

时旧僧僧䂮、道恒等谓贤曰：佛尚不听说己所得法，先言五舶将至，虚而无实，又门徒诳惑，互起同异，既于律有违，理不同止，宜可时去，勿得停留。贤曰：我身若流萍，去留甚易，但恨怀抱未申，以为慨然耳。于是与弟子慧观等四十余人俱发，神志从容，初无异色，识真之众，咸共叹惜，白黑送者千有余人。姚兴闻去怅恨，乃谓道恒曰：佛贤沙门，协道来游，欲宣遗教，缄言未吐，良用深慨，岂可以一言之咎，令万夫无导？因敕令追之。贤报使曰：诚知恩旨，无预闻命。于是率侣宵征，南指庐岳。

沙门释慧远，久服风名，闻至欣喜若旧。远以贤之被摈，过由门人，若悬记五舶，止说在同意，亦于律无犯。乃遣弟子昙邕致书姚主及关中众僧，解其摈事，远乃请出禅数诸经。贤志在游化，居无求安，停止岁许，复西适江陵。遇外国舶至，既而讯访，果是天竺五舶，先所见者也。倾境士庶，竞来礼事，其有奉遗，悉皆不受，持钵分卫，不问豪贱。时陈郡袁豹，为宋武帝太尉长史，宋武南讨刘毅，随府届于江陵。贤将弟子慧观诣豹乞食，豹素不敬信，待之甚薄，未饱辞退，豹曰：似未足，且复小留。贤曰：檀越施心有限，故令所设已罄。豹即呼左右益饭，饭果尽，豹大惭愧。既而问慧观曰：此沙门何如人？观曰：德量高邈，非凡所测。豹深叹异，以启太尉。太尉请与相见，甚崇敬之，资供备至。俄而，太尉还都，便请俱归，安止道场寺。贤仪范率素，不同华俗，而志韵清远，雅有渊致。京师法师僧弼与沙门宝林书曰：斗场禅师，甚有大心，便是天竺王、何，风流人也。其见称如此。①

学界目前对于佛陀跋陀罗"被摈"原因的研究，无论专门探讨还是部分涉及，其所据以立论的材料都不逾乎此。如果仔细加以对照，我们不难发现两个材料间存在因袭现象，具体地说，应该是《高僧传》在一定程度上因袭了《出三藏记集》。这并非无法解释，因为从史源上说，这两部书属同时代的作品（虽然编撰时间有先后），两位作者可能在处理传主事迹材料上存在"共享"的可能。②

二、诸说之辩证

现代学者对于这桩关涉中国早期佛教史、早期禅宗史的公案，有着不同的解读，目的都是试图揭示佛陀跋陀罗"被摈"的真正原因。此前对于佛陀跋陀罗"被摈"原因比较具有代表性和影响力的解释，大约有以下几种：

1. 孤峰智灿在其所著《中印禅宗史》中以为："觉贤来到长安之后的境遇，与罗什相异其趣，什受朝廷保护，声势赫赫，

---

① ［南朝梁］释慧皎撰，汤用彤校注：《高僧传》卷二，第70—73页。
② 这里的"共享"是指两位作者关于某位僧人事迹的记述，由于他们的时代接近、地域相同，所以借鉴的人物事迹材料可能是一致的。这种一致性所带来的书写上可能是：一是两者在书写上有"亲属性"，或是后者全部因袭前者，不加任何改动，或是后者部分因袭前者，而略作改动；二是两者在书写上并不受彼此"干扰"，因此，从完成的样子上看，他们完全不相似，或者即便在基本史实上有相同处，但在叙述上也不见他们在理路上的重合。我们以为，在这个例子中，前一种的可能性相对较大。

觉贤则避俗权修禅业、教养弟子，乐静者皆入觉贤门下。当时长安的佛教界，似成为罗什与觉贤两者相对立的情势，结果罗什门徒虚构事实放逐觉贤。觉贤及其徒众数百人，为避免不测之祸，乘夜离散。觉贤遂去南方投靠庐山慧远。"①

2. 汤用彤在其所著《汉魏两晋南北朝佛教史》中以为："觉贤与关中众僧之冲突，慧远谓其'过由门人'。实则其原因在于与罗什宗派上之不相合……当什公弘三论鼎盛之时，（觉贤）'唯贤守静，不与众同'。而其所传之禅法，与什公所出并相径庭。于是学者乃恍然五部禅法，固亦'浅深殊风，支流各别'。而觉贤之禅，乃西域沙婆多部，佛陀斯那大师所传之正宗。其传授历史，认为灼然可信。觉贤弟子慧观等，必对于什公先出禅法不甚信任。……按什公译《首楞严经》，又自称为《菩萨禅》，而觉贤之禅则属小乘一切有部，其学不同，其党徒间意见自易发生也……总之觉贤之被摈，必非仅过在门人，而其与罗什学问不同，以致双方徒众不和，则为根本之原因也。"②

3. 吕澂在其所著《中国佛学源流略讲》中以为："（觉贤）在长安，大弘禅法，跟从他学的人很多，其中就有慧观。他们对罗什所传，感到不满，认为他没有师承，不讲源流，不得宗旨……罗什综合七家之说来编写的禅法，无所专宗，也无传授……凡是随觉贤学禅的人，都不以罗什所传为然。觉贤之禅既与罗什异途，所以他在长安住了不久，就受到罗什门下的排挤，并借故说他犯戒摈之离开长安。"③

---

① 〔日〕孤峰智灿：《中印禅宗史》，释印海译，第 84—85 页。
② 汤用彤：《汉魏两晋南北朝佛教史》，第 216—220 页。
③ 吕澂：《中国佛学源流略讲》，第 76—77 页。

此三种说法影响力颇大，尤以汤、吕两家为最，可以说，他们的意见主导了目前学界对于佛陀跋陀罗"被摈"事件的理解，之后的研究基本上都是在重复他们的观点。对比这三种解释，不难发现他们的立论根据，都是上面所移录的《出三藏记集》和《高僧传》关于佛陀跋陀罗"被摈"部分的内容。由于使用材料的一致，因此得出的结论也大体相仿，比如他们均指出了鸠摩罗什与佛陀跋陀罗之间在学术（禅法）上的差异是这桩"被摈"事件的主要原因。

但是，如果我们能够暂时跳出对于历史真实的迫切追求来反观史料本身的话，不难发现在上述的研究中有这样两点值得注意：

1. 这三种解释，尽管使用的是最早、最详备的材料，但是它们似乎没有对两则材料的差异性给予足够的重视，而是简单地"取此舍彼"，以最近的版本来"覆盖"较前的版本。这样的做法，带来了一个问题，即都没有意识到慧皎《高僧传》版本虽然大体上袭用僧祐《出三藏记集》中的材料甚至文辞表述，但他在一些关键的地方做了不同程度的增加和润色。我们可以从它们对于佛陀跋陀罗"被摈"动因的界定上来发现这种文献材料使用的取向——据《出三藏记集》的记述，"被摈"的动因是佛陀跋陀罗关于"见本乡有五舶俱发"的预言，"关中旧僧"（"三千僧"，以道恒为代表）认为这是"显异惑众"，因而"摈遣"之；而在《高僧传》的记述中，"被摈"的动因在佛陀跋陀罗"五舶将至"的预言外，还有"浇伪"之徒"自言得阿那含果"的妄言，于是"关中旧僧"（以僧䂮、道恒为代表）摈之。因此，两则材料中对于"过"是否由"门人"的记述是不同的。但是，上列的三种说法，汤用彤显然采信的是慧皎《高僧传》，因为他的立论是针对"过由门人"的记述；而孤峰智灿"虚构事实""乘夜离散"云云也显然是《高僧传》版本中的情节；至于吕澂所说的"犯戒"，则是针对《高僧传》版本中僧䂮、道恒"于律有违"的指责而说的。由此可见，这三种说法的立论全都是基于慧皎《高僧传》的记述。因此，从所使用材料的取向来看，三种说法都选择采信慧皎的《高僧传》版本，而忽略了其与《出三藏记集》在文本叙述上的差异。

2. 如果说上述对于材料使用态度上的问题，还不足以影响他们对于佛陀跋陀罗"被摈"原因做出的判断的话（因为无论对于"被摈"的直接动因怎么界定，最终都会与佛陀跋陀罗和鸠摩罗什之间的学术差异联系上），那么，他们对于材料的选择性"抽出"（即着重关注两人在学术上分歧这方面的记述），则导致了他们在判断的逻辑"链条"上留出了一段"空白"。事实上，我们看上述的三种观点，它们都是试图从佛教（禅宗）史本身的发展脉络中提炼出来，其眼光也几乎完全放在佛教这一个维度之上。因此，当研究者拿着这样一柄"放大镜"去检寻材料时，自然也就只能看到那些与此话题显然相关的部分（学术旨趣上的差别），余下的材料则被轻轻放下不论了。这三种说法所能呈现的，无一例外的逻辑都是：佛陀跋陀罗与鸠摩罗什在学术上的分歧直接导致他们各自门徒之间的冲突，进而占据强势的一方将对手摈除出去。可是，当我们仔细阅读上面移录的两则基本事迹材料时，总觉着这样的一种逻辑似乎在中间断了一环。我们不禁要问：难道学旨上的差异一定会导致现实生活中两派的势不两立吗？是不是还有其他因素也参与其中了呢？

三、材料所见之问题

让我们回到材料本身。检阅《出三藏记集》和《高僧传》中记述佛陀跋陀罗"被摈"事件的文字，不难看出其实后者已在不同程度上对前者进行了一番增加和润色，具体体现在如下几处：

1. 增加了一段由"秦太子泓"在东宫主持的一次佛陀跋陀罗与鸠摩罗什之间纯粹学理性质的论辩。我们不清楚慧皎关于这次论辩资料的来源，总之他似乎是按照佛陀跋陀罗与鸠摩罗什之间论辩的大意来加以记述（"此是问答之大意也"）。这段内容是置于佛陀跋陀罗对于鸠摩罗什的质疑问答之后。

2. 增加了一段佛陀跋陀罗未能管束门下"浇伪之徒"妄言而被"谤黩"的内容。与此相联系的是，后面记述到慧远试图解除佛陀跋陀罗摈事的时候，用了"过由门人"的理由。

3. 增加了一段佛陀跋陀罗"被摈"之前的对话。这段对话发生在"关中旧僧"的代表僧䂮、道恒与佛陀跋陀罗之间，具体内容：一是僧䂮、道恒二人告知被摈者具体摈除的原因（一方面是因为佛陀跋陀罗的"五舶将至"预言"虚而无实"，另一方面是因为其"门徒诳惑，互起同异，既于律有违"）；二是佛陀跋陀罗所表达的"怀抱未申"的"慨然"之情。

4. 改写了一段秦主姚兴在佛陀跋陀罗"被摈"之后的反应情节。在《出三藏记集》中姚兴的反应是"寻怅恨，遣使追之"，而慧皎改写后则变为"姚兴闻去怅恨，乃谓道恒曰：佛贤沙门，协道来游，欲宣遗教，缄言未吐，良用深慨，岂可以一言之咎，令万夫无导？因敕令追之"。这样的改写，如果从字面上理解，大概可以看出，在僧祐的版本中，姚兴一开始应该是参与摈除佛陀跋陀罗决议的①，而在慧皎的版本中，姚兴对摈除佛陀跋陀罗的态度很显然是站在了以道恒为代表的"关中旧僧"的对立面。

5. 改写了一段庐山慧远为佛陀跋陀罗解除摈事的情节。在《出三藏记集》中，慧远为解除摈事，需要联系的对象是姚兴（"姚主"），而在《高僧传》中，在姚兴之外，则还有"关中众僧"。

考虑上列的这些对于情节的增加和改写，若径以为这只是慧皎出于作为继起的僧传编纂者对前代故事简单的敷衍，是难以让人完全信服的。因为若果真如此，则意味着后来的记述将顺着之前记述的"轨道"前进而鲜有"变轨"，但我们看到的却是，事件的记述经过慧皎这样的增加和改写后，有些基本的历史面相以及情节结构都发生了变化，比如姚兴并没有参与摈除事件的决策、关中旧僧的立场似乎与姚兴并不完全一致，等等。

中古材料有限，坐实不易。我们不清楚在慧皎的书写中，这种增加和改写是不是因为他的确见到了新的材料或说法，再据此来丰富或改变之前僧祐的记述。但有一点是可以肯定的，即慧皎无论是据闻见的材料或传闻来增添也好，还是靠想象"无中生有"地润色改编也罢，不管怎样，他的确是在僧祐的基础上做出了比较明显的改变。

那么，接下去的问题就是，慧皎为什么要做出这些改变？是否仅仅只是新见闻的随机增加？如果不是，他是否意在借此传达某种想法或意图？对于这些问题，是难以遽然作答的，这需要对多种材料全面综合并加以多维解析，如此才能得出较为

---

① 于"兴寻怅恨"句可见端倪。该句中"寻"字，按照中古汉语的通常用法，可以作"不久"接着"随即"理解，里面暗含一个因果的逻辑。

合理的解释。

　　首先，还是得在慧皎加以改编的地方寻出端倪。我们尝试从这些地方提出一些问题，作为进一步讨论的"起点"：

　　1. 无论在《出三藏记集》版本，还是《高僧传》版本中，我们都没有直接的证据表明鸠摩罗什参与了摈除佛陀跋陀罗的行动。两个版本都具有的佛陀跋陀罗质疑鸠摩罗什"致高名"的情节，以及后来慧皎所加入的两人之间关于佛教学理的论辩，如果能够合观的话，是否一定如之前的研究成果所判定的那样，这是导致"被摈"事件的根本原因？是否一定意味着两人及门徒之间已经势若水火？如果真是这样，那么两个版本中都写到的两人之间关系看似并不那么对立的情节（"什每有疑义，必共咨决"）又该如何解释呢？此外，两个版本中，直接参与摈除佛陀跋陀罗行动"关中旧僧"的代表道恒，同时也是鸠摩罗什的弟子，如此，道恒的行为是其师的授意吗？以道恒为代表的"关中旧僧"与鸠摩罗什之间的关系，又是怎样的呢？

　　2. 慧皎在僧祐的版本之上，又加入了佛陀跋陀罗因门下"浇伪之徒"妄言而被"谤黩"的情节，意在照应后面慧远解除"摈事"所要用到的"过由门人"的理由。这样就产生两个问题：其一，两个版本都具有的佛陀跋陀罗"五舶将至"的预言，是否真的于律有犯？"关中旧僧"所指斥的"显异惑众"又从何说起呢？其二，若果真是"过由门人"而违背了戒律的话，那么"过"在何处？这种"过"又与其时的戒律构成何种程度上的紧张关系呢？

　　3. 慧皎所改写的秦主姚兴在佛陀跋陀罗被摈之后反应的情节，如之前所揭示的，从字面上理解，大概可以看出，在改写前后，秦主姚兴与以道恒为代表的"关中旧僧"之间，在对待摈除佛陀跋陀罗事件的态度上，有着截然的反差。那么，在慧皎的改写中，为何将姚兴的态度改变得如此之大？是不是在有意突出姚兴与"关中旧僧"之间关系的紧张呢？

4. 慧远为佛陀跋陀罗解除"摈事"这一情节，慧皎改写的版本中，慧远需要致书联系的对象除了姚兴之外，还有"关中众僧"。那么，为什么为佛陀跋陀罗解除"摈事"这一本来只是佛教内部事务的事件，需要向本来不主张摈除的君主（详见慧皎改写版本中姚兴与道恒之间对话）致意？这一历史时期的佛教僧团与政治之间，是一种怎样的互动关系？

以上，我们依据慧皎在僧祐版本基础上所作的改变，尝试解析出一些材料背后潜在的问题。表面上看，这些问题很分散，问题与问题之间，并无直接的逻辑联系，似乎也无法遽然加以解释，而这些问题所牵涉的各种关系也颇为复杂，比如佛陀跋陀罗与鸠摩罗什之间的关系、佛陀跋陀罗与关中旧僧之间的关系、鸠摩罗什与关中旧僧之间的关系、关中旧僧与秦主姚兴之间的关系、秦主姚兴与佛陀跋陀罗之间的关系、慧远与关中众僧之间的关系、慧远与佛陀跋陀罗之间的关系。那么，在这样一个看似"回文"（palindrome）游戏的复杂关系中，是否可以从中找寻出一个大致的线索呢？

我们以为从学术、僧团和政权三条线索来把握这些不同的事件头绪与复杂的人物关系，或许能将问题说明得更清楚一些。比如，佛陀跋陀罗与鸠摩罗什、慧远与鸠摩罗什的关系侧重于学术的一面，佛陀跋陀罗与关中旧僧、鸠摩罗什与关中旧僧的关系侧重于僧团的一面，而关中旧僧与秦主姚兴的关系则侧重于政治的一面。当然，这三条线索之间并不是平行的关系，事实上，它们常常交叉纠缠在一起，比如慧远与关中众僧的关系，不仅仅是僧团的不同，也在于学术上的分歧。

总之，我们从慧皎《高僧传》对于僧祐《出三藏记集》版本的增加和改写处，可以揣摩出来的问题很丰富。就指向性而言，这些隐藏在材料背后的问题又可以让我们探索这一"被摈"事件的眼光，不再仅仅局限在佛陀跋陀罗与鸠摩罗什学术不合这一隅上，从而引导我们在更加广阔的视域里予这桩公案以观照。下文，我们将以慧皎修改的地方为文本依托，并结合其他方面的材料，尝试从学术与僧团、僧团与政权等视角，进一步揭示《高僧传》佛陀跋陀罗"被摈"事件的多面书写。

第二节 学术与僧团

一、"被摈"的原因

前文，我们提到慧皎在僧祐的版本基础上，增加了一段佛陀跋陀罗未能管束门下"浇伪之徒"妄言而被"谤黩"的内容，并借僧䂮、道恒二人之口说明佛陀跋陀罗"被摈"的原因：一方面是佛陀跋陀罗"五舶将至"的预言被认为是"显异惑众""虚而无实"；另一方面是佛陀跋陀罗的一个弟子"诳惑"，自言"得阿那含果"，导致"流言"。但据慧远为佛陀跋陀罗解摈事时的说法（"过由门人"），可知他对"关中旧僧"之于佛陀跋陀罗的"指控"，只认同后者（来自弟子方面的原因），但并不以为佛陀跋陀罗的预言"于律有犯"。这样，他们之间的分歧，显然在于佛陀跋陀罗关于"五舶将至"的预言是否违反了戒律。事实上，如果对于中古佛教史不太陌生的话，应该不难发现，这类预言在早期域外来华高僧事迹中，并不鲜见。例如该事件的另一主角鸠摩罗什，在他的诸多事迹中就不乏这样的预言，此可见之于《高僧传·鸠摩罗什传》中，不烦详列。但需要指出的是，上面提到的曾经"指控"佛陀跋陀罗违律的僧䂮、道恒二人，却正是鸠摩罗什身边的译经同道。① 鉴于这样的一层较为亲密的关系，从情理上讲，大概不会出现僧䂮、道恒以鸠摩罗什都难以达到的标准来指责佛陀跋陀罗的情况。② 且就彼时长安所流行的佛教戒律而言，诸僧徒所维持的正是由鸠摩罗什所翻译提倡的《十诵律》（沙婆多部，即小乘一切有部）③，我们在今日所存的《十诵律》文本中，也没有发现明文指责佛陀跋陀罗那种"预言"违律。因此，慧远的说法是对的，即佛陀跋陀罗的"预言"并不算违律。

那么，按照慧远的说法，剩下的可能，只能是佛陀跋陀罗弟子"自言得阿那含果"违反了戒律。在《高僧传》卷十一《宋京师庄严寺释僧璩传》中同时也记载了另一桩"被摈"的事件，被摈的原因一致，我们可以拿来做比照：

① 《高僧传》卷二《鸠摩罗什传》："什既至止，仍请入西明阁及逍遥园，译出众经。什既率多谙诵，无不究尽，转能汉言，音译流便。既览旧经，义多纰僻，皆由先度失旨，不与梵本相应，于是兴使沙门僧䂮、僧迁、法钦、道流、道恒、道标、僧叡、僧肇等八百余人，咨受什旨，更令出《大品》。"（［南朝梁］释慧皎撰，汤用彤校注：《高僧传》卷二，第 52 页）
② 曹虹师论此引《大乘大义章》鸠摩罗什关于"见佛"的论述，认为佛陀跋陀罗所流露出的"显异"色彩受到"关中旧僧"的非议，主要是因为他们"受鸠摩罗什致力弘扬的大乘空观的影响，对于禅观与神异的关系，趋于某种理性化的态度"。我们以为这对鸠摩罗什的态度揭示是十分正确的，但"关中旧僧"是否全然依从鸠摩罗什的观念，则可进一步考虑。详见曹虹《慧远评传》，第 301 页。
③ 参见严耀中《佛教戒律与中国社会》，上海古籍出版社 2007 年版，第 52—54 页。另据《高僧传》记载，鸠摩罗什于临终之时，还念念不忘《十诵律》，甚至发誓赌咒，可见他对于此律极为重视。

（释僧璩）总锐众经，尤明《十诵》，兼善史籍，颇制文藻，始住吴虎丘山，宋孝武钦其风闻，敕出京师为僧正，悦众，止于中兴寺。时有沙门僧定，<u>自称得不还果</u>。璩集僧详断，令现神足。定云：恐犯戒，故不现。璩案律文，有四因缘得现神足：一断疑网，二破邪见，三除憍慢，四成功德。定既虚诞事暴，即日明摈。璩仍著《诫众论》，以示来业。①

在这个例子中，僧定"自称得不还果"。此"不还果"，即佛陀跋陀罗弟子口中的"阿那含果"②。对《十诵律》十分谙熟的"僧正"僧璩，则据律文判定僧定违戒，进而加以摈除。这里，交待了僧定犯戒的原因——只能在四种情况之下才能言"得不还果"，否则便是"虚妄"。我们可以此例来类推佛陀跋陀罗案中的情况，大概其弟子若真的"自言得阿那含果"，则的确违反了当时的戒律。

综上可知，按照慧皎版本的理解（也是文中慧远的说法），佛陀跋陀罗之所以"被摈"，其理由不在于其关于"五舶将至"的预言违反了什么戒律，而是因为其弟子"自言得阿那含果"违反了当时的戒律，如果说佛陀跋陀罗需要承担什么责任的话，那只可能是教导不力（"未即检问"），这也并不构成"摈除"的充分理由。

但是，我们又不得不同时意识到，慧皎的理解毕竟与僧祐有

① ［南朝梁］释慧皎撰，汤用彤校注：《高僧传》卷十一，第 430—431 页。
② 阿那含，梵文作 anāgāmin，鸠摩罗什首次由梵语译为阿那含，意为"不来"或"不还"。阿那含果，又称不还果，是佛教修行者进入圣道的果位之一，为声闻乘之中的第三果，得证此果位的人将不再回还欲界，而证涅槃。此位须断尽界见惑及欲界九品思惑，方证得之。

差异。在僧祐《出三藏记集》的版本中,至少从文字上看,佛陀跋陀罗"被摈"的原因则在于"关中旧僧"以为他关于"五舶将至"的预言是"显异惑众"——而如前所分析,这在戒律上并不构成违犯。那么,显然,从僧祐版本中透露出的信息是,佛陀跋陀罗之"被摈"不在于违犯戒律,当另有他因。而从慧皎的版本来说,无论他是不是根据什么新的材料,其所增加的佛陀跋陀罗门人违律的情节,说到底,也只是借此来为佛陀跋陀罗开脱,意在间接说明佛陀跋陀罗"被摈"的原因不在于违犯戒律,而是另有委曲(慧皎将之具体化为佛陀跋陀罗弟子的违犯戒律)——就此点而言,慧皎的版本与僧祐的版本有其共通之处。

二、学术之同异

接下来,我们要解释慧皎的版本为什么增加了一段由秦太子泓在东宫主持的一次佛陀跋陀罗与鸠摩罗什之间纯粹学理性质的论辩。下面先再次引出这段文字,以便分析:

> 闻鸠摩罗什在长安,即往从之。什大欣悦,共论法相,振发玄微,多所悟益。因谓什曰:君所释,不出人意,而致高名,何耶?什曰:吾年老故尔,何必能称美谈。什每有疑义,必共咨决。时秦太子泓,欲闻贤说法,乃要命群僧,集论东宫。罗什与贤数番往复,什问曰:法云何空?答曰:众微成色,色无自性,故虽色常空。又问:既以极微破色空,复云何破微?答曰:群师或破析一微,我意谓不尔。又问:微是常耶?答曰:以一微故众微空,以众微故一微空。时宝云译出此语,不解其意,道俗咸谓贤之所计,微尘是常。余

日长安学僧复请更释，贤曰：夫法不自生，缘会故生。缘一微故有众微，微无自性，则为空矣。宁可言不破一微，常而不空乎。此是问答之大意也。

这段论辩主要讨论法相空有的问题，我们完全可以将其与前面佛陀跋陀罗质疑鸠摩罗什"致高名"的那一段内容放在一起合观，因为那里的质疑，未必是佛陀跋陀罗对于鸠摩罗什获得官方地位的不屑，其重点可能是在于说明鸠摩罗什对于法相的理解"不出人意"——我们以为这可能正是慧皎将此段情节放在它之后的原因所在。

关于这段论辩中所涉佛陀跋陀罗与鸠摩罗什二人之间对于法相理解的差异，汤用彤谓："据此，贤之谈空必与什公之意不同。而其主有极微，以致引起误会，谓微尘是常。而什言大乘空义说无极微，则似贤之学不言毕竟空寂，如什师也。又按贤译《华严经》，为其译经之最大功绩。而《华严》固亦大乘有宗也。"[1]佛陀跋陀罗留下的集中反映其关于法相的论述只有这一则，在没有新的材料出现之前，也仅能据此来加以揣测。事实上，单从这个论辩来看，我们需要注意的是，在"数番往复"的问答中，并没有涉及鸠摩罗什与佛陀跋陀罗之间立场的辩难，鸠摩罗什的角色只是一个问题的引导者，重要的是引导佛陀跋陀罗表述自己的观点。如果说，的确存在一个辩难"攻守"的话，我们以为只在于佛陀跋陀罗与"群师"（可能是"长安学僧"的一部分人）之间——两者之间的区别在于："群师"以为要理解法之空相，必须在最后一

---

[1] 汤用彤：《汉魏两晋南北朝佛教史》，第220页。

关将"极微"也"破析"掉，否则就成了"微尘是常"了（这正是"道俗"所误解佛陀跋陀罗的地方）；但是，佛陀跋陀罗则在根本上否定"破析一微"的必要性，认为"微无自性"，这才是"空"，而"法"之显现，又须有所"缘会"，因此，才会有所谓的"一微""众微"，也即"有"——从这个角度来说，上引汤用彤所理解的佛陀跋陀罗"主有极微""谓微尘是常"，可能与原意是有一定偏差的。

那么，鸠摩罗什对于法相的理解又是什么呢？仅据这里的材料，还不甚了了。汤用彤参合鸠摩罗什的其他材料，将之概括为："罗什之学主毕竟空也。什公以前之《般若》，多偏于虚无。罗什说空，简料前人空无之谈，故什言曰：'法身义以明法相义者，无有无等戏论，寂灭相故。'又曰：'有无非中，于实为边也。言有而不有，言无而不无。'又曰：'摩诃衍法，虽说色等至微尘中空，心心数法至心中空，亦不坠灭中。所以者何？但为破颠倒邪见，故说不是诸法实相也。'遣有谓之空，故诸法非有非无是空义。什曰：'本言空以遣有，非有去而存空。若有去而存空，非空之谓也。'毕竟空者扫一切相。既遣于有，又复空空。既非有非无，亦无生无灭。"[①] 这个理解颇富洞见，因为他留意到鸠摩罗什的思想已经超越了有无生灭，证得了"空"的实相。但同时在他所引鸠摩罗什的论述中，我们也能看出，"空"相所赖以维系的前景还是"有"（"色""微尘"）。这同上面分析佛陀跋陀罗的思想是极为相似的——"微无自性"强调的正是"扫一切相"的"空"，而借以证"空"的"缘会"正是"有"（"色""微尘"）。因此，我们可以说鸠摩罗什对于法相的理解与佛陀跋陀罗的理解其实是

---

① 汤用彤：《汉魏两晋南北朝佛教史》，第 226 页。

相通的——这便是一种大小乘融贯的思想。吕澂在谈到这一时期禅法的发展时，也曾明确指出过鸠摩罗什与佛陀跋陀罗之间的贯通处即在于此："大乘学说也从般若的一再翻译到罗什的大弘龙树学，有了相当的发展。因此，禅学虽出于小乘系统，却已贯串着大乘思想而是大小乘融贯的禅了。这与安世高所传是不同的。鸠摩罗什如此，佛陀跋陀罗也是如此。"①

　　根据上面的分析，我们大致可以得出这样的判断，即佛陀跋陀罗与鸠摩罗什之间，在对于法相的理解上并无太大的分歧。因此，既往之研究谓二人因为学术上对于法相问题的理解有分歧而导致"被摈"事的发生，皆是不符实情的。

　　这里需要特别提出并加以说明的是，之前的研究（如前引汤、吕二家的说法），大都注意到佛陀跋陀罗与鸠摩罗什之间在禅法传承上的差异，这一点是不错的。因为，相比于鸠摩罗什而言，佛陀跋陀罗的确在禅法的传承谱系上要显得更加"正统"一些。但是，这种禅法修行谱系的不同，是否一定导致如汤用彤所推测的"党徒间意见自易发生""双方徒众不和"，则是大可商榷的。因为，一方面传承谱系的正统与否未必会直接导致生活实践上的冲突，另一方面鸠摩罗什与其"党徒"之间的关系也有待进一步厘清，可能未必完全保持同调（详见下文分析）。

　　既然佛陀跋陀罗与鸠摩罗什之间并无学术理念上（起码是对于法相的理解上）的分歧，那么上述论辩，攻守的双方，也就不大可能是他们二人，而是如上文所指出的，在于佛陀跋陀罗与"群师"之间，甚至可以说，在于鸠摩罗什与"群师"之间。他们论辩的焦点在于对"空"义的理解上，具体地说，在于是否需

---

① 吕澂：《中国佛学源流略讲》，第79—80页。

要"破析一微"（如前所述）。我们注意到"群师"所主张的通过"破析一微"而证得法相"空"义，亦即由解构"有"以达到"空"的思想，甚至与鸠摩罗什的思想之间也存在差异，因为鸠摩罗什的思想是"毕竟空"，无须逐层解构各种"有"。

这样，在这场太子泓组织的旨在测试佛陀跋陀罗学术水平的论辩中（"欲闻贤说法"），表面上看，似乎是一位外来的僧人在接受本地既有之僧众（包括鸠摩罗什）的检问考量，但暗里涌动的关系并不那么简单——"群僧"、佛陀跋陀罗与鸠摩罗什三者之间，似乎呈现一种三方"角力"的关系。

三、僧团背景

接下来，我们要追问"群僧"这种思想的特征及渊源在哪里。弄清楚了这一点，也许就可以将上述复杂关系予以实质性厘清。

首先，必须认识到"群僧"是一个团体性概念，这样一个群体能进入太子所组织的佛法讲论大会，表明他们势必不同于一般的出家僧众。根据《高僧传》中的记述文字，我们大致可以推测，他们应该就是秦主供养的可以"往来宫阙"的"三千余僧"，也即"关中旧僧"，而其中的代表性人物，就是"道恒"和"僧䂮"（僧祐版本中无此人）。

这里的"关中旧僧"，是一个颇值得玩味的名称，它似乎是一个固定的僧团群体称谓。顾名思义，"旧僧"自然是相对于"新僧"而言，大致应该统摄在"长安学僧"的范围中，似乎彼时的长安僧人群体有新旧之分。那么这种"新""旧"又是据什么来划分的呢？我们注意到这个称呼的限定词有二：一是状语"旧"，它表示一种时间意义上的相对久远；二是定语"关中"，它表示一种区域范围的限定，却不是政权意义上的界定（如僧传中常见的"魏僧""齐僧"）。

为什么会有这两个限定词呢？我们以为一个可能的解释是，由于汉晋时期关中地区政局混乱、政权更替频繁，某一僧人群体可能会历经多个政权的交替。因此，人们在指称这类群体时，往往既不能冠以某个政权的名号，又难以视之为一种新组建的群体。如果这个推断不误的话，我们便可以界定，"关中旧僧"这样一个僧人群体，就其来源上说，并不是随姚秦政权的成立而诞生，他们的存在从时间上说要更早。我们可以举"关中旧僧"的代表道恒、僧䂮的材料为例加以证实。事实上，道恒、僧䂮二人早在姚秦政权成立之初就驰名关中地区——《高僧传》卷六《晋长安大寺释僧䂮传》谓䂮从弘觉法师受业，通六经及三藏，律行清谨，后姚苌、姚兴僭有关中，深相顶礼，立之为僧正；卷六《晋长安释道恒传》谓恒游刃佛理，多所兼通，学该内外，才思清敏，因此后来秦主姚兴占据关中，欲逼迫他罢道以襄助王业。

这样一种对于"关中旧僧"身份的界定，能够说明什么问题呢？我们以为，借此一方面可以破除我们简单地将"关中旧僧"的思想重合于鸠摩罗什思想的迷思，因为我们知道鸠摩罗什来到关中地区，正是由于后秦姚兴的全力运作[①]，而先于后秦政权就存

---

① 《高僧传》卷二《晋长安鸠摩罗什传》："什停凉积年，吕光父子既不弘道，故蕴其深解，无所宣化，苻坚已亡，竟不相见。及姚苌僭有关中，亦挹其高名，虚心要请。诸吕以什智计多解，恐为姚谋，不许东入。及苌卒，子兴袭位，复遣敦请。兴弘始三年三月，有树连理，生于广庭，逍遥园葱变为茝，以为美瑞，谓智人应入。至五月，兴遣陇西公硕德西伐吕隆，隆军大破。至九月，隆上表归降，方得迎什入关，以其年十二月二十日至于长安。兴待以国师之礼，甚见优宠。"（[南朝梁]释慧皎撰，汤用彤校注：《高僧传》卷二，第51—52页。）

在的"关中旧僧"这一群体的思想，是不可能与后于姚兴政权的鸠摩罗什的思想完全同步的——由此也才可以理解，在上文分析中，为什么"群僧"对于法相的理解与鸠摩罗什之间也会产生分歧；另一方面可以提示我们将考察这个群体思想渊源的视域再往前追溯。

追溯"关中旧僧"的组织及其思想渊源，我们不得不将关注的目光聚焦到道安身上。道安来到关中地区，也是由于被关中政权（前秦苻坚）赏识并借助军事、政治手段而实现[①]。道安以译经事业著名，他到了关中地区后，以长安为据点，凭借政权的力量，迅速成为当时的学术和僧团领袖[②]，其崇高地位是旁人难以企及的。《高僧传》记载道安在襄阳时"师徒数百"（这些人可能就是他从"冀部"受都寺临乱带来的），但当他到了长安后，其僧徒数量激增至"数千"[③]。这种门徒数量的增加其实表明了"长安僧团"的形成。有学者认为这也为鸠摩罗什在长安译经时的

---

① 《高僧传》卷五《晋长安五级寺释道安传》："安在樊沔十五载，每岁常再讲《放光波若》，未尝废阙。晋孝武皇帝，承风钦德，遣使通问，并有诏曰：安法师器识伦通，风韵标朗，居道训俗，徽绩兼著。岂直规济当今，方乃陶津来世。俸给一同王公，物出所在。时苻坚素闻安名，每云：襄阳有释道安，是神器，方欲致之，以辅朕躬。后遣苻丕南攻襄阳，安与朱序俱获于坚，坚谓仆射权翼曰：朕以十万之师取襄阳，唯得一人半。翼曰：谁耶？坚曰：安公一人，习凿齿半人也。既至，住长安五重寺，僧众数千，大弘法化。"（［南朝梁］释慧皎撰，汤用彤校注：《高僧传》卷五，第181页。）

② 《高僧传》卷五《晋长安五级寺释道安传》，载（苻坚）"敕学士内外有疑，皆师于安"，当时京兆地区有谚语曰"学不师安，义不中难"。（［南朝梁］释慧皎撰，汤用彤校注：《高僧传》卷五，第181页。）

③ 《高僧传》卷五《晋长安五级寺释道安传》："至年四十五，复还冀部，住受都寺，徒众数百，常宣法化……迄冉闵之乱……安与弟子慧远等四百余人渡河……既达襄阳，复宣佛法……习凿齿与谢安书曰：来此见释道安，故是远胜，非常道士，师徒数百，斋讲不倦……既至，住长安五重寺，僧众数千，大弘法化。"（［南朝梁］释慧皎撰，汤用彤校注：《高僧传》卷五，第178—179页。）

长安僧团奠定了基础，此判断符合情理。① 我们以为道安时期的僧团与鸠摩罗什时期的僧团，双方在人员上一定有重合，这部分"重合"的僧人是道安去世后所遗留下来的弟子门徒，他们在新的鸠摩罗什时期僧团群体中属于"旧"人，因此称呼为"长安旧僧"或"关中旧僧"也是较为贴切的。而其中就包括僧䂮和道恒——僧䂮曾游学"在樊沔"②，这正是道安最初传法的重要区域（《道安传》："安在樊沔十五载，每岁常再讲《放光波若》，未尝废阙"）；而道恒曾在荆州执"心无之义"，后被道安弟子慧远所破，但是考虑到后来他又去了关中，可以猜想他后来可能投到了道安的门下。

这种组织上渊源，在思想传承上的表现是，这部分"关中旧僧"的佛学理念实际上继承了道安时期的特色。学界目前关于这一时期佛教的特征，往往将之概括为"格义佛教"，因为这一时期社会整体思想特征是玄学盛行，鉴于佛教与玄学两种思想的差别，以及佛经传译上的困难，所以佛教理念往往借助外典来加以阐释（"以经中事数拟配外书"）。此外，当时又是般若思想传入并光大的时期，性空本无之思想，与玄学之贱有思想"汇流"（刘宋昙济将诸家对于般若思想的理解概括为"六家七宗"）。③

---

① 参见尚永琪"鸠摩罗什译经时期的长安僧团"，《学习与探索》2010 年第 1 期，第 215—223 页。

② 《高僧传》卷六《晋长安大寺释僧䂮传》载僧䂮"少出家，止长安大寺，为弘觉法师弟子，觉亦一时法匠，䂮初从受业，后游青司、樊、沔之间"。（［南朝梁］释慧皎撰，汤用彤校注：《高僧传》卷六，第 239 页）

③ 汤用彤的概括，最得其实："自汉之末叶，直迄刘宋初年，中国佛典之最流行者，当为《般若经》……及罗什入长安，重译大小品，盛弘性空典籍，此学遂如日中天。然《般若》之始盛，远在什公以前。而其所以盛之故，则在当时以《老》《庄》《般若》并谈。玄理既盛于正始之后，《般若》乃附之以光大。"（汤用彤：《汉魏两晋南北朝佛教史》，第 164 页。）

前文提到道恒所立之"心无义",就是该时期"六家七宗"之一。又,"关中旧僧"("群僧")对于"性空"的理解是逐层解构的方式,这实际上也可与老庄的思想相类比——《庄子》为求"虚室生白"的境界,往往采用的是一种"外天下→外物→外生"的逐步"坐忘"态度。

但是,这一时期的般若学,毕竟又如吕澂所指出的那样:"这种理论上的不纯粹,直到罗什来华,大量译出佛典,传播龙树之学以后,才逐渐扭转过来,走上佛学自身的独立途径。"① 材料中,"群僧"希望"破析一微"以求"空相"的思想,其实便是一种"不纯粹",它执着于"非有"(即"空",也就是一般意义上说的"无"),却忽视"非无"(即"假",也就是一般意义上说的"有""微"),没有认识到"非有"和"非无"加起来才是"空"义,从世俗谛上说是"非无",从胜义谛上说是"非有"——而这种中观的思想,正是龙树之学的要义,也是鸠摩罗什与"关中旧僧"在对于法相理解上的区别所在。由此,我们可以理解,材料中"群僧"除与佛陀跋陀罗之间存在学术上的分歧外,其实与鸠摩罗什之间的学理差异也是存在的。

综上所论,在太子泓所组织的法会中,鸠摩罗什、佛陀跋陀罗、"关中旧僧"三者,显然有着不同的思想特征,而在不同的思想背后又有着僧团背景的差异,因此三者之间的关系并不能简单地做对立二分。这场关于法相的论辩会,表面上看是一场学理争论,但从更深的层面上说,却是三个僧团("关中旧僧""鸠摩

---

① 吕澂:《中国佛学源流略讲》,第44页。

罗什僧团""佛陀跋陀罗僧团")①之间的交锋。学术与僧团之间
呈现出一种相互支援的状态。

第三节　僧制与政权

一、从"被摈"到"解摈"

以上我们尝试解析了"被摈"事件，慧皎版本相对于僧祐版
本的"增加"部分，及其背后所蕴含的学术与僧团的互相支援作
用。这一部分，我们试图分析慧皎版本在僧祐版本基础上的"改
写"部分，以期对"被摈"事件所涉的另一方面内容做出解读。

如前所述，慧皎在僧祐版本的基础上，对两个情节做出了一
定程度上的改写，其一是关于摈除佛陀跋陀罗的决议是什么人做
出的？其二是关于解除摈事需要由谁决定才能完成？很显然，两
个版本关于这两个问题的答案是不一致的。在僧祐版本中，以道
恒为代表的"关中旧僧"（即"三千僧②"）和秦主姚兴（虽然他
"寻怅恨"）参与了摈除佛陀跋陀罗的决议，而在事后，慧远欲
替佛陀跋陀罗解除摈事，他致书申请的对象则是姚兴；在慧皎版
本中，姚兴并没有参与摈除的决议，而事后慧远欲解摈事，他需
要致书的对象则是"姚主"及"关中众僧"。

---

① "关中旧僧"指的是道安遗留在关中长安的僧众，以道恒、僧䂮为代表，他们在
　思想上有着道安时期"格义"的特点，有玄学化倾向；"鸠摩罗什僧团"指的是
　罗什来到长安后接纳的徒众，但这里必须排除掉"关中旧僧"这一群体，因为
　他们在佛教的理念上毕竟有所区别；"佛陀跋陀罗僧团"指的跟随佛陀跋陀罗修
　行禅业的徒众，他们在对法相的理解上也许与"鸠摩罗什僧团"的人相似，但
　他们在禅法的传承谱系上，则迥然有异。
② 这里的"三千僧"，就是前文所提到的秦主姚兴所供养的"三千余僧"，也即
　"关中旧僧"。详具前文分析。

这两个问题合在一起，无论僧祐版本还是慧皎版本，对于"谁摈除""向谁解摈"的解答是什么，其实均是把"摈事"这项涉及中古佛教僧团纪律的制度实践活动推进了我们的关注视野。

众所周知，佛教在其传入的早期，一直被视为域外人士（"胡人"）的宗教活动，官方一般听任其发展，但对于汉人出家则持限制的态度。但随着佛教在中土官方和民间层面的渗入，佛教的僧众规模（尤其是其中汉人的成分）剧增，大大小小的僧团得以成立，并与日常的政治、经济生活紧密地联系在一起，形成一股巨大的社会力量，也成为历代政权所无法忽视的力量。在这种情势下，为维护佛教的正常发展，一方面需要借助佛教内部"高僧"的榜样作用以及戒律的传译与持守，另一方面又需要来自政府层面的僧制来加以检制。[①]"摈事"即是一种维护佛教戒律的手段，在中古佛教实践中时常可见。现存的中古佛教文献材料中，仅以《高僧传》《续高僧传》《比丘尼传》《弘明集》四部典籍为例，关于"摈事"的记载大约有十五条。[②]可以说，"摈事"是中古佛教僧制的一个十分重要的方面，但可惜学界目前尚未对此做专门探讨。为避免枝蔓，我们在这里且根据上面提到的十五条记述，将"摈事"的程序做一番大致梳理，以便继续进行本案例的解读。至于中古佛教制度中"摈事"的源自及具体形式等，

---

① 王永会对此有过细致的梳理，参见《中国佛教僧团发展及其管理研究》，巴蜀书社 2003 年版，第 1—77 页。

② 这十五条分别见之于《高僧传》卷二《佛陀跋陀罗传》、卷三《释智严传》、卷六《释昙邕传》、卷七《竺道生传》、卷八《释道慧传》、卷十一《释僧璩传》《释玄高传》；《续高僧传》卷一《宝唱传》、卷二《阇那崛多传》、卷六《释僧密传》、卷十五《释玄鉴传》、卷二二《释智文传》、卷二三《释慧满传》；《比丘尼传》卷二《宝贤传》；《弘明集》卷三《宗炳与何承天书》。

笔者将另文探讨。

1. "摈事"的原因。一般的原因是被摈之人在宗教思想上被视为"异端"。《广弘明集》卷六《辨惑篇》云："无学由而正犯，遂有七摈量其大小，四法拔其大愆"，说的便是此意。[①] 这样的例子，如《高僧传》卷七《竺道生传》谓："（道生）剖析经理，洞入幽微，乃说阿阐提人皆得成佛。于时大本未传，孤明先发，独见忤众。于是旧学以为邪说，讥愤滋甚，遂显大众，摈而遣之"（第 256 页）；《弘明集》卷三《宗炳答何承天书》说："冶城慧琳道人作《白黑论》，乃为众僧所排摈"；[②] 上文提到的《高僧传》卷二《佛陀跋陀罗传》之门人自言得阿那含果而被摈、卷十一《释僧璩传》之沙门僧定自称得不还果而被摈，均是此因。

当然也有一些无关学理而纯属人事纠葛方面的原因，甚至无缘无故的"摈除"，如《高僧传》卷三《释智严传》："顷之跋陀横为秦僧所摈"（第 99 页）；卷六《释昙邕传》："然远神足高扰（抗）者其类不少，恐后不相推谢，因以小缘托摈邕出"（第 237 页）；卷八《释道慧传》："（僧达）性刚忤物，被摈长沙"（第 306 页）；《续高僧传》卷六《释僧密传》："下才在事，未能赏重，潜相谮构于竟陵王。密不叙浊清，任其书罪，乃启摈淮南"。[③]

2. "摈事"的实施。从现有的材料看，"摈事"的直接决策者是担任僧官角色的"僧正"，如《续高僧传》卷十五《释玄鉴传》载玄鉴"以传法之务，职司其忧，众侣乖仪，则纠弹驱摈"[④]，

① 《大正藏》第 52 册，No. 2103，123c11—12。
② ［南朝梁］释僧祐撰，李小荣校笺：《弘明集校笺》卷三，第 160 页。
③ ［唐］道宣撰，郭绍林点校：《续高僧传》卷六，第 195 页。
④ ［唐］道宣撰，郭绍林点校：《续高僧传》卷十五，第 524 页。

卷二二《释智文传》谓智文"理众摈罚，咸符时要"①，他们二人
当时所担任的职务应是僧正的角色，因此"摈事"是他们的职责
之一。

但在行动的具体实施中，又并非只有"僧正"，一般还有僧
团的其他僧众参与进来（这些人的角色构成尚不清楚），本案例
中佛陀跋陀罗被摈即是僧䂮（被姚兴立为"僧主"）与"三千
僧"共同实施的，其他如《高僧传》卷七《竺道生传》："旧学以
为邪说，讥愤滋甚，遂显大众，摈而遣之"（第 256 页），卷十一
《释僧璩传》："（僧璩）总锐众经，尤明《十诵》……宋武钦其风
闻，敕出京师为僧正、悦众，止于中兴寺。时有沙门僧定自称得
不还果。璩集僧详断，令现神足……定既虚诳事暴，即日明摈"
（第 430 页）。

3."摈事"的解除。从现有的材料看，"摈事"似乎可以通过
政权官方的敕令来加以解除。如《高僧传》卷十一《释玄高传》
载："时河南有二僧，虽形为沙门，而权侔伪相。恣情乖律，颇
忌学僧。昙无毗既西返舍夷，二僧乃向河南王世子曼谗构玄高，
云蓄聚徒众，将为国灾。曼信谗便欲加害，其父不许，乃摈高
往河北林杨堂山……昔长安昙弘法师，迁流岷蜀，道洽成都。
河南王借其高名，遣使迎接。弘既闻高被摈，誓欲申其清白，
乃不顾栈道之难，冒险从命。既达河南，宾主仪毕，便谓王曰：
既深鉴远识，何以信谗弃贤？贫道所以不远数千里，正欲献此
一白。王及太子赧然愧悔，即遣使诣高，卑辞逊谢，请高还邑。"
（第 410 页）这里，玄高被人进谗而遭摈除，随后昙弘法师闻知

---

① ［唐］道宣撰，郭绍林点校：《续高僧传》卷二二，第 831 页。

此事，只通过说服"河南王"，便借由官方的敕令，解除了玄高的"摈事"。

但是，这种官方敕令有时会与来自僧团的力量冲突。《续高僧传》卷二二《释慧满传》记载了一桩富于戏剧性的事件：

（慧满）其年奉敕令任弘济寺上座，专弘律训，奖导僧徒，丞有成规，旁流他寺。……又证果寺尼慧尚者，一时侥幸，宫禁还往。会高祖升退，离宫京置，乃以尚之住寺拟设皇灵，尚即取僧寺为尼所住，事违正敕，莫敢致词。满遂构集京室三纲大德等二百余人行于摈黜，云：自佛法流世，未有尼众倚官势力夺僧寺者。既是非法，宜出众外，不预四众还往及诸法事。若有与尚众言论者，亦同此罚。制令既行，是非自显。慧尚不胜其责，连诉东宫并诸朝宰。有令遣詹事杜正伦解其摈事，僧众既集，多从情议。满曰：殿下住持正法，慧满据法情理。今则违理附情，此则规模一乱，摈本治罪，罪仍未悛，据此而详，未敢闻旨。便捉坐具，逡巡而退。时众惧加威权，便同解摈。满闻之叹曰：余伴既少，难可重治，且不同解，示知乖相耳。尚后谢过，满终不顾。及驾巡东部，下敕李众在前，满集京僧二百人，诣阙陈谏，各脱袈裟置于顶上，拟调达之行五法。举朝目属，不敢通表，乃至关首，重敕方回。[①]

在这个例子中，尼慧尚违犯律法，作为"弘济寺上座"的

---

① ［唐］道宣撰，郭绍林点校：《续高僧传》卷二二，第870—871页。

慧满，集合僧众（"三纲大德等二百余人"），予以"摈黜"（这
符合"摈事"实施的通例）。但官方却支持慧尚，敕令詹事杜
正伦解其摈事——这里，似乎僧团与官方之间产生矛盾。接下
去，僧团内部似乎也意见不一，其他僧众慑于官方压力（"惧加
威权"），但慧满却坚持意见，并纠集"京僧二百人"抗议，直
到官方回改敕令（"重敕"）方才罢休。这里透露出来的讯息是：
就解"摈事"而言，这个案例中虽然看似以慧满为首的僧团取得
了胜利，但是鉴于他们那样的奋力争谏，还是可以见出僧团是屈
从于官方权势的。

以上，我们简单地梳理了中古佛教僧制中"摈事"的基本
信息。现在再来看僧祐和慧皎对于佛陀跋陀罗"被摈"事件的
记述，特别是在"被摈"的程序上，似乎就不会觉得难以理解
了——"摈事"之起因，是一种僧团之间的纠纷（具如前论）；
"摈事"之实施，主体是具有僧官身份的僧䂮和道恒，以及协同
的"三千僧"（两种版本之间有所区别，慧皎在僧祐版本的基础
上加上了僧䂮，使得对该事件的表述更加明确，因为"摈事"一
般是由僧主主持实施）；"摈事"之解除，需要通过官方（"姚
主"）以及僧团（"关中众僧"）。

二、僧籍管理的问题

接下来，我们要回答为什么"摈事"这样一种佛教内部事
务，慧远在解除"摈事"时却要致书佛教以外世俗君主（"姚
主"）呢？为什么解除"摈事"必须通过政府官方的敕令？

先回到材料中找线索。在僧祐的版本中，慧远为解除摈事，
需要联系的对象是姚兴（"姚主"），而按照慧皎版本的记述，则

在"姚兴"之外，还有"关中众僧"。这是一个很有意味的变化，可以由此追问：既然佛陀跋陀罗被以僧䂮为首的"关中众僧"摈除了，为什么还需要不厌其烦地"解摈"，甚至还需要向当初的施动者申请呢？这里面是否可能存在某种运作机制？这些问题均涉及僧官制度，值得提出来讨论。

关于僧官制度的渊源，赞宁《大宋僧史略》曾详细加以溯源，认为后秦以僧䂮为僧正是僧官制度正式出现的标志。[①] 现代学者谢重光纠正了赞宁的说法，认为其在时间判断上有疏误，但即便如此，后秦所设立的僧正制度毫无疑问是当时最为完善的制度。后秦僧官系统，有正副三人，正职"僧主"（又云"僧正"），副职"悦众"，又副职"僧录"。谢氏又据《高僧传》卷六《僧䂮传》[②]，以为"僧主或僧正作为最高僧官，主要负责对僧尼的教化和戒律约束。至于悦众，是梵语羯磨陀那（karma-dāna）的意译，又译为知事，'谓知其事、悦其众也。'据此则悦

---

① 《大宋僧史略》卷中："僧曹创立，净众曰齐。所树官方，终循佛教。所言僧正者何，正，政也，自正正人，克敷政令故云也。盖以比丘无法，如马无辔勒、牛无贯绳，渐染俗风，将乖雅则，故设有德望者，以法而绳之，令归于正，故曰僧正也。此伪秦僧䂮为始也（或曰道䂮）。"（《大正藏》第 54 册，No. 2126，242c14—19）

② 相关部分内容为："（僧䂮）律行清谨，能匡振佛法。姚苌、姚兴早挹风名，素所知重，及僭有关中，深相顶敬。兴既崇信三宝，盛弘大化，建会设斋，烟盖重迭，使夫慕道舍俗者，十室其半。自童寿入关，远僧复集，僧尼既多，或有愆漏，兴曰：凡未学僧，未阶苦忍，安得无过？过而不翦，过遂多矣。宜立僧主，以清大望。因下书曰：大法东迁，于今为盛，僧尼已多，应须纲领，宣授远规，以济颓绪。僧䂮法师，学优早年，德芳暮齿，可为国内僧主。僧迁法师，禅慧兼修，即为悦众。法钦、慧斌共掌僧录。给车舆吏力。䂮资侍中秩，传诏羊车各二人，迁等并有厚给。共事纯俭，允惬时望，五众肃清，六时无怠。至弘始七年，敕加亲信伏身白从各三十人。僧正之兴，䂮之始也。"（［南朝梁］释慧皎撰，汤用彤校注：《高僧传》卷六，第 239—240 页。）

众的执掌是管理僧团的各种日常庶务。后秦僧录的执掌，有关文献没有明确的记载，参以后世僧录的职权，可能与掌管僧尼籍帐有关。"① 我们以为这样的结论，虽然没有更多的材料来加以证实，但是大体上还是靠得住的。② 事实上，也只有从这个角度来理解本小节伊始所提出的那些问题，才可能将相关的讨论落到实处。

魏晋南北朝时期，随着佛教的发展，佛教与政府、民间的矛盾日渐突出，正如任继愈所说："寺院僧众尊奉释迦牟尼为最高教主，以'释'为姓，自称'方外''释子'，离弃父母家室，标榜'不敬王者'，却居于'王土'，食粮穿衣，与民与国争利。这样，在中国封建社会中形成了一种新的矛盾——朝廷与教团、名教与佛法、世俗地主与僧侣地主、僧侣地主与农民之间的矛盾。"③ 在这种情势之下，对于政府来说，力求将僧人群体纳入编户齐民的管理体系中，显得尤为重要，而其中最为重要的手段就是僧籍的管控。《大宋僧史略》卷中"僧籍弛张"条云："夫得果之人，且无限剂，出家之士，岂有司存？既来文物之朝，须设纠绳之任。其有见优闲而竞入，惧徭役以奔来。辄尔冒名，实非高士。僧之内律，岂能御其风牛佚马邪？故设僧局以绾之，立名籍以纪之。"④ 这里的"设僧局以绾之，立名籍以纪之"，讲的就是

---

① 谢重光、白文固：《中国僧官制度史》，青海人民出版社 1990 年版，第 15 页。又可参见张蓓弓 "中古释门僧官制度与国家的僧伽管理"，《汉传佛教与中古社会》，台湾五南图书出版公司 2005 年版，第 149—180 页。

② 孟宪实以吐鲁番出土实物文书为材料，仔细考察过唐代僧籍编造等问题，据此，可以推测魏晋南北朝时期的僧籍管理状况。详见孟宪实 "论唐朝的佛教管理——以僧籍的编造为中心"，《北京大学学报》（哲学社会科学版）2009 年第 3 期，第 136—143 页。

③ 任继愈：《中国佛教史》第二卷，中国社会科学出版社 1985 年版，第 579—580 页。

④ 《大正藏》第 54 册，No.2126，247c22—26。

这种政府借僧籍管理以控制佛教的现象。至于为什么要对于僧籍进行管控，原因很简单，即僧籍与土地田产、徭役、劳力等社会经济因素有着紧密的关联：一方面，僧人所享受的特殊礼遇不能毫无节制地任人随意享用；另一方面，劳动力数量的"硬"性要求，不允许政府对此掉以轻心。

此外，与这些经济因素相关的，是僧籍所附加的组织意义。僧籍不仅仅是赋税、劳力等赖以存在的经济基础保证，更是一种组织制度的保障。一个僧人若是被开除僧籍（即"被摈"），则意味着他不仅不能再享受到原先所属僧团在经济上的保证，更重要的是，他的思想学术也将难以为原先的组织所容纳。不仅如此，即便该僧人流动到其他地方（不同僧团、政权的属地），若是其在组织上（僧籍）不能得到顺利地转接，则其所享受的经济基础保证和组织制度保障，甚至思想学术的传播，均将面临危机。上面我们所引述的"被摈"材料中，即可见这种关联。如《高僧传》卷六《释智严传》载传主因为所从学的跋陀法师横为一开始从属的僧团（"秦僧"）摈除，遂只能与师"分散憩于山东精舍，坐禅诵经，力精修学"，处于孤独隐学的状态，直到宋武帝发现他们并"屡请恳至"，才有条件改变现状。《续高僧传》卷二二《释慧满传》载慧满在摈除尼慧尚时，曾带有命令口吻地说："既是非法，宜出众外。不预四众还往及诸法事。若有与尚众言论者，亦同此罚。"这种将"被摈"之人从"法事"以至"言论"完全排除的做法，正是开除僧籍的意思。

这样，我们如果从僧籍管理的角度来看慧远为佛陀跋陀罗"解摈"的行为，或许可以更加容易理解一些。慧远之所以致书秦主姚兴，除了佛陀跋陀罗是位著名的高僧，其一举一动往往受

人关注外，更重要的是基于彼时僧籍管控的考虑——佛陀跋陀罗
为"关中旧僧"所摈，意味着其僧籍及其学说的传播将受到极大
的限制。即便他在"被摈"后去往南方（慧远所在的庐山僧团），
但若其在僧籍的问题上得不到妥善地处理，则一方面难以加入南
方政权统属下的僧团组织，另一方面其思想学说也不会在南方的
学术氛围中得到有效地接受。而正如我们之前在分析"摈事"程
序时所指出的那样，"摈事"的解除往往要依靠政府的敕令。这
种现象，究其因，便在于僧籍的管控是政府管制僧人群体的有效
手段。因此，无论僧祐的版本还是慧皎的版本，它们都指出了慧
远解摈致书的对象是秦主姚兴，这点于情于理都是绝无问题的。
又，慧皎在僧祐版本的基础上，还加上了一个致书对象"关中众
僧"，这也不是随意的细节增加，因为僧尼籍帐的执掌就是僧官
系统（特别是僧录）的权责所在。

三、王权与僧权

这一部分，我们要解释为什么慧皎在僧祐版本之上，增加
了一段秦主姚兴对佛陀跋陀罗"被摈"事的看法内容（"姚兴闻
去怅恨，乃谓道恒曰：佛贤沙门，协道来游，欲宣遗教，缄言未
吐，良用深慨，岂可以一言之咎，令万夫无导？因敕令追之"）。
如之前所指出的，慧皎此处内容的增加，其实是将秦主姚兴的立
场和态度做了一个大改变：在僧祐的版本中，姚兴是参与摈除佛
陀跋陀罗决策的（虽然"寻怅恨"）；而在慧皎的版本中，显然
姚兴的立场与关中众僧是不同的，他并不主张摈除佛陀跋陀罗。
这种改变应该不是版本流传所导致的文本讹误，因为各版本于此
并无异文；也应该不是慧皎作为后来人的简单情节敷衍，因为这

涉及故事情节的改变（主要体现在姚兴的立场上）。那么，透过慧皎的这个内容增加，我们能够把握到什么讯息呢？

前文在概述"摈事"程序时，曾指出：首先，"摈事"的实施是由带有世俗官方色彩的"僧正"来加以主导；其次，"摈事"的解除往往借由官方（更准确地说是君主）的敕令。这两点背后所蕴藏着的关系实质，说到底，正是僧权与王权之间的张力。

很显然，在慧皎的记述中，秦主姚兴与关中众僧在对待摈除佛陀跋陀罗一事的着眼点是不同的。就关中众僧而言，摈除意味着对于学说派别乃至僧团利益的维护：佛陀跋陀罗的那种"不与众同"的态度不仅仅是一种学理上的差异，更是一种僧团实践上的区别。而对姚兴来说，摈除则意味着破坏原有所辖僧人团体之间的制衡——"岂可以一言之咎，令万夫无导"，姚兴的这句话，暗示出佛陀跋陀罗僧团的势力并不容忽视（这里的"万夫"虽是约数，但可见人数众多）。

我们已然不清楚秦主姚兴与关中众僧之间的关系究竟怎样，凭借一句后人虚设出来的情境对话（姚兴与道恒之间的对话显然是慧皎的虚构），也不足以建构真实的历史境况，但我们却可以将之作为阐释的起点——对话固然是虚构的，但是对话中所体现出来的张力关系，恐怕是有根据的。试看《弘明集》中所载的论辩文字，无不透着这些讯息，许理和曾据此以为"追求自治的僧人阶层和基本上大一统的儒家政权之间存在着持久的张力（这种张力间断地表现在这些争论中），这形成了中国佛教最基本的面貌之一"①。

---

① 〔荷〕许理和：《佛教征服中国——佛教在中国中古早期的传播与适应》，李四龙、裴勇译，第328页。

本案例佛陀跋陀罗"被摈",违不违反戒律已经不甚重要（如之前所分析，本不存在违反戒律现象），重要的是"被摈"（包括"解摈"）背后所起着主导作用的是互有差别的思想学说、不同的僧团群体以及王权的制约。严耀中在考察此时期僧制与戒律的状况时，有过这样的判断："僧制与戒律虽同时作为僧众的约束，但戒律的实施象征着走向出世，而僧制是佛教面向社会时所采取的一种实际措施……由于戒律传入的滞后和印中社会文化上的差异，以及儒家在意识上的影响和官府在行政上的干预，汉人僧众的行为规范主要遵循的是僧制而非戒律……因为世俗政治和法律对僧侣约束的强化和僧团组织的官本位化和儒家化，淡化了戒律的宗教约束作用，就有所谓世俗化倾向的出现。"[1]我认为这样的说法在本案例中是切合实情的。

总之，中古时期，僧权与王权的张力关系是一种对于早期中国佛教史的基本判断，也是一种比较宏大的历史叙事。而慧皎作为时人，其书写的样态（尤其是在情节上的增加），却为我们打开了一扇得以窥见内部真实生动图景的"窗户"，让僧权与王权的这种张力关系展现得更加具体和生动。

第四节　慧皎的书写及其内涵

前文，我们用了较多的笔墨来考察慧皎对佛陀跋陀罗"被摈"事件的记述，尝试去解析其书写的多重内涵。这一部分，我们要把焦点集中在慧皎书写本身，尝试解读《高僧传》关于这桩

---

[1] 严耀中：《佛教戒律与中国社会》，第8—9页。

公案书写的隐性意味。

一、慧皎的困惑

在《高僧传》中，除了卷二《佛陀跋陀罗传》，对佛陀跋陀罗"被摈"事件进行专门的记述之外，其实，在"译经"一科的"论"中，慧皎也对此事件进行了议论，虽然篇幅不长，但却可借此解读《高僧传》关于此事件书写的动机：

> 是时姚兴窃号，跨有皇畿，崇爱三宝，城堑遗法。使夫慕道来仪，退迹烟萃，三藏法门，有缘必睹，自像运东迁，在兹为盛。其佛贤比丘，江东所译《华严》大部，昙无谶河西所翻《涅槃》妙教，及诸师所出四《含》、五部、犍度、婆沙等，并皆言符法本，理惬三印。而童寿有别室之愆，佛贤有摈黜之迹，考之实录，未易详究。或以时运浇薄，道丧人离；故所感见，爰至于此。若以近迹而求，盖亦珪璋之一玷也。①

在这段议论中，慧皎设置了两个具有鲜明对比意味的情景：一是当政者对佛教的支持，以及佛教自身学术的发达，烘托出一片佛法昌明的景象；二是在这种昌明的环境中，作为一代高僧的鸠摩罗什（"童寿"）和佛陀跋陀罗（"佛贤"），其境况却又是那么的"不堪"，前者被当政者逼令就妻女，违反戒律（"有别室之愆"），后者也被施以较为严重的"摈黜"处罚。②慧皎显

---

① ［南朝梁］释慧皎撰，汤用彤校注：《高僧传》卷三，第142页。
② 由此，亦可侧面反映前文所说不谬，慧皎对于佛陀跋陀罗因违犯戒律而"被摈"的观点是持不以为然态度的。

然试图想对这种颇富吊诡意味的现象予以详细的考察和合理的解释，但是迫于材料的局限，最终他未能如愿（"考之实录，未易详究"①），只能勉强给出一种"或然"的解释——或许原因在于"时运浇薄"和"道丧人离"，如同"珪璋之一玷"。

这种反差与吊诡的意思，如果参之以僧祐版本与慧皎版本记述文辞上的比照，也许更加能够被察觉到——僧祐版本的记述较为朴实，但透过这种朴实的表象，我们却能感知到一种高僧志守道义、广宣佛法的大义凛然，如佛陀跋陀罗"被摈"时从容之态（"神志从容，初无异色"）以及宣扬佛法时的躬行之貌（"志在游化，居无求安"）等；而慧皎版本的记述，则显得不同，它不同程度、在不同地方加入了人物之间的对话。透过这些增改，我们可明显察觉到一种"困惑"的情绪萦绕在文字内外，这体现为一种对于佛法宣扬不顺的"感慨"，比如佛陀跋陀罗在"被摈"之时的态度是一种感慨（"贤曰：我身若流萍，去留甚易，但恨怀抱未申，以为慨然耳"），又借秦主姚兴之口表达一种感慨（"姚兴闻去怅恨，乃谓道恒曰：佛贤沙门，协道来游，欲宣遗教，緘言未吐，良用深慨，岂可以一言之咎，令万夫无导？"）。

总之，慧皎的这种"困惑"，使得《高僧传》同其他文献对佛陀跋陀罗"被摈"事件的记述比较起来，显得十分富有意味。

二、史家之用心

我们可以进一步追究这种"困惑"的来源。从上引"论"语所设置的对比意味中，不难感受到一种"大环境"与"小人物"

---

① 此语亦可提示，慧皎为应对此种"窘况"，某种程度上也利用想象、虚构等手段建构了佛陀跋陀罗的事迹。

之间的张力关系。这个"大环境"包括王权（姚兴的"崇爱三宝，城堑遗法"）、僧制（僧群的"慕道来仪，遐迩烟萃"）和学术（"佛贤比丘，江东所译《华严》大部，昙无谶河西所翻《涅槃》妙教，及诸师所出四《含》、五部、犍度、婆沙等，并皆言符法本，理惬三印"），"小人物"则是处于王权、僧制与学术关系之中的僧人个体（"童寿""佛贤"）。很显然，这种"大环境"与"小人物"之间的张力关系，完全体现于佛陀跋陀罗"被摈"事件始末——前文在分析佛陀跋陀罗这一个体"被摈"的原因、过程和结果的时候，正是贴着慧皎的书写理路，逐个解析出了学术、僧制与王权这三个维度。

慧皎《高僧传》对于"被摈"事件的记述，对于佛陀跋陀罗这位僧人个体生命历程的还原（"被摈"也许是他一生中最大的事件），并没有拘于宗教这一个维度（如僧祐《出三藏记集》的记述即强调一种高僧志守道义、广宣佛法的大义凛然），而是试图在一个更宏阔的背景中展示：个体经历受制于学术理念上的差异，这种差异与背后的僧团属性息息相关，而僧团的制度又体现着僧权与王权之间的互动。僧人的个体生命历程，就是在这样的关系网络中沉浮。正是在这个意义上，我们以为这恰是慧皎作为一位佛教史学家所具有的、难能可贵的史学素养。他敏锐地把握到了"小人物"与"大环境"之间的张力，而正是这种张力，才使得书写对象得以呈现给后人一种生动活泼的姿态。

总之，慧皎的"困惑"是一种外界环境与个人命运的强烈对比，是一种对于运命把握无定感的敏感察觉，从根本上说，更是一位佛教史学家在历史人事关系方面敏锐洞察力的体现。

然而，奇怪的是，作为一位具备较高修养的僧人①，慧皎在处理上述"困惑"时，却未能以佛教的思想来加以化解。是他的义学修养还不够吗？还是其他什么原因呢？这都值得进一步深入考虑。

---

① 《释慧皎传》谓其"学通内外，博训经律。住嘉祥寺，春夏弘法，秋冬著述。撰《涅槃义疏》十卷，及《梵网经疏》行世"（［唐］道宣撰，郭绍林点校：《续高僧传》卷六，第192—193页）。

第六章

僧团·律典·政治：中古僧传中的
法显"南下向都"事件

　　法显作为中古西行求法高僧群体中极为杰出的一位，他和他的"行纪"[①]一直是中外研究者们关注的焦点。近些年来，学界在法显行纪的文献版本、语言词汇、中亚地理、佛教考古、中外交流等方面，均取得了相当程度的进展[②]，为今后的进一步深入研究奠定了基础。在肯定已取得成绩的同时，我们依然觉得当下对于法显行纪的研究，至少还需要在这样两个方面予以注意：一是转

---

① 考虑到法显行纪在历代佛教经录和官私书目中名称的多样，以及唐前"记""传"两种文体承载记录行旅见闻功能上的交叉性和模糊性，我们倾向于使用"行纪"这一概念。关于法显行纪的历代著录以及名称歧杂的情况，参见郭鹏"法显与《历游天竺记传》"，《文献》1995年第1期，第201—211页。

② 关于既往法显研究的综述，参见王邦维"法显与《法显传》：研究史的考察"，《世界宗教研究》2003年第4期，第20—27页；冯素梅"近三十年来法显研究简述"，《五台山研究》2010年第3期，第28—32页；Haiyan Hu-von Hinüber, "Faxian's（法顯342—423) Perception of India: Some New Interpretation of His *Foguoji* 佛國記", *Annual Report of the International Research Institute for Advanced Buddhology at Soka University for the Academic Year 2010*, Vol.XIV (2011): pp.223-247。

变视域，由之前的"写什么"转变为"怎么写"，在全面比勘刻印本和域外抄本的基础上，参校其他经籍文献，加强对于文本自身的批判，揭示行纪文本书写的特征及其书写动机和背景；二是扩大法显研究视野、增加解析维度，营构更为多样的研究框架，一方面重视对法显行纪所涉诸问题的考订，另一方面又不囿于此，在一个更为宏通（诸如中外交流、政教互动、僧团兴替等）的视野下，予以研究对象合理的评估。

本章拟以法显行纪中"南下向都"事件为焦点，钩沉相关史事，进而评估法显在当时佛教与政治情势中的角色与地位，希望借此透视中国4—5世纪南北佛教律典传译与僧团兴替之间的外在互动关系和内在学理逻辑，以及中古僧传对这种互动关系和学理逻辑的把握与书写。

第一节 史料背后问题

今所见诸版本法显行纪在记叙法显经由海路抵达青州，经过一段时间逗留，最终南下抵达建康时，均表述为：

> 刘沇青州请法显一冬、一夏。夏坐讫，法显远离诸师久，欲趣长安，但所营事重，遂便南下向都，就禅师出经律。[1]

僧祐编撰《出三藏记集·法显法师传》，又将此一事件做如

---

[1] ［晋］法显撰，章巽校注：《法显传校注》，中华书局2008年版，第148页。诸本于此段文字略有差异，如"沇"字、"夏"字等，但不会产生意义上的分歧，详见章巽校注。

下表述：

> 顷之，欲南归。时刺史请留过久，显曰：贫道投身于不
> 返之地，志在弘通，所期未果，不得久停。遂南造京师，就
> 外国禅师佛驮跋陀，于道场寺译出六卷《泥洹》《摩诃僧祇
> 律》《方等泥洹经》《綖经》《杂阿毗昙心》，未及译者，垂有
> 百万言。①

《法显法师传》所叙述的法显西行及南归情节，基本抄撮法
显行纪，此至为易见，亦是僧传编撰的常见手段（如本书第一
章所分析），毋庸赘述。然尤可关注者，则在两者之差异处——
《法显法师传》丰富了一些法显行纪所不具之细节，诸如法显辞
行之答辩、外国禅师之姓名、所出经律之名目等②，凡此，只是对
原先情节的进一步完善，并不构成抵牾，甚至可以忽略；唯一存
在矛盾的地方，则在于：行纪中法显实际本欲前往北方（"欲趣
长安"），后来因为"所营事重"，才"南下向都"，而《法显法
师传》却将法显南下前的踌躇情态加以弱化，只留下一个毫不犹
豫、决绝向南的姿态（"顷之，欲南归"）。今限于材料缺乏，已
然无法考知僧祐做如此改动的原因，是否本自法显后来重新"详
载"的两卷本行纪？③ 然可断言：纵使上述细节之丰富是本自详
细版本的法显行纪，但法显南下之前的意向如此悬殊，则不可能

---

① ［南朝梁］释僧祐撰，苏晋仁、萧鍊子点校：《出三藏记集》卷十五，第 576 页。
② 僧祐所据以丰富细节材料的来源，今已难以考见，颇疑来自久佚之两卷本法显
　　行纪，即本传所谓的"别有传记"。
③ 以僧祐一贯之严谨态度，似乎更不可能取自除法显自述材料之外的其他来源。

是其所据法显行纪版本详略有别所致——版本详略只会导致结构的变化、情节的增删以及细节的隐显。一种比较可能的猜测是，僧祐在书写法显传记时有意抹平那样的"波折"，只为情理更加平顺，叙述也更为流畅。总之，僧祐撰作法显传记，在利用法显行纪的同时，也在一定程度上忽略了行纪在表述法显"南下向都"时所透露出的情势复杂性①，而这正需要我们拨开层层迷雾，予之以最大程度地揭示。

第二节　法显与佛陀跋陀罗之间的关系

据今本法显行纪所附之跋文（无论是否从两卷本嫁接过来），可知法显行纪所载内容实为法显本人口述而成②（行纪中诸如"非言可尽""不可详说"等口语化字眼可间接佐证），因此行纪所述"南下向都"情节相对于后人的改编版本，当更具可信性。

从法显本人自述的情形来看，似乎在他南下去往建康之前，曾面临着一个颇让其为难的选择"困境"，即究竟是北上长安还是南下建康？按照法显的陈述，他一开始是想去长安的（"欲趣长安"），理由是"远离诸师久"，后来决定南下，则是因为"所营事重"。如此踌躇难定，是存在着什么隐情吗？而如果把这个

① 汤用彤以为法显之所以没有"西返长安"而"径造建业"的原因是，法显当时在彭城，而彭城属晋，因此"南下势便"（汤用彤：《汉魏两晋南北朝佛教史》，第273—274页），笔者以为，此推测可能有失简略，未能揭示法显当时选择情势的复杂性。
② 至于是否由法显本人书写下来，则不易断定。但同时期，确有僧人西行求法归来后自己写作行纪的例子，如《出三藏记集》卷十五《智猛法师传》即载猛法师"十六年七月七日于钟山定林寺造传"（［南朝梁］释僧祐撰，苏晋仁、萧錬子点校：《出三藏记集》卷十五，第580页）。

问题分解，则要追问这样一些问题：首先，法显始欲北上理由中的"诸师"究竟是什么人？其次，后来决意南下的理由中"所营"究竟何事？与谁同"营"？

如果仅仅根据法显行纪中的这一条记述，恐怕无法回答上面提出的问题。更糟糕的是，我们同样也无法拥有更多其他文献材料来帮助疏解疑惑，只能尝试寻求新的线索来迂回解答了。

我们注意到法显南下建康的目的（至少是目的之一）是为了"就禅师出经律"，这里的禅师虽然没有注明姓名，但据存世译经序跋和僧祐《出三藏记集·法显法师传》中的补充说明，不难知晓此人就是西域来华僧人佛陀跋陀罗。[①] 如此，则需要进一步追问：法显与佛陀跋陀罗之前是否认识？如果不认识，那么是谁居中"牵线搭桥"促成两人之间的合作？

不妨先从法显这一端来找寻回答上述问题的线索。根据法显自己的说法，他是弘始元年（399）[②] 从长安出发开始游历天竺的。在此之前，法显的交往范围，由于材料缺乏，无法一一指实，但可以肯定此次游历是他首次前往天竺，若非佛陀跋陀罗此前曾来过中土，则法显断不可能与之有交往——事实上，佛陀跋陀罗此前也确未曾涉足汉地。[③] 如此，就得考虑，是否有可能在法显游历天竺的路上，两人有过某种程度上的接触。然而遍检现有各种

---

① ［南朝梁］释僧祐撰，苏晋仁、萧鍊子点校：《出三藏记集》卷二，第 54—55 页。
② 今传世诸本法显行纪均误作"弘始二年"，详见章巽校注说明（［东晋］法显撰，章巽校注：《法显传校注》，第 2—3 页）。
③ 《出三藏记集》卷十四《佛驮跋陀传》谓佛陀跋陀罗从罽宾历经三年才抵达中土青州东莱郡，是时闻听鸠摩罗什已在长安，而据汤用彤考证，鸠摩罗什弘始三年方至长安（汤用彤：《汉魏两晋南北朝佛教史》，第 196—210 页），如此逆推，则佛陀跋陀罗似无可能在弘始元年之前来到长安，并与法显有所交际。

文献材料，均不见有此类记述。在这种情况下，只能考虑排查那些同时与法显、佛陀跋陀罗都有过交集的人物，他（们）或许曾居中起过联系作用，而法显行纪因其自述性质，遂成为首先需要被检视的材料。

在这份行纪中，有确切姓名的十位汉地僧人曾在游历途中与法显有过交际。[①] 这里可先将诸人游历交际的过程和时间略作梳理。

法显弘始元年从长安出发，开始西行，同行的有慧景、道整、慧应、慧嵬。次年，即弘始二年，在张掖镇遇见了智严、宝云、慧简、僧绍、僧景等人，并引以为同志。[②] 两队人相遇后，一起停驻张掖，夏坐三月。之后，法显一队五人先行，渡过沙河荒漠地带和鄯善国，来到焉夷国，等待两月有余，方与宝云一队五人（智严可能是其中之一）再次会合。由于在焉夷国不受礼遇，加之行旅物资缺乏，智严和慧简、慧嵬三人只能折返高昌寻求援助，向罽宾行进（到达罽宾时间约在401—403年间[③]），与法显等人分开。剩下众人一起朝西南进发，涉过茫茫沙漠，来到于阗国，慧景、道整、慧达[④] 先行向竭叉国进发，而法显等人为了观看行像仪式，停驻三个月。仪式之后，僧绍一人随无名"胡

---

① 即慧景、道整、慧应、慧嵬、智严、慧简、僧绍、宝云、僧景和慧达。详见［晋］法显撰，章巽校注《法显传校注》，第155页。
② 《法显传》："度养楼山，至张掖镇。张掖大乱，道路不通。张掖王段业遂留为作檀越。于是与智严、慧简、僧绍、宝云、僧景等相遇，欣于同志，便共夏坐。"（［晋］法显撰，章巽校注：《法显传校注》，第3页。）
③ 此采汤用彤说，见《汉魏两晋南北朝佛教史》，第275页。
④ 汤用彤谓"慧达不知何时加入"（汤用彤：《汉魏两晋南北朝佛教史》，第272页），章巽以为慧达是在于阗新加入的（［晋］法显撰，章巽校注：《法显传校注》，第155页），但观慧达每每与慧景、道整协行同止，我们猜测他可能自法显长安启程时，就一直陪伴左右。

道人"向罽宾去，其余人先到子合国，又翻过葱岭山，最后来到于麾国夏坐，是年为法显西行后第三年（401）。夏坐结束后，众人到竭叉国与慧景等先前三人会合，之后一起越过葱岭，到北天竺小国陀历国，再跨过新头河，抵达乌苌国。慧景、道整、慧达再次先行，前往有佛影遗迹的那揭国，法显等人则停驻夏坐，此时是法显西行后第四年（402）。夏坐后，众人一路南下，经过宿呵多国、达犍陀卫国、竺刹尸罗国，来到弗楼沙国。之前先向那揭国进发的三人，慧景生病，道整留在那揭国照看，只有慧达一人回到弗楼沙国与众人会合。随后慧达、宝云、僧景三人由此折返回国——在回国前，宝云、僧景专门供养了佛钵。慧应在佛钵寺逝世。剩下的人（法显、慧景、道整）继续西行，到达那揭国，越过小雪山——在过雪山之时，有病在身的慧景殒命于此。这样，只留下了法显、道整二人，其时约在法显西行后第五年（403）上半年。之后，二人一路向前，直到中天竺达巴连弗邑，道整目睹当地佛法盛况，誓愿停留不归，遂仅剩法显一人继续行走，这一年约在法显西行后第七至九年（405—407）。

在这份游历记录中，与法显交际的十人，今天只有智严和宝云二人有传记存世，具在僧祐《出三藏记集》卷十五《智严法师传》和《宝云法师传》中。《智严法师传》明确记述佛陀跋陀罗来到汉地的机缘，是智严在周流西域来到罽宾时"竭诚要请"才杖锡东行的，而如果将《智严法师传》与上面法显等人的游历行纪对读，可以推测：智严遇见佛陀跋陀罗，或许正在于他和慧简、慧嵬三人折返高昌寻求援助，进而前往罽宾的那个时候（约401—403）。《宝云法师传》提到宝云后来师事佛陀跋陀罗，但在此之前，宝云是否在与法显一行分开并折返归国途中遇到佛陀跋陀罗，则颇可存疑，汤用彤猜测其可能与智严"偕游罽宾、于阗等处"①，似在情理中。

总之，从目前已知材料看，法显与佛陀跋陀罗似乎并没有直接的交往，唯一的联系在于智严和宝云二人。

第三节 法显"南下向都"的必然性

至此，我们可以回过头来思考：法显没有返回长安而选择"南下向都"并"就禅师（佛陀跋陀罗）出经律"，是不是一种基于人情的抉择呢？因为当时与自己熟识的智严和宝云恰巧正在南方；又是不是一种偶然？因为智严和宝云当时恰巧正同佛陀跋陀罗在一起。②

评估这种抉择的偶然性，将有助于我们更好地索隐法显"南下向都"本事。这样两个问题须被纳入考量范围：其一，智严、宝云此时来到南方建康是否是一种偶然？其二，佛陀跋陀罗与法显之间是否存在一种交际的需要，且这种需求是否具备不可替代性？

首先来检讨智严、宝云是否一定需要南下建康。前面已经提及智严在焉夷国与法显等人分开，折返高昌，进而抵达罽宾，遇到佛陀跋陀罗，其时约在401—403年间。随后二人（或还有宝云）杖锡跋涉，历经三年，路由雪山，又附舶海行，抵达青州东莱郡。后又陆行至长安，其时约后秦弘始十二年（410，此采汤

---

① 汤用彤：《汉魏两晋南北朝佛教史》，第275页。
② 汤用彤考证智严、宝云随佛陀跋陀罗从长安南下的时间与法显南下的时间相同，约在义熙九年（413），他们到达京都建康的时间也先后相次（汤用彤：《汉魏两晋南北朝佛教史》，第283—284页）。

用彤说①）。在长安，宝云师事佛陀跋陀罗，并在由太子泓组织的鸠摩罗什共佛陀跋陀罗论辩的大会上，替老师翻译语句。后来，因与"关中旧僧"发生矛盾，佛陀跋陀罗被摈，弟子奔散（据《出三藏记集·宝云法师传》，宝云时亦在奔散之列，而《智严法师传》言智严憩止"山东精舍"），师徒四十余人南下庐山，止慧远处，其时约410年或411年初。②在庐山时，慧远致书姚主及关中诸僧，解其摈事，宝云即在此时抵达庐山与师重聚。③晋义熙八年（412），佛陀跋陀罗又与宝云、慧观等弟子至江陵。义熙十一年随刘裕还建康，止道场寺。智严则于义熙十三年随宋武帝西伐长安南归（据《出三藏记集·智严法师传》和《宋书·武帝本纪》）。

在上述智严、宝云自西域归来直至南下建康的经历中，意义最重大的一件事情，无疑是佛陀跋陀罗"被摈"一事，因为如果没有这件事，他们或许就不会奔散乃至南下。关于"被摈"一事，本书前章已重点予以揭示过——佛陀跋陀罗"被摈"的原因并不在于其本人"五舶将至"的预言和弟子自言"得阿那含果"违反了有关戒律，也不在他与鸠摩罗什在对法相的理解上存在难以调和的矛盾，根本原因在于"关中旧僧""鸠摩罗什僧团"与"佛陀跋陀罗僧团"之间激烈的矛盾；表面上的学理争议，不过是僧团博弈的反映罢了——学术与僧团之间呈现一种相互支援的

---

① 汤用彤：《汉魏两晋南北朝佛教史》，第218页。
② 此据陈金华先生说，参见陈金华"佛陀跋陀罗共慧远构佛影台事考"，《佛教与中外交流》，中西书局2016年版，第113—114页。
③ 《出三藏记集》卷十五："俄而禅师横为秦僧所摈，徒众悉同其咎，云亦奔散。会庐山释慧远解其摈事，共归扬州，安止道场寺。"（［南朝梁］释僧祐撰，苏晋仁、萧鍊子点校：《出三藏记集》卷十五，第578页。）

状态。总之，佛陀跋陀罗的"被摈"绝非偶然，正在情理之中。因而，作为佛陀跋陀罗僧团"核心成员"的智严、宝云被迫"奔散"，亦属必然。"被摈"之后，佛陀跋陀罗与智严、宝云等人的去向问题，其实也值得思考。实际上，就两晋南北朝时期整个中土地区的佛教分布来说，除去长安、建康这两个中心外，尚有凉州、江陵、庐山、益州、会稽等很多佛教发展相对兴盛的地方①，看起来好像佛陀跋陀罗僧团离开长安后，可以有很多去处，但如果仔细分析，便不难发现：凉州彼时佛教虽然依旧兴盛，但由于政局动乱，总体已呈式微之态，412 年鸠摩罗什去世，433 年昙无谶被杀，越七年（439）魏灭凉，再七年（446）太武灭佛；益州山水宜修，道安襄阳分徒，法和即只身前往，但此地名僧多为道安徒党，与长安旧僧关系最近；会稽彼时除有支遁、于法兰、康僧渊、支敏度等名僧外，一般被人视为避世云游之所，地位不及相邻的建康；与前三者相比，江陵、庐山、建康交通便捷，是南方佛教的三个重要中心——庐山是慧远的驻锡地，高僧云集，法事活跃；江陵是南北政治、军事和交通的要冲，也是南北僧众交流的"中转站"；建康则是东晋南朝的政治首都和文化中心，南方佛教的绝对核心。因此，就佛陀跋陀罗师徒来说，可供选择的去向只有南方的三个佛教中心——事实上，佛陀跋陀罗师徒果真先至庐山，再抵江陵，而后来由于东晋政治变动的影响（如刘裕军事远征和邀请），最终来到了都城建康。

此外，还应充分意识到庐山慧远僧团所施加的影响。慧远自结庐匡山以来，一方面在南方并不太稳定的政局形势和佛教内部

---

① 参见严耕望"东晋南北朝高僧之地理分布"，《魏晋南北朝佛教地理稿》，第 33—81 页。

混乱的境况中周旋平衡，以佛法自隆，为江左世族大家所敬重，诸多名士纷纷折节师事；另一方面又感慨江东禅法无闻、律藏残缺，积极派人西行求取梵本，并延请域外高僧驻锡翻译①，一时名僧竞辉，有"禅法经戒，皆出庐山"之誉。就慧远来说，由于对南方佛法的苦心经营，所以其对于关中地区来华高僧的动向尤为关注（如与鸠摩罗什之间的往复通信论法），迎请佛陀跋陀罗便是他一直想要达成的夙愿。②另外一方面，就与佛陀跋陀罗僧团的关系而言，首先，据《名僧传》记载，宝云曾于太元十四年（389）入庐山③，彼时慧远已在，足见宝云与慧远渊源之深（颇疑宝云自庐山西行求法是得到慧远支持的），而佛陀跋陀罗南下，宝云或有劝说引导之功；其次，佛陀跋陀罗本人备尝艰辛，不远万里，来到汉土，原为弘教，而关中旧说却与己学说颇有龃龉（由他对颇受关中旧僧认可的鸠摩罗什学说的批评可窥一斑），当其被摈之时，为了实现自己传法的事业，无论被动抑或主动，远投对自己佛法理念更为接纳的南方，当是首先需要被考虑的选项。

　　总之，就当时情势来说，佛陀跋陀罗与智严、宝云等人此时

---

① 《出三藏记集》卷十五："初经流江东，多有未备，禅法无闻，律藏残阙。远大存教本，愤慨道缺，乃命弟子法净等远寻众经，逾越沙雪，旷载方还。皆获胡本，得以传译。每逢西域一宾，辄恳恻咨访……葱外妙典，关中胜说，所以来集兹土者，皆远之力也。外国众僧咸称汉地有大乘道士，每至烧香礼拜，辄东向致敬。"（［南朝梁］释僧祐撰，苏晋仁、萧錬子点校：《出三藏记集》，第568页。）

② 《出三藏记集》卷十五："屡遣使入关，迎请禅师，解其摈事，传出《禅经》。"（［南朝梁］释僧祐撰，苏晋仁、萧錬子点校：《出三藏记集》，第568页）

③ 《名僧传抄》："（宝云）志局简正，师友称之。太元十四年，入庐山，时年十八矣。值造波若台，通债少僧贞石筑土，云投一石，石相击，误中一犊子死。惭恨惆怅，弥历年所。隆安元年，乃辞入西域，誓欲眼（睹）都神迹，躬行忏悔，遂游于阗及天竺诸国，与智严、法显发轸，是同游造各异。"（《卍续藏》第77册，No.1523，358c7—14）

来到南方建康应属必然。

其次，需要检讨佛陀跋陀罗与法显之间的交际是否具有必需性。这里先移录一段《魏书·释老志》中的文字：

> 沙门法显，慨律藏不具，自长安游天竺。历三十余国，随有经律之处，学其书语，译而写之……其所得律，通译未能尽正，至江南，更与天竺禅师跋陀罗辩定之，谓之《僧祇律》，大备于前，为今沙门所持受。①

这段话中有个信息十分值得关注，即魏收认为法显在天竺所获得的律典梵本在汉土被翻译的时候，出现了翻译不善的现象（"未能尽正"），后来只能南下与佛陀跋陀罗重新译定。虽然与其他佛教文献核校，似乎这里的记载有点出入——法显行纪和《出三藏记集》等文献的记载，均未提到法显所携归的梵文律典在与佛陀跋陀罗共译之前就已经被翻译过。魏收此记述的具体史源何在，无法遽云，因此这里只能存疑，但这条史料的意义在于提示我们留意梵文律典传译质量的问题。可以假设性地问这样一个问题：如果法显携归的律典不与佛陀跋陀罗共译，那么彼时南北方还有哪些人可以替代后者？

要回答这个问题，首先同样需要做一番排查的工作。慧皎《高僧传》可以作为分析的文献基础②，因为它基本上涵盖了晋宋

---

① ［北齐］魏收：《魏书》卷一一四，中华书局 1974 年版，第 3031 页。
② 僧祐的《出三藏记集》和宝唱的《名僧传》这两部文献，或是传记量少，或是存世残缺，在这里的分析中，只能起到辅助校勘的作用。实际上，这两种文献中所记载的译经高僧，并没有逸出《高僧传》范围之外的。

间南北方所有的名僧，特别是"译经"一科，几乎将当时知名域外来华译师全部囊括。以下分别予以辨析：

1. 僧伽跋澄：罽宾人，备习三藏，博览众典，特善数经。前秦苻坚建元十七年（381）来入关中。建元十九年与昙摩难提、佛图罗刹共译《阿毗昙毗婆沙》，次年与昙摩难提、僧伽提婆合译《波须蜜》梵本。后不知所终。（见卷一，第32—33页）

（按：据皎传言僧伽跋澄只有"二经流布传学迄今"，故可推知建元二十年后其或已不复译经）

2. 佛图罗刹：不知何国人，该览经典，善汉土方言，宣译梵文，见重苻世。建元十九年与僧伽跋澄、昙摩难提共译《波须蜜》梵本。（同上）

（按：除了翻译《波须蜜》梵本外，不见有其他佛图罗刹译经记载，其行止约同僧伽跋澄）

3. 昙摩难提：兜佉勒人，遍观三藏，博识洽闻，靡所不综，国内远近，咸所推服。建元中（365—384）至长安。约太元九年（384，时慕容冲已叛，起兵击坚，关中扰动）受赵正请，出《中阿含》《增一阿含》，并之前所出《毗昙心》《三法度》等，凡一百六卷。约太元十一年（386，时姚苌寇逼关内），昙摩难提辞还西域，不知所终。（见卷一，第34—35页）

4. 僧伽提婆：罽宾人，学通三藏，尤善《阿毗昙心》。苻氏建元中来入长安。与僧伽跋澄出《波须蜜》，与昙摩难提出二《阿含》《毗昙》《广说》《三法度》等，凡百万余言，但由于时局动荡，翻译质量欠佳。建元二十一年道安去世后，乃适洛阳，四五年间研讲前所出经，并重新翻译《阿毗昙》《广说》等经。晋太元十六年（姚兴王秦）渡江南下，抵达庐山，出《阿毗昙心》《三法度》等经。隆安元年（397）至建康，受请讲《阿毗昙》，共罽宾沙门僧伽罗叉出《中阿含》。后不知所在。（见卷一，第37—38页）

（按：僧伽提婆译经百万余言，甚为可观，但质量未必很高，观其后来不断研讲重译可知）

5. 竺佛念：凉州人，洞晓方语，华戎音义，莫不兼解，义学之誉虽阙，洽闻之声甚着。建元中与僧伽跋澄译经，质断疑义，音字方正。建元二十年与昙摩难提出《中阿含》《增一阿含》，后续出《菩萨璎珞》《十住断结》《出曜》《胎经》《中阴经》等，未及完善，遂尔遘疾，卒于长安。（见卷一，第40页）

（按：本传既言竺佛念后期所出诸经未及完善即染病而亡，则其离世时间当距建元二十年不远，前秦苻登太初五年（390）左右）

6. 昙摩耶舍：罽宾人，该览经律，明悟出群。晋隆安中（397—401）至广州，出《差摩经》一卷。义熙中（405—418）入长安，与天竺沙门昙摩掘多出《舍利弗阿毗昙》。后秦姚兴弘始九年（407）初书梵书文，至十六年方完成，凡二十二卷。后南游江陵，大弘禅法，至元嘉中（424—453）辞还西域，不知所终。（见卷一，第41—42页）

（按：本传谓昙摩耶舍来汉土时年已八十有五，待其到长安时，已经九十多岁，而其南游江陵时，则已逾百岁。就情理而言，此中固然可能存在谬误，但其南游时已无精力再从事翻译工作，则可知矣）

7. 竺法度：父祖天竺人，汉土出生，初为昙摩耶舍弟子，善梵汉之言，常为译语。专学小乘，禁读方等，后因违反戒律，被僧团处理。（见卷一，第42—43页）

（按：《出三藏记集》卷五谓其"小乘迷学"，可见当时并不为僧众所重）

8. 鸠摩罗什：天竺人，聪明颖悟异于常人，身世曲折离奇。晋太元十年随吕光至凉州。弘始三年至长安，十五年卒于大寺，时年七十。在长安手执胡本，口译秦言，曲从方言，而趣不乖本，出经约三百余卷。（见卷二，第45—54页）

（按：法显西行后两年，鸠摩罗什才抵长安，而待法显归来，罗什也行将去世）

9. 弗若多罗：罽宾人，以戒节见称，备通三藏，专精《十诵律》，为外国师宗。弘始初（399—403）入关。弘始六年出《十诵》梵本，共鸠摩罗什译为晋文，三分获二，不久遘疾离世。（见卷二，第60—61页）

10. 昙摩流支：西域人，偏以律藏驰名。弘始七年秋达关中。后经慧远与姚兴敦请，与鸠摩罗什共译完整《十诵律》。后不知所终。或云卒于凉土。（见卷二，第61—62页）

（按：本传谓鸠摩罗什事后"犹恨文烦未善"，后慧观欲请其南下建康，却被拒绝，言辞中似有意去往偏僻地方，远离南北佛教诸中心）

11. 卑摩罗叉：罽宾人，沉靖有志力，弘阐律藏，鸠摩罗什曾师事之。弘始八年达关中。弘始十五年，罗什去世后，乃出游关左，逗留寿春，止石涧寺，重新调整罗什所译《十诵律》最后一诵，改为《毗尼诵》。随后不久南适江陵，盛弘律法，当年冬，复还寿春，卒于石涧寺。（见卷二，第63—64页）

12. 佛陀耶舍：罽宾人，聪颖而简傲，年十九诵大小乘经数百万言。鸠摩罗什入长安盛称佛陀耶舍译经"深达幽致"，后被迎入关,诵《昙无得律》,又出羌籍药方可五万言经。弘始十二年出《四分律》,凡四十四卷,并与竺佛念出《长阿含》等。弘始十五年辞还外国。至罽宾得《虚空藏经》一卷,遣人传与凉州诸僧,后不知所终。(见卷二,第65—67页)

13. 佛陀跋陀罗:迦维罗卫人,修业精勤,博学群经,多所通达,少以禅律驰名。具体行迹见上文,此不赘述。

14. 昙无谶:中天竺人,聪敏出群,年十二,诵大小经二百余万言。曾到罽宾,赍《大涅槃经前分》十卷,并《菩萨戒经》《菩萨戒本》等。北凉段业天玺三年(401),沮渠蒙逊建立北凉,呼见昙无谶,请其出经本,谶以未晓方言,又无传译,恐言舛于理,不许即翻。遂学语三年,方译写《初分》十卷,后又陆续出《大集》《大云》《悲华》《地持》《优婆塞戒》《金光明》《海龙王》《菩萨戒本》等六十余万言。此后,昙无谶以《涅槃经》本品数不足,还外国究寻,值母亡,遂留岁余。后于阗又得《中分》,遂还姑臧译之。后又遣使于阗得《后分》,译为三十三卷。计从北凉沮渠蒙逊玄始三年(414)至玄始十年,译期八年,出一万余偈。义和三年(433),欲西行更寻《涅槃后分》,却被逊所害,春秋四十九。(见卷二,第76—81页)

综上,不难见出,东晋义熙八年(412)法显携梵本归来的时候,汉土的西域(特别是来自罽宾的)译经高僧除了佛陀跋陀罗和昙无谶外,其余诸人已经无法承担传译的工作了——他们有的已经离世,如竺佛念、鸠摩罗什、弗若多罗、卑摩罗叉;有的年事已高,没有精力,如昙摩耶舍;有的辞还外国,如昙摩难提、昙摩流支、佛陀耶舍;有的翻译质量一般或者干脆不译经了,如僧伽提婆、僧伽跋澄、佛图罗刹、竺法度。而昙无谶虽然此时正值壮年，如日中天，但他似乎此时正忙于自己寻找并翻译从于阗觅得的涅槃经本，无暇他顾。此外，他当时又正处于沮渠蒙逊的掌控之中，在战争频仍的情形下，根本没有机会来到长安，更遑论南下江陵、庐山抑或建康了。因此，通过这样一番排查，或许可以得出这样一个结论：即法显当初"乘危履崄，不惜此形"，所努力赍回的梵文经本，要想得到相对完善的翻译（此或正是法显"志有所存"之处），唯一能够承担此任的人，就只有佛陀跋陀罗了。

如果说上述将法显与佛陀跋陀罗关联在一起的方式，还只是一种侧面迂回的推测，那么，从二人实际的行程轨迹上说，则更不难见出两人之遇合，乃是一种周密的安排——法显行纪所附跋文中有一处重要异文，即首句"晋义熙十二年，岁在寿星，夏安居末，迎法显道人"，日本镰仓钞本法显行纪迥异于其他诸本，在"迎法显道人"前，加上了慧远的名字。章巽在校注法显行纪时，就曾敏锐地觉察到了这个异文的意义，他说："镰本所保留此二字甚可贵，盖由此可知迎法显入道场寺，乃出于慧远。东晋末年江南出经甚盛，慧远提倡之力为多。慧远先已识觉贤（即佛陀跋陀罗），此时法显自天竺新携经律归，故急于迎其至道场寺与觉贤合作译经也。传称慧远居庐山三十余年，'影不出山，迹不入俗'，此云迎者，非亲迎，特促成其事耳。"[1] 章先生这里用一则异文来推测慧远在法显与佛陀跋陀罗之间所起到的作用，表面看似乎违犯了"孤证不立"的原则，但揆之于情理，却可以说得通：首先，之前我们已用宝云的传记材料证明他与慧远渊源之

---

① ［晋］法显撰，章巽校注：《法显传校注》，第 154 页注 3。

深，而佛陀跋陀罗之南下，其或有劝说引导之功，此乃慧远间接
促成法显、佛陀跋陀罗译事合作的重要证据；其次，就法显行
纪之跋文而言，如果仔细体味其中所涉之佛教仪式（夏安居、
冬斋）、评判对方之语气（如谓法显"其人恭顺"）、法显夫子
自道式之感慨，以及跋者由衷之感叹，读者也许一时无法坐实
跋者的姓名，但大体可以断定此人既属方外又位势高尊，此或
非慧远莫属。[①]

　　总之，法显与佛陀跋陀罗之间的交际遇合，既是一种基于
经律妥善翻译的必然，又是一种慧远居间运作的周密安排——由
此，法显所自言的"所营事重"一语，也便不那么难以理解了。

第四节　法显的选择困境

　　下面，可以来回答法显选择"困境"的另一面了——法显为
什么一开始"欲趣长安"？如前所揭，法显想回到长安的理由是
"远离诸师久"，那么，这里的"诸师"究竟是哪些人呢？对于法
显来说，他们为什么那么具有吸引力？

　　由于材料缺乏，无法满意地查究"诸师"的身份，不过，我
们还是可以做一番基于情理的推测：

　　首先，"诸师"应是关中地区僧众，因为法显西行的起点正
是长安，归来后的原本打算也是回到长安，此均可见诸行纪原

---

① 胡海燕推测此人可能是孟顗，见 Haiyan Hu-von Hinüber, "The Case of the Missing
　Author: Who Wrote the Anonymous Epilogue to Faxian's Foguoji", *Annual
　Report of the International Research Institute for Advanced Buddhology at Soka
　University for the Academic Year 2012*, Vol. XVI (2013): pp.307–314。

文，毋庸赘述。此点虽然依旧模糊，但可由此标示一个地理空间，便于进一步聚焦考察。就长安这一地域而言，后秦时期以佛经传译和寺院讲经为枢纽，实际上形成了以西域译经法师和汉地高僧大德为核心的不同僧团。法显西行之时，当时占据长安的僧团主要有两个：其一是以竺佛念为首的译经僧团，其二是以道安为首的讲经、译经僧团[①]，法显应该是从属于其中之一。而比较这两个僧团，可以发现前者由于是以译经为中心，对语言等技术性素养要求较高（对佛教义理的要求则居其次），所以在吸纳僧众的能量上，不及译经、讲经并重的后者。因为，一方面，普通僧众无法具备译经所要求的两种以上语言的能力，只能依赖著名译经法师的译本，并以此为基础探讨佛教义理，指导自身宗教实践，这才是更重要的；另一方面，在宗教日常生活实践中，相较于律典的明文律法，普通僧众也许更关注的是僧团领袖的佛学见识和道德榜样作用（比如道安）。法显在去往天竺游历并学习当地语言之前，当然是不具备译经能力的，因此，从情理上推测，他并不太可能属于竺佛念僧团，而应是道安僧团的一员。

其次，法显自言西行的目的是"慨律藏残阙"，因此，去往天竺寻求戒律经本，是他此行最大的希望和首要的任务。[②] 那么，为什么他要甘愿冒险去专门寻求戒律梵本呢？这也需要做进一步的追问。我们以为，法显的这种动机和信念，恰恰正与道安本人以及道安僧团对于律藏的迫切需求完全契合。《高僧传》载道安

[①]　尚永琪曾对此做过较为细致的分析，参见尚永琪"鸠摩罗什译经时期的长安僧团"，第213—223页。

[②]　法显归来后，与人合作译出的第一部作品，就是四十卷《摩诃僧祇律》，由此亦可推知他对此律本的重视，以及当初西行对于戒律梵本的迫切希望。

住长安五级寺，僧众数千。僧团体量如此众多，自然免不了参差不齐，如习凿齿与谢安书信所言，依靠道安本人的修养，自然是不行的，因此一套供僧众实践行事遵守的规则显得十分必要。可是当时的情况是戒律经本非常缺乏，因此道安只能临时性地制定了《僧尼轨范》《佛法宪章》。后来，道安听闻鸠摩罗什在西域，执意劝苻坚将其请来，其背后的动机之一恐怕也正在于希望罗什能够将天竺戒本传译过来。事实上，罗什抵达长安后，即向龟兹来的卑摩罗叉律师（罗什曾从其受律）感叹"汉境经律未备"，之后虽然罗什译出了诸如《十诵律》《十诵戒本》《菩萨戒本》等律典，并且据《高僧传》的记载，罗什临终前最牵挂的还是《十诵》尚未及"删烦"，希望不要有"差失"，此足见他对于戒律经本传译的十分介意与极度焦虑。因此，法显西行之时，道安本人已经离世多年，鸠摩罗什尚未来到长安，关中正处于对于戒律梵本的渴求时期，法显矢志天竺求取戒本，不正是道安僧团群体意识的集中体现吗？

最后，据行纪所载，法显在焉夷国曾得到苻公孙的供给资助，设若法显只是一普通僧人，恐怕无法享受到如此待遇。最可能的原因是，法显西行得到了当时长安道安僧团（亦称"关中旧僧"①）的支持。

综上，可以推测法显极有可能原是长安道安僧团中的一员，在群体"律经残阙"的焦虑情绪中，受到僧团支持，去往天竺寻取戒律梵本。法显念兹在兹的"诸师"也正是"关中旧僧"群体。因此，法显游历归来，想要回到长安，也正在情理之中，只

---

① 道安虽然去世，但不妨僧团的继续存在。

不过鉴于后来关中地区形势、出律需要以及慧远等人撮合等因素的综合作用，他最终还是来到了建康。

"南下向都"事件，是法显本人丰富生命历程当中的一朵浪花，放到整个中国佛教发展史上看，也许不过是一个"小插曲"，意义并不值得过度放大。但将其作为一个"视窗"，去观察中国4—5世纪南北佛教区隔又汇通的生态情景、僧团之间此消彼长的变迁兴替、僧人个体命运在时代大环境之下的犹豫与抉择，则或又不失为一个非常有意义的尝试。

结　　语

　　本书用六个篇章的内容，分析了以《高僧传》书写的张力表现和范式成立的问题。兹先请略加回顾：

　　第一章，以慧皎《高僧传》编纂的材料来源为考察起点，不断上溯，寻绎以《高僧传》代表的中古僧传在体例上的源自和精神上的指向。通过具体的考察，清理出了一条"道安→僧祐→宝唱→慧皎"的演变线索，这条线索的意义在于能够揭示中古僧传书写范式成立的关键消息，即中古时期的各种经录是中古僧传得以孕育成型的"母胎"。此外，就学术思潮的演变和精神旨归方面来讲，从经录到僧传，乃是佛教经籍背后著译者角色，亦即人的地位，日渐凸显的过程。中古僧传书写范式的成立，正是佛教内部从经典到人、从古到今学术嬗变的必然结果。

　　第二章，详细地追溯了《高僧传》"传＋论＋赞"文体组合模式的起源及背后的文化内涵——从形式上说，《高僧传》中的"传"与"赞"的关系以及赞语的风格，表明它更近于"人物赞"的书写模式，又尚未摆脱"像赞"的影响，而《高僧传》的"论"，则取法了以《后汉书》为代表的"正史"史论文体；从精神内涵上讲，《高僧传》的"论"，继承的是"正史"史论褒贬的精神，它讲求一种个性化表达，其精神指向在于佛教发展史上的"高僧"个体，而《高僧传》的"赞"则带上了中古类传的特色，这决定了"赞"的精神指向在于关注和强调僧人的群体。《高僧传》这种"传＋论＋赞"文体组合模式，是缔合了两种传统后的产物，看似随机性的"拼合"，实则是一种具有实验性质的文体尝试。

第三章，以中古时期高僧安世高的形象塑造过程为线索，重点考察了《高僧传》书写中，历史、宗教和文学三个维度是如何积极参与并作用于高僧形象的塑造，以及源自印度的宗教观念与来自中土的历史书写传统在中古僧传书写中的"冲突"，借此来窥视僧传书写典范成立的初期，书写者所面对的"困境"以及应对"困境"的向度。

第四章，以《高僧传》对于"太武灭佛"事件的书写与建构为个案，透视《高僧传》在对于具体历史事件（尤其是涉佛事件）的记述时，僧传编撰者是如何借助想象等手段，突破诸如地理空间等因素的限制，把握历史事件本身，且同时将自己的立场（信仰立场、政治立场）贯注其中，形成一种基于认同的历史叙事。

第五章，以慧皎《高僧传》对于佛陀跋陀罗"被摈"事件的记述为中心，在反思前人研究的基础上，详细解析了慧皎书写的多维面相，力图在更大的历史背景中予这桩公案以定位，捕捉更多的历史讯息，进而获得更加丰富的历史印象。由此，也可借此把握慧皎是如何在一个多重关系维度中，去展现与思考僧人个人命运的波折，而这正是慧皎作为中古佛教史学家良好素养的体现。

第六章，以法显行纪中"南下向都"一事为线索，钩沉相关史事，究明法显"南下向都"选择的必然性和必要性，进而评估法显在当时佛教与政治情势中的角色与地位，窥视中国4—5世纪南北佛教律典传译与僧团兴替之间的外在关系和内在学理逻辑。借此亦可观察以《高僧传》为代表的中古僧传在实际书写中，是如何把握并策略性反映学术与政治、僧人个体命运与时代潮流之间富于张力的关系。

这六章内容虽然讨论的侧重点各有不同，论述也大多聚焦某些具体问题，但合在一起，则是意图通过各个角度去透视慧皎《高僧传》书写中的"张力"表现及其与"范式"成立之关联问题。

无论是"从经录到僧传"还是"从像赞到僧传"，不管就《高僧传》的材料体例而言，抑或从《高僧传》褒贬精神上讲，《高僧传》书写"范式"成立的过程，其实是从对经典的关注到对经典背后人的关注，古为今用，不断嬗变的过程。而《高僧传》"范式"一旦成立，则意味着僧传书写中对于人本身（包括人的情感、意志等）以及由人所构成的群体、政治、制度等方面的关注开始成为书写的重心。但是，这种关注面向的转移，又有其一定的"限度"，即始终无法突破佛教原始教义以及经典教条的限制。于是，对人的日益重视与佛教教义、经典教条的始终"限制"，两者之间便产生一种相互联系却又相互对立的冲突。本书第三至六章所研究的对象，都是这种"张力"关系的具体体现——第三章，在《高僧传》对安世高形象的塑造过程中，"求同存异"的历史考证态度、对人物言行举止细腻的文学修辞，均是指向了人的情绪、心理以及对真实性向往的一面；但记述中，对于"轮回报应"思想的始终强调，则又指向了佛教教义的一面。第四章，对于"太武灭佛"事件的记述，从胡汉的立场来构建对于该事件的认知，是指向僧人政治认同的一面；而慧皎从佛道论衡的角度来记述该事件，则又将其导向了佛教本位的一面。第五章，对于佛陀跋陀罗"被摈"事件的记述，僧团的"摈除"制度及其与王权的互动，均是指向僧人群体性与政治性的面相；而不同僧团及其领袖之间，在佛教传承谱系、佛教义法上的差异，则指向了佛教的宗派和义法的一面。第六章，法显"南下向都"的选择，既是僧团兴替的无奈选择，又是律典传译学术使命的召唤；此外，他作为一个个体，在面对选择时所持的犹疑态度，既是大时代下普通个体的无所适从，也是高僧以弘法为己任的坚毅品格的体现。

解析这四个案例，既可以看到其中指向与人的因素相关的一面，也可发现其中涉及佛教教义、立场、宗派等内容的面相。这样两种不同的面相，共存于慧皎《高僧传》对具体人、事件以及人事互动（这些都是僧传书写的基本要素）的书写中，构成了本书所谓的"张力"。

因此，可以说慧皎《高僧传》书写中所呈现的各种"张力"，其实是《高僧传》书写"范式"外在的显性表象；同时也正是这一个个具体案例本身富于"张力"性的书写，才为我们探寻《高僧传》"范式"之成立，提供了案例基础。

行文至此，我们再来重新思考钱穆四十多年前在《中国史学名著》一书中那段富于启发性的论断：

　　（僧传）把一代代的教主，和下面很多其他传教的人，分着年代，再分着门类，详细把事情记下；把历史意义加进去，至少其本身的宗教观念，会因此而开明得多，就会变成一种新观念，不啻在宗教里开辟了一个新天地。因此下面才有所谓中国佛学之产生。此即佛教之"中国化"，乃是说在宗教里边加进了中国文化传统中的人文历史观点。[①]

这个论断的高明之处在于觉察到了僧传自身由于历史意义的加载（"中国文化传统中的人文历史观点"），其本来的宗教观念"会因此而开明得多"，就会"变成一种新观念"。但是，钱氏当年凭着杰出史家的敏锐，在觉察到了上述联系的同时，却并没有将历史意义的加载过程及其表现说明清楚。

本书撰作的用意便在于响应钱先生的这一提法，用一个专题式的研究，揭示中古僧传书写中，中国文化传统中的人文观念与佛教本来观念之间的张力关系，并从一个侧面反思"佛教中国化"的命题。

① 钱穆：《中国史学名著》，第158—159页。

主要参考文献

一、基本史料

［梁］宝唱:《经律异相》,《大正新修大藏经》(以下简称《大正藏》)第 53 册,大正一切经刊行会 1934 年版。

［唐］道宣:《大唐内典录》,《大正藏》第 55 册,大正一切经刊行会 1934 年版。

［唐］道宣:《广弘明集》,《大正藏》第 52 册,大正一切经刊行会 1934 年版。

［唐］道宣撰,刘林魁校注:《集古今佛道论衡》,中华书局 2018 年版。

［唐］道宣:《集神州三宝感通录》,《大正藏》第 52 册,大正一切经刊行会 1934 年版。

［唐］道宣撰,郭绍林点校:《续高僧传》,中华书局 2014 年版。

［晋］法显撰,章巽校注:《法显传校注》,中华书局 2008 年版。

［隋］费长房:《历代三宝记》,《大正藏》第 49 册,大正一切经刊行会 1934 年版。

［唐］释道世撰,周叔迦、苏晋仁校注:《法苑珠林》,中华书局 2003 年版。

［宋］释惠洪著,〔日〕释廓门贯彻注,张伯伟等点校:《注石门文字禅》,中华书局 2012 年版。

［南朝梁］释慧皎撰,汤用彤校注:《高僧传》,中华书局 1992 年版。

［南朝梁］释僧祐撰,苏晋仁、萧錬子点校:《出三藏记集》,中华书局 1995 年版。

［南朝梁］释僧祐撰,李小荣校笺:《弘明集校笺》,上海古籍出版社 2013 年版。

［南朝梁］释僧祐:《释迦谱》,《大正藏》第 50 册,大正一切经刊行会 1934
　　年版。

［唐］神清著,富世平校注:《北山录校注》,中华书局 2014 年版。

［宋］赞宁撰,富世平点校:《大宋僧史略》,中华书局 2015 年版。

［宋］赞宁撰,范祥雍点校:《宋高僧传》,中华书局 1987 年版。

［唐］智升:《开元释教录》,《大正藏》第 55 册,大正一切经刊行会 1934 年版。

［日］宗性:《名僧传抄》,《大日本续藏经》(简称《卍续藏经》) 第 77 册,
　　京都藏经书院 1905—1912 年版。

［汉］班固撰,［唐］颜师古注:《汉书》,中华书局 1962 年版。

［晋］常璩著,任乃强校注:《华阳国志校补图注》,上海古籍出版社 1987 年版。

［唐］段成式:《寺塔记》,人民美术出版社 2016 年版。

［南朝宋］范晔:《后汉书》,中华书局 1965 年版。

［唐］房玄龄等:《晋书》,中华书局 1974 年版。

［宋］黄休复:《益州名画录》,人民美术出版社 2016 年版。

［北魏］郦道元著,陈桥驿校证:《水经注校证》,中华书局 2007 年版。

［宋］李昉等编:《太平广记》,中华书局 1961 年版。

［唐］李延寿:《南史》,中华书局 1975 年版。

［唐］李延寿:《北史》,中华书局 1974 年版。

［南朝梁］刘勰著,范文澜注:《文心雕龙注》,人民文学出版社 1958 年版。

［后晋］刘昫等:《旧唐书》,中华书局 1975 年版。

［唐］刘知几撰,［清］浦起龙释:《史通通释》,上海古籍出版社 1978 年版。

［宋］欧阳修、宋祁:《新唐书》,中华书局 1975 年版。

［南朝梁］沈约:《宋书》,中华书局 1974 年版。

［宋］司马光:《资治通鉴考异》,《景印文渊阁四库全书》第 311 册,台湾商
　　务印书馆 1986 年版。

［汉］司马迁:《史记》,中华书局 1959 年版。

［北齐］魏收:《魏书》,中华书局 1974 年版。

［唐］魏徵等:《隋书》,中华书局 1973 年版。

［南朝梁］萧子显:《南齐书》,中华书局 1972 年版。

［北魏］杨衒之撰，周祖谟校释：《洛阳伽蓝记校释》，中华书局 2010 年版。

［清］永瑢等：《四库全书总目》，中华书局 2003 年版。

［唐］张彦远：《历代名画记》，浙江人民美术出版社 2016 年版。

［宋］赵佶等编，王群栗点校：《宣和画谱》，人民美术出版社 2017 年版。

［清］赵翼著，王树民校证：《廿二史札记校证》（订补本），中华书局 1984 年版。

二、近人论著及论文

（一）中文部分

〔英〕爱·摩·福斯特：《小说面面观》，苏炳文译，花城出版社 1984 年版。

蔡宗宪：《中古前期的交聘与南北互动》，稻乡出版社 2008 年版。

曹道衡、沈玉成：《中古文学史料丛考》，中华书局 2003 年版。

曹虹：《慧远评传》，南京大学出版社 2002 年版。

曹仕邦：《中国沙门的外学研究——汉末至五代》，台湾东初出版社 1994 年版。

曹仕邦：《中国佛教史学史——东晋到五代》，台湾法鼓文化事业股份有限公司 1999 年版。

陈怀宇：《动物与中古政治宗教秩序》（增订本），上海古籍出版社 2020 年版。

陈怀宇：《在西方发现陈寅恪——中国近代人文学的东方学与西学背景》，北京师范大学出版社 2013 年版。

陈启能：《二战后欧美史学的新发展》，山东大学出版社 2005 年版。

陈士强：《佛典精解》，上海古籍出版社 1992 年版。

陈寅恪：《金明馆丛稿初编》，生活·读书·新知三联书店 2001 年版。

陈垣：《中国佛教史籍概论》，上海书店出版社 2005 年版。

〔日〕川本芳昭：《中华的崩溃与扩大》，余晓潮译，广西师范大学出版社 2014 年版。

敦煌研究院编：《敦煌莫高窟供养人题记》，文物出版社 1986 年版。

敦煌研究院编：《敦煌石窟全集》，香港商务印书馆 1986 年版。

方广錩：《敦煌佛教经录辑校》，江苏古籍出版社 1997 年版。

葛兆光：《增订本中国禅思想史：从六世纪到十世纪》，上海古籍出版社 2008 年版。

龚隽：《禅史钩沉——以问题为中心的思想史论述》，生活·读书·新知三联书店 2006 年版。

〔日〕孤峰智灿:《中印禅宗史》,释印海译,中国佛学院刊印。

〔美〕海登·怀特:《后现代历史叙事学》,陈永国、张万娟译,中国社会科学出版社 2003 年版。

洪修平:《禅宗思想的形成与发展》(修订版),江苏古籍出版社 2000 年版。

胡阿祥:《东晋南朝侨州郡县与侨流人口研究》,江苏教育出版社 2008 年版。

胡宝国:《汉唐间史学的发展》(修订本),北京大学出版社 2014 年版。

胡道静:《中国古代的类书》,中华书局 1982 年版。

黄时鉴主编:《东西交流论谭》,上海文艺出版社 1998 年版。

〔日〕吉川忠夫:《六朝精神史研究》,王启发译,江苏人民出版社 2012 年版。

纪赟:《慧皎〈高僧传〉研究》,上海古籍出版社 2009 年版。

姜伯勤:《敦煌艺术宗教与礼乐文明》,中国社会科学出版社 1996 年版。

〔英〕柯林武德:《历史的观念》(增补版),何兆武、张文杰、陈新译,北京大学出版社 2010 年版。

〔美〕柯文:《历史三调:作为事件、经历和神话的义和团》,杜继东译,江苏人民出版社 2000 年版。

李四龙:《欧美佛教学术史——西方的佛教形象与学术源流》,北京大学出版社 2009 年版。

〔日〕镰田茂雄:《中国佛教通史》,关世谦译,台湾佛光出版社 1986 年版。

梁启超:《佛学研究十八篇》,天津古籍出版社 2005 年版。

刘淑芬:《中古的佛教与社会》,上海古籍出版社 2008 年版。

鲁迅:《古小说钩沉》,人民文学出版社 1951 年版。

逯耀东:《魏晋史学的思想与社会基础》,中华书局 2006 年版。

逯耀东:《抑郁与超越》,生活·读书·新知三联书店 2008 年版。

〔英〕罗吉·福勒主编:《现代西方文学批评术语词典》,袁德成译,四川人民出版社 1987 年版。

吕澂:《中国佛学源流略讲》,中华书局 1979 年版。

〔德〕马克斯·韦伯:《宗教社会学·宗教与世界》,康乐、简惠美译,广西师范大学出版社 2011 年版。

〔法〕米歇尔·德·塞尔托:《历史书写》,倪复生译,中国人民大学出版社 2012 年版。

钱穆:《中国史学名著》,九州出版社 2011 年版。

任继愈：《中国佛教史》（第二卷），中国社会科学出版社 1985 年版。

荣新江：《归义军史研究——唐宋时代敦煌历史考察》，上海古籍出版社 1996 年版。

苏晋仁：《佛教文化与历史》，中央民族大学出版社 1998 年版。

汤用彤：《汉魏两晋南北朝佛教史》，中华书局 1983 年版。

汤用彤：《汤用彤学术论文集》，中华书局 1983 年版。

童岭：《南齐时代的文学与思想》，中华书局 2013 年版。

王尧主编：《佛教与中国文化》，宗教文化出版社 1997 年版。

王永会：《中国佛教僧团发展及其管理研究》，巴蜀书社 2003 年版。

〔俄〕维克多·什克洛夫斯基等，《俄国形式主义文论选》，方珊等译，生活·读书·新知三联书店 1989 年版。

巫鸿：《礼仪中的美术——巫鸿中国古代美术史文编》，郑岩等译，生活·读书·新知三联书店 2005 年版。

巫鸿：《武梁祠——中国古代画像艺术的思想性》，柳杨、岑河译，生活·读书·新知三联书店 2006 年版。

项楚、姜伯勤、荣新江合著：《敦煌邈真赞校录并研究》，台湾新文丰出版公司 1994 年版。

谢重光、白文固：《中国僧官制度史》，青海人民出版社 1990 年版。

熊明：《汉魏六朝杂传集》，中华书局 2017 年版。

徐燕玲：《慧皎〈高僧传〉及其分科之研究》，台湾花木兰文化出版社 2006 年版。

〔荷〕许理和：《佛教征服中国：佛教在中国中古早期的传播与适应》，李四龙、裴勇等译，江苏人民出版社 2017 年版。

严耕望：《魏晋南北朝佛教地理稿》，上海古籍出版社 2007 年版。

严耀中：《佛教戒律与中国社会》，上海古籍出版社 2007 年版。

姚名达：《中国目录学史》，上海古籍出版社 2002 年版。

叶奕良主编：《伊朗学在中国论文集》，北京大学出版社 1993 年版。

伊沛霞、姚平主编：《当代西方汉学研究集萃·宗教史卷》，上海古籍出版社 2012 年版。

张伯伟：《中国古代文学批评方法研究》，中华书局 2002 年版。

张美樱：《〈列仙、神仙、洞仙〉三仙传之叙述形式与主题分析》，台湾花木兰文化出版社 2007 年版。

张檡弓：《汉传佛教与中古社会》，台湾五南图书出版公司 2005 年版。

张小刚:《敦煌佛教感通画研究》,甘肃教育出版社 2015 年版。

章宗源:《隋书经籍志考证》,《二十五史补编》,中华书局 1955 年版。

郑炳林、郑怡楠辑释:《敦煌碑铭赞辑释》,上海古籍出版社 2019 年版。

郑弌:《中古敦煌邈真论稿》,科学出版社 2019 年版。

郑郁卿:《高僧传研究》,文津出版社 1987 年版。

周叔迦:《周叔迦佛学论著集》,中华书局 1991 年版。

周一良:《魏晋南北朝史论集》,北京大学出版社 2010 年版。

宗性:《问学散论》,宗教文化出版社 2008 年版。

白化文、李鼎霞:"《经律异相》及其主编释宝唱",《国学研究》第 2 卷,北
　　京大学出版社 1994 年版。

鲍金华:"《高僧传》校点商议",《古籍整理研究学刊》2007 年第 4 期。

卞东波:"宫亭庙神及其在古典文学中的演变",《古典文学知识》2008 年第 4 期。

曹仕邦:"中国佛教史传与目录源出律学沙门之探讨",《新亚学报》1964 年
　　第 6 卷第 1 期、1965 年第 7 卷第 1 期。

郗文倩:"汉代图画人物风尚与赞体的生成流变",《文史哲》2007 年第 3 期。

丁敏:"从汉译佛典人'神通'到《高僧传》僧人'神异':佛教中土化过程
　　的考察面向",《政大中文学报》2010 年第 14 期。

董志翘:"《高僧传》校点献疑(一)—(八)",《文史》1994 年第 4 辑。

董志翘:"《高僧传》校点商榷",《古籍整理研究学刊》1999 年第 1 期。

董志翘:"《高僧传》校点商榷(续)",《古籍整理研究学刊》2000 年第 1 期。

董志翘:"中华书局版《高僧传》校点商榷",《四川师范大学学报》(社会科
　　学版)2005 年第 6 期。

冯承钧:"大藏经录存佚考",张曼涛主编:《现代佛教学术丛刊》第十册,台
　　湾大乘文化出版社 1977 年版。

冯素梅:"近三十年来法显研究简述",《五台山研究》2010 年第 3 期。

葛兆光:"《魏书·释老志》与初期中国佛教史的研究方法",《世界宗教研
　　究》2009 年第 1 期。

龚隽:"唐宋佛教史传中的禅师想象——比较僧传与灯录有关禅师传的书写",
　　《佛学研究中心学报》2005 年第 10 期。

郭俊叶:"莫高窟第 454 窟窟主再议",《敦煌研究》1999 年第 2 期。

郭鹏:"法显与《历游天竺记传》",《文献》1995 年第 1 期。

韩府：“太武灭佛新考”，《佛学研究》2003 年刊。

贺世哲：“再谈曹元深功德窟”，《敦煌研究》1994 年第 3 期。

黄敬家：“佛教传记文学研究方法的建构——从叙事的角度解读高僧传记”，
　　《世界宗教学刊》2007 年第 10 期。

姜生：“千真洞的变迁：槎山全真道迁佛史迹考”，《历史研究》2013 年第 6 期。

李铁匠：“安世高身世辨析”，《江西大学学报》（社会科学版）1989 年第 1 期。

刘飚：“《高僧传》研究回顾与展望”，《黄冈职业技术学院学报》2009 年第 2 期。

陆扬：“解读《鸠摩罗什传》：兼谈中国中古早期的佛教文化与史学”，《中国
　　学术》2007 年第 23 辑。

马德：“曹氏三大窟营建的社会背景”，《敦煌研究》1991 年第 1 期。

蒙文通：“晚周仙道分三派考”，《图书集刊》1949 年第 8 期。

孟宪实：“论唐朝的佛教管理——以僧籍的编造为中心”，《北京大学学报》
　　（哲学社会科学版）2009 年第 3 期。

蒲慕州：“神仙与高僧：魏晋南北朝宗教心态试探”，《汉学研究》1990 年第 2 期。

沙武田、段小强：“莫高窟第 454 窟窟主的一点补充意见”，《敦煌研究》2003
　　年第 3 期。

尚永琪：“鸠摩罗什译经时期的长安僧团”，《学习与探索》2010 年第 1 期。

圣严：“近代的佛教学”，《现代佛教学术丛刊》1980 年第 82 期。

〔瑞典〕施舟人：“第一洞天：闽东宁德霍童山初考”，《中国文化基因库》，
　　北京大学出版社 2002 年版。

苏晋仁：“佛教目录研究五题”，《佛学研究》2000 年第 9 期。

苏晋仁：“中国佛教经籍——高僧传”，《中国佛教》第 4 辑，东方出版中心
　　1989 年版。

孙修身：“莫高窟佛教史迹故事画介绍（三）”，《敦煌研究》1982 年第 2 期。

汪维辉：“《高僧传》标点商兑”，《古籍整理研究学刊》1997 年第 3 期。

王邦维：“法显与《法显传》：研究史的考察”，《世界宗教研究》2003 年第 4 期。

王惠民：“曹元德功德窟考”，《敦煌研究》1995 年第 4 期。

魏斌：“安世高的江南行迹——早期神僧事迹的叙述与传承”，《武汉大学学
　　报》（人文科学版）2012 年第 4 期。

魏斌：“宫亭庙传说：中古早期庐山的信仰空间”，《历史研究》2010 年第 2 期。

向燕南：“北魏太武灭佛原因考辨”，《北京师范大学学报》（哲学社会科学版）
　　1984 年第 2 期。

〔美〕篠原亨一："《高僧传》的比较研究：中古中国佛教圣僧的功能"，《中华佛学学报》1994 年第 7 期。

徐建华："中国历代佛教目录分类琐议"，《佛教图书馆馆讯》2002 年总 29 期。

张伯伟："佛经科判与初唐文学理论"，《文学遗产》2004 年第 1 期。

张新科："从唐前史传论赞看骈文的演变轨迹"，《文学评论》2007 年第 6 期。

郑怡楠："敦煌归义军节度使曹延恭造窟功德记考释"，《敦煌学辑刊》2013年第 3 期。

冯国栋：《经录考稿》，南京大学博士后出站报告，2006 年。

耿朝辉：《释慧皎〈高僧传〉文学探析》，陕西师范大学博士学位论文，2011 年。

郭俊叶：《敦煌莫高窟第 454 窟研究》，兰州大学博士学位论文，2010 年。

黄先炳：《〈高僧传〉研究》，南京大学博士学位论文，2005 年。

李熙：《想象的形象：〈禅林僧宝传〉的历史书写》，四川大学博士学位论文，2011 年。

林韵柔：《五台山与文殊道场——中古佛教圣山信仰的形成与发展》，台湾大学历史系博士学位论文，2009 年。

刘飘：《释宝唱与〈比丘尼传〉》，华中师范大学博士学位论文，2008 年。

马宗洁：《佛陀跋陀罗研究》，中国社会科学院研究生院博士学位论文，2010 年。

（二）日文部分

山崎宏，『支那中世佛教の展開』，清水書房，1947 年。

塚本善隆，『魏書釈老志の研究』，大東出版社，1974 年。

塚本善隆，『北朝仏教史研究』，大東出版社，1975 年。

酒井忠夫编，『道教の総合的研究』，國書刊行會，1977 年。

川本芳昭，『魏晋南北朝時代の民族問題』，汲古書院 1998 年。

柳田聖山，『初期禪宗史書の研究』，法藏館，2000 年。

藤善真澄，『道宣伝の研究』，京都大学学術出版会，2002 年。

吉川忠夫，『六朝隋唐文史哲論集』，法藏館，2020 年。

大谷勝真，「安世高の訳経につきて」，『東洋學報』13 卷，1924 年。

前川隆司，「道宣の後集高僧伝について：続高僧伝との関連」，『龍谷史壇』

46 號，1960 年。

牧田諦亮，「高僧傳の成立」，『東方學報』44 期，1973 年；48 期，1975 年。

藤善真澄，「『続高僧伝』玄奘伝の成立：新発現の興聖寺本をめぐって」，『鷹陵史學』5 號，1979 年。

伊吹敦，「『續高僧傳』の増廣に關する研究」，『東洋の思想と宗教』7 期，1990 年。

伊吹敦，「『续高僧伝』に見る达摩系习禪者の诸相——道宣の認識の変化が意味するもの」，『东洋学论丛』58 集，1996 年。

吉川忠夫，「島夷と索虜のあいだ——典籍の流傳をした南北朝文化交流史」，『東方學報』72 冊，2000 年。

池麗梅，「『続高僧伝』研究序說—刊本大藏経本を中心として-」，『鶴見大學仏教文化研究所紀要』18 號，2013 年。

（三）英文部分

Antonino Forte, *The Hostage An Shigao and His Offspring: An Iranian Family In China* (*Italian School of East Asian Studies Occasional Papers 6*), Kyoto: Italian School of East Asian Studies, 1995.

Arthur Wright, *Buddhism in Chinese History*, Stanford: Stanford University Press, 1987.

Bernard Faure, *Chan Insights and Oversights: an Epistemological Critique of the Chan Tradition*, Princeton: Princeton University Press, 1993.

James Robson, *Power of Place: The Religious Landscape of the Southern Sacred Peak* (*Nanyue* 南嶽) *in Medieval China*, Cambridge: Harvard University Asia Center, 2009.

John Kieschnick, *The Eminent Monk: Buddhist Ideals in Medieval Chinese Hagiography*, Honolulu: University of Hawaii Press, 1997.

Kathryn Ann Tsai, *Lives of the Nuns: Biographies of Chinese Nuns from the Fourth to Sixth Centuries*, Honolulu: University of Hawaii Press, 1994.

M. H. Abrams, *A Glossary of Literary Terms (Seventh Edition)*, Massachusetts: Heinle & Heinle Publishers, 1999.

Robert Shih, *Biographies des Moines éminents (Kao Seng Tchouan) de Houei-Kiao*, Louvain: Institut Orientaliste, 1968.

Arthur Wright, "Biography and Hagiography: Hui-chaio's Lifes of Eminent Monks", *Silver Jubilee Volume of the Zinbun-kagaku-Kenkyusyo*, Kyoto University, 1954.

Ding Yuan (Zhaoguo WANG), "Newly Discovered Japanese Manuscript Copies of the Liang Biographies of Eminent Monks 梁高僧传 : An Examination of the Problem of the Text's Development Based on a Comparison with Printed Editions", 国际仏教学大学院大学研究紀要, Vol. 16, 2012.

Erik Zürcher, "Perspectives in the Study of Chinese Buddhism", *Journal of the Royal Asiatic Society*, Vol. 2, 1982.

Haiyan Hu-von Hinüber, "Faxian's (法顯 342－423) Perception of India: Some New Interpretation of His Foguoji 佛國記 ", *Annual Report of the International Research Institute for Advanced Buddhology at Soka University for the Academic Year 2010*, Vol. XIV, 2011.

Haiyan Hu-von Hinüber, "The Case of the Missing Author: Who Wrote the Anonymous Epilogue to Faxian's Foguoji", *Annual Report of the International Research Institute for Advanced Buddhology at Soka University for the Academic Year 2012*, Vol. XVI, 2013.

H. Hackmann, "Alphabetisches Verzeichnes zum Kao-seng-chuan", *Acta Orientalia*, Vol. 2, 1923.

Jinhua Chen, "A Chinese Monk under a 'Barbarian' Mask; Zhihuilun (?－876) and Late Tang Esoteric Buddhism", *T'oung Pao*, Vol. 99 (1－3), 2013.

Leon Hurvitz, "Wei Shou, Treatise on Buddhism and Taoism, An English Translation of the Original Chinese Text of Wei-shu CXIV and the Japanese Annotation of Tsukamoto Zenryu", *Harvard Journal of Asiatic Studies,* Vol. 20 (182), 1957.

Saito Tatsuya, "Features of the Kongo-ji Version of the Further Biographies of Eminent Monks 續高僧傳 : With a Focus on the Biography of Xuanzang 玄奘 in the Fourth Fascicle", 國際仏教学大学院大学研究紀要, Vol. 16, 2012.

Wendi Adamek, "Imagining the Portrait of a Chan Master", Bernard Faure, Ed., *Chan Buddhism in Ritual Context*, London: Routledge Curzon, 2003.

Yang Lu, "Narrative and Historicity of Buddhist Biographies in Early Medieval China: The Case of Kumārajīva", *Asia Major*, Vol. 17 (2), 2006.

后　记

曾想过小书若能出版该如何来写这篇后记，但到了真要写的时候，一时却又不知从何说起。

小书是在本人博士毕业论文基础上修订而成。想到从2013年动笔写下第一个字到现在校订完最后一个字，忽忽已近十年，实在令人惶恐。孔子逝川之叹，确是自己当下最真切的感受。

为什么要以《高僧传》作为研究对象呢？近因是自己对这部书的实际阅读体验——传记中所描述的求法高僧度越崇岭、跋涉流沙的情节，大约契合了我博士论文写作之初站在学术大门前彷徨无措的心境；远因则缘于十五年前某次与一位故人在钟山道旁洒扫僧人墓塔的经历。所以，从这个角度讲，小书或许更应该被视作自己学术乃至生命情感历程的一次小小纪念。

小书要探讨的问题很具体（中国佛教史学意识的兴起），所采用的手段比较单一（文本细读和史料批判），谈不上有多少系统性和理论性的建树。因此，将来我会把研究关注的重点稍稍从中古僧传领域移开，希望借此创设一个更适合于整体观照的距离，以便未来再处理这个问题时能更加从容一些。

小书的出版，承载了很多人的善意。我心中有一份长长的感谢对象名单，这里仅以惠赐推荐意见的两位老师为代表，恭致谢忱，其余诸位，请容今后一一面申。业师张伯伟先生自将我招入门下起，一直不断给予激励和教诲，多年来，我在学术上的每一点进步都凝聚着老师的心血，我的各种困惑和苦恼也都得到了老师的理解和宽慰，我和他之间早已不是简单的师生关系。陈金华先生是我在佛教史研究领域追慕的典范，多年来一直蒙受着他的各种照拂，我的第一本学术译著就是在陈老师的关心下完成的。

我还要郑重感谢商务印书馆"日新文库"大力扶植青年学者的热情与魄力，感谢各位匿名评审专家的宝贵意见，感谢张鹏兄在编校出版过程中所给予的各种帮助。此外，也要感谢国家社科基金和工作单位科研出版基金对于本书出版的支持。

小书在准备出版之时，正值瘟疫肆虐全球。两年多来，瘟疫及其所隐喻的各种问题，在让我们倍感沮丧的同时，也让我们意识到人文精神的可贵与必需。如何走出"瘟疫"并以自己的学术实践正面回应这个时代，似乎成了一个应该被严肃对待的问题！

刘学军

2022 年 6 月 17 日于驽马十驾斋

专家推荐意见一

佛教传入中国，对中国固有文化产生了极大的冲击。与此同时，佛教也受到中国文化的很大影响。以浩如烟海的佛教典籍而言，僧传就是在中国史学传统影响下的产物。晚近以来，学界对佛教僧传的研究日益重视，出现了不少专门论著，厘清了不少文献方面的纠葛，但僧传本身还存在许多值得深入探讨的问题有待解决。这部书稿《张力与典范：慧皎〈高僧传〉书写研究》以早期僧传为对象，以书写为核心，从材料源头、文体样式和精神向度三个方面，揭示了《高僧传》书写范式成立的三个要素，又以四个案例，具体分析和揭示了中古僧传书写中所存在着的各种张力，将佛教僧传的研究提高到一个新的水平。

作者在全面把握文献（包括原始文献和中外研究文献）的基础上，对《高僧传》中前人莫衷一是或未及注意的问题，用考辨的方式予以深入分析，体现了作者勤于读书、善于思考的特点，故其结论不仅新人耳目，也能启人深思，显示了作者对于孔子提倡的"学思并进"法的不懈追求，值得嘉许。

作者努力吸取新知，尤其对于日本和西方学界的成果多能作批判性吸收。作者拥有秉承中国学术传统的自觉性，并以开放的心态面对西方学术，实为难能可贵。

南京大学文学院教授

张伯伟

2021 年 4 月 12 日

专家推荐意见二

中国佛教僧传书写，与印度本土之同类体裁有别，又兼受中国本土文化之影响。在过去的一个世纪中，各国学者相关研究是以甚多。三纪之前，业师篠原亨一先生曾就中国佛教历史传记之史源发表过重要研究，其中提及中古时期的碑铭材料与各类神异故事为其主要资料基础，此文遗泽久远，迄今依然为是类研究中之典范。此后迄今，同领域中佳作频出。虽然如此，中古僧传研究仍有不小之拓展与提高空间。

就方法论而言，对于中国佛教僧传材料之可靠与否，学界可说是异见纷呈。或者认为僧传资料基本可信，可为佛教史的依凭；或者认为其中因信仰本位而具宗派与门派偏见，故其史料价值应受严厉之检视。前者认为如撇开僧传之现有资料，佛教史实则无从建构。后者认定佛教史实本即水月镜花，要处处落实，反落无稽，故僧传研究应与宗教意念史之研究相涉相融。此说借鉴于西方中世纪圣徒传（hagiography）研究之范式，对于中国中古僧传研究冲击不小。

在此等宏观背景中，吾等更可理解《张力与典范》一书价值之所在。此书之研究对象为中古僧传文学之滥觞——南朝末慧皎之《高僧传》。此书创获颇多，除对《高僧传》本身外，其荦荦大端者略可言之：

第一，就方法论而言，作者允执厥中，持论平允，能兼采众家之长。作者认为，对僧传史料持全面肯定派之意见欠缺历史批判之精神，故亦对史源缺乏精审之态度，然其重构历史之努力是为可取。全面否定派之观点，其对史料之怀疑与批判本为学术根本追求之一，但全盘否认僧传史实则失之过偏。作者力图融通二者，提出对史源进行重新审查之诸类标准。作者认为，僧传真伪相杂，应加具体分析，非可一概而论。通过具体史料之比对校勘，则庶几可去伪存真，得历史脉络之仿佛。即使佛教志怪传奇之中，仍可反映历史之某些断面。而经过宗派夸张之叙述，亦有隐藏之宗派意识在，故皆对佛教研究有所裨益。如此方为陈寅恪先生所力倡"伪材料中找真历史"之法门。

第二，作者对原始材料之掌握较为充分，常有越出前贤之处。大凡内外史家著述、笔记小说、俗家传记，以及碑铭材料，作者皆能广加博采。对具体材料之使用，也能条分缕析，辨别真伪。殊为可喜者，乃作者对各材料间之歧异尤其敏感，往往能于细处见差别，某些论述故可发累年之覆。其研究，就总体而言达到了材料详备、考证精确之史学标准。

第三，作者长于历史之重构，亦不弃理论之研核。相对于僧传材料之扑朔迷离，隐藏于个别僧传与慧皎总结性赞、论之后，犹有其出人意表之佛教理论与历史逻辑在。作者对此亦能条分缕析，抽绎得所，故其成果对廓清佛教史上若干疑案颇多启迪。

第四，作者能打破传统意义上学科门派之别，打破佛教各宗各派，儒释道，甚至宗教、哲学、文学、历史等之门户私见。是故常能出入内外典籍，以解释佛教之历史与义理问题。此等开放态度，亦使其研究有了材料上之厚度与学科上之深度。

我与作者相识经年，对其为人之质实可靠，学风之严谨认真多有身历。本书之主体为其博士论文，后加以增订删改，并吸收了过去数年间他在同领域中之最新成果。相信本书的出版对于促进吾国佛教史研究甚至文学史研究有特殊之意义。谨此大力推荐。

加拿大皇家学院院士

英属哥伦比亚大学教授

2022 年 6 月于温哥华